MAF

Respuestas Católicas Inmediatas

Ediciones Misión 2000
Pedidos e informes
Para cursos y conferencias: www.martinzavala.com

Misión 2000
P.O. BOX 51986
PHOENIX, AZ 85076
Tel. (480) 598-4320

Nuestra dirección en Internet:

www.defiendetufe.com

Ministerio "CRECE"

"Libros que cambian vidas"

Invita a cursos, conferencias, talleres, predicaciones, testimonio...

Hno. Martín Zavala Ex ateo y ex testigo de Jehová
Hna. Priscilla de la Cruz Ex bruja y ex de la Nueva Era

P.O. Box 51986
Phoenix, AZ 85076 USA Tel. (480) 598-4320

***Nombre secundario: Católico defiende tu fe

DEDICATORIA

*A mi esposa Silvia, apoyo indispensable en la misión. Mis hijos Luis, Daniela, Andrés y a mi suegra Elsa. Mi familia bonita.

*A quienes creen en la importancia de promover la «Defensa de la fe» por todos los medios posibles.

*A los Ministerios de Defensa de la fe, que extienden la Apologética por todo el mundo.

ÍNDICE GENERAL

PRESENTACIÓN 8

INTRODUCCIÓN 10

I Parte
LA IGLESIA

Capítulo 1 Una Sola Iglesia 17

Capítulo 2 La Iglesia es la Esposa de Cristo 22

Capítulo 3 ¿Se corrompió la Iglesia de Cristo? 25

Capítulo 4 ¿Cuál es la Iglesia que Cristo fundó? 31

Capítulo 5 La Inquisición: ¿Qué hay de todo eso?... 38

Capítulo 6
Abusos sexuales, sacerdocio y santidad de la Iglesia .. 43

II Parte
OBJECIONES COMUNES DE LAS SECTAS

Capítulo 1
«Imágenes e ídolos»: ¿Qué dice la Biblia? 52

Capítulo 2 El nombre de Dios: ¿Jehová, Yahvé...? 62

Capítulo 3
Cantos protestantes: ¿Es bueno escucharlos? 67

Capítulo 4
El diezmo: ¿Es Bíblico? 88

Capítulo 5 El Purgatorio: ¿Bíblico o inventado? 94

Capítulo 6 La Cruz y Persignarse 98

Capítulo 7 Sábado o Domingo: ¿Qué día guardar? ..104

Capítulo 8
La Salvación: ¿Solamente por la fe? 109

Capítulo 9
¿Prohíbe la biblia pedir la intercesión a los santos? 114

III Parte
MARÍA

Capítulo 1 ¿Tuvo la Virgen María más hijos? 132

Capítulo 2 ¿Puede María interceder por nosotros?. ... 139

Capítulo 3
La Inmaculada Concepción de María y
su maternidad divina 142

Capítulo 4 La Asunción de María al Cielo 148

Capítulo 5
El Rosario: ¿Es solamente una Tradición de hombres? 153

Capítulo 6
Cinco razones bíblicas para alabar a la virgen María ...157

IV Parte
El PAPA

Capítulo 1
¿Fue el apóstol Pedro el primer Papa?...................... 168

Capítulo 2 ¿Riquezas del Papa y del Vaticano? 175

Capítulo 3 El 666 del Apocalipsis 181

V Parte
LA BIBLIA

Capítulo 1
Importancia y Origen de la Sagrada Escritura 190

Capítulo 2
¿Basta la Biblia para salvarse? 193

Capítulo 3
¿Le faltan libros a la Biblia o le sobran? 199

Capítulo 4
¿Cómo interpretar la Biblia? 204

Capítulo 5
Biblia ecuménica: ¿Un «caballo de Troya»? 211

Capítulo 6
Nuevo Testamento ecuménico: ¿Del «Caballo al Descaro»? 223

VI Parte
LOS SACRAMENTOS

Capítulo 1
Bautismo de adultos y en un río: 236

Capítulo 2
La Eucaristía: «Presencia real» 242

Capítulo 3
La Confesión: ¿Directa con Dios o con el sacerdote? .. 249

Capítulo 4 ¿Por qué no se casan los sacerdotes? 253

Capítulo 5
Sacerdocio femenino, Jerarquía y Primado de Pedro 258

VII Parte
RELIGIONES, IGLESIAS, SECTAS Y COMPAÑÍA

Capítulo 1 Ortodoxos y el Papa 264

Capítulo 2 Islam, Terrorismo Y Fundamentalismo.... 267

Capítulo 3 Secta: «Pare de sufrir» 282

Capítulo 4 El lado oculto de los Testigos de Jehová .. 287

Capítulo 5
Herbalife, Amway, Organo Gold, Omnilife, 4Life........ 291

VIII Parte
LA NUEVA ERA (NEW AGE)

Capítulo 1 Nueva Era y Cristianismo 306

Capítulo 2 Nostradamus, apocalipsis, Fátima,
tragedias y terrorismo 311

Capítulo 3 Astrología y Horóscopos 318

Capítulo 4 La Reencarnación ante la razón y la Fe 323

Lista de todos los Papas desde san Pedro 329

Lista de iglesias y sectas. Cuándo, dónde y quién las fundó 332

PRESENTACIÓN

Queridos hermanos en el Señor resucitado:

Durante mi ministerio sacerdotal he ido enfrentando retos pastorales que nos afectan de muchas maneras en nuestra misión como evangelizadores y catequistas del Pueblo de Dios. Uno de ellos es el creciente número de Grupos Religiosos (sectas) que están afectando a nuestra gente hispana en los Estados Unidos, México y toda Latinoamérica. Desgraciadamente en cada familia hispana ya se cuenta con miembros que no son católicos provocando tristes divisiones. Cada día más hispanos pasan a formar parte de las filas de los evangélicos, Testigos de Jehová, mormones, Pentecostales, «cristianos» etc.

Podemos tomar ante este fenómeno dos actitudes: La de muchos que dicen que no hay que hacer nada; que hay que dejarlos; que siempre habrá sectas; que no me interesa eso; yo y mi Misa... A esta actitud le llamamos «indiferentismo».

La otra actitud es la que muchos laicos, sacerdotes y obispos han adoptado en sus parroquias y diócesis al ser conscientes de este reto pastoral. Con gran celo apostólico por su rebaño, buscando que no se pierda ninguna de las ovejas que el Señor les encargó, están concientizando a el pueblo católico a ser fuertes en la fe y a saber dar respuesta de lo que creen.

Para llegar a esto, los sacerdotes y obispos debemos de conocer a nuestro pueblo, orar y caminar en la fe con ellos para que como buenos pastores sepamos cuidar el rebaño que se nos ha encomendado y nos demos cuenta de cómo las familias están sufriendo a causa de las divisiones.

Estoy convencido que este libro: "Respuestas Católicas Inmediatas", nos ayudará mucho a enfrentar este reto en nuestras parroquias y diócesis. Con la sencillez y profundidad doctrinal con que fue escrito, nos ayudará a convencernos del gran tesoro que tenemos en nuestra Iglesia Católica y al mismo tiempo a tener las bases bíblicas para enfrentar y dar respuesta de nuestra fe cuando se nos pida hacerlo, no para discutir, sino para saber dialogar.

Este libro en su estructura y contenido nos presenta el entusiasmo y amor del autor por su Iglesia. Martín Zavala ha sido verdaderamente un instrumento de Dios y una bendición para nuestra Iglesia Católica, especialmente en la nuestra de los Estados Unidos. Convencido de que somos luz del mundo, la riqueza de este libro nos ayudará a crecer más en nuestra fe y al mismo tiempo a fortalecer la de aquellos que ya se doblan. «Porque no se enciende una lámpara para esconderla debajo de una mesa, sino para que alumbre a todos los de la casa» Mt 5,15

No dejemos para mañana lo que se necesita hacer hoy. Juan Pablo II nos recuerdas en sus mensajes esta idea «Es hora de evangelizar», el hoy del cristianismo se vive si nosotros laicos, sacerdotes y obispos vivimos el HOY de la Evangelización. Hagamos de nuestras parroquias y diócesis lugares donde se viva una Nueva Evangelización.

P. Andrés Mendoza

Mesa Directiva de la Asociación Nacional de Sacerdotes Hispanos

CATÓLICO DEFIENDE TU FE

INTRODUCCIÓN

Uno de los signos de los tiempos que está manifestándose en la actualidad, es la promoción de la apologética (Defensa de la Fe) por todo el mundo.

Libros, revistas, sitios en Internet, grupos, ministerios... que hablan de defender la fe, dar razones o mostrar evidencias bíblicas sobre nuestra fe.

Todo esto se va haciendo más común cada día. Es como el inicio de una avalancha cuyo objetivo es el de renovar el surgimiento de una Nueva Apologética. Pero: ¿Qué es eso de la apologética? ¿Es válido hablar de eso hoy en día? ¿Cómo se puede interrelacionar con el ecumenismo? ¿Cuáles son los te más principales? ¿Cómo responder a los ataques y objeciones de las sectas y otros nuevos grupos religiosos?

Responder a esta y otras preguntas similares es el objetivo de este libro encaminado a que todo católico sepa defender su fe tal como lo dice el Catecismo de la Iglesia en el número 1285:

"*Por el sacramento de la confirmación los bautizados se unen más íntimamente a la Iglesia y son enriquecidos con una fortaleza especial del Espíritu Santo. De esta forma se comprometen mucho más, como auténticos testigos de Cristo, a extender y defender la Fe con sus palabras y sus obras*"(1285)

Cuando vamos por primera vez a algún lugar a dar los cursos de Defensa de la Fe algunos preguntan: ¿Qué es eso de la Apologética? Otros piensan que es "algo nuevo" que se está haciendo en la Iglesia; otros en tono de broma nos dicen que si vamos a enseñar Karate espiritual o algo parecido; unos más piensan que no hay que hacerlo porque eso es fomentar las discusiones o el pelear y eso es anti ecuménico e incluso no faltará quien diga que eso ya no hay que hacerlo porque es algo atrasado y pre-conciliar.

En realidad ni es algo nuevo, ni se trata de enseñar a pelear sino de fortalecer la identidad del católico en un mundo donde muchos piensan diferente y el pluralismo religioso es un hecho.

Defender la fe es en resumen lo que el Apóstol San Pedro nos dice:

«Siempre estén dispuestos a dar razones (respuesta) de su esperanza»

1 Pe 3,15

Igualmente, el documento de Aparecida emitido por el CELAM nos hace notar que:

"Hoy se hace necesario rehabilitar la auténtica apologética que hacían los padres de la Iglesia como explicación de la fe". (Cfr. No. 229).

Hoy en día uno de los principales retos para la Iglesia Católica es el aumento del proselitismo de los nuevos grupos religiosos (sectas fundamentalistas). Este hecho ha sido constatado y dado a conocer por diferentes instancias de la jerarquía de la Iglesia, sobre todo en los últimos años.

Está de más decir que el crecimiento de estos grupos y sectas religiosas es a costa de la Iglesia Católica, ya que un alto porcentaje de sus fieles antes fueron católicos cuando menos nominalmente. Este fenómeno se repite, en diversos grados, en todos los países del mundo donde hay una cierta presencia de la Iglesia Católica.

Conviene aquí precisar que cuando usamos el término "sectas" no nos estamos refiriendo a las Iglesias surgidas de la Reforma Protestante (Luteranos, calvinistas, metodistas...) Ya que estos tienden a tener una actitud más ecuménica normalmente.

Más bien, nos referimos a los nuevos grupos que surgieron a mediados del siglo pasado y principios de este (Mormones, Testigos de Jehová, Vino Nuevo, Luz del Mundo, adventistas, muchas ramificaciones de la línea pentecostal y grupos evangélicos). Estos son los que han tenido un crecimiento explosivo y tienen una actitud anti ecuménica y fundamentalista. (Cfr. No. 140 del Documento de Santo Domingo.)

En este contexto la Apologética (Defensa de la Fe), es una línea de pastoral complementaria al ecumenismo. Las dos se integran perfectamente, cada una de ellas en su justa perspectiva.

Ecumenismo con todos aquellos que están luchando por la búsqueda de esa unidad querida por Cristo y **Apologética** (defensa de la fe) con todo aquel que nos pide razones de nuestra esperanza. 1 Pe. 3,15

La Apologética en la historia

Apologistas (Defensores de la fe) siempre han existido a través de la historia, algunos de los momentos principales donde se practicó son los siguientes:

1.- En un primer momento surge como respuesta a la oposición del judaísmo y del paganismo. Entre ellos están San Justino Mártir, Tertuliano y San Cipriano.

2.- Un segundo momento es respondiendo a las diferentes corrientes filosóficas que atacan la fe cristiana. Destacan aquí San Juan Damasceno, Pedro el Venerable y el mismo San Agustín en varios de sus escritos.

3.- En un tercer período es en relación con la Reforma protestante. Aquí estarán San Roberto Belarmino, San Francisco de Sales y Robert Stapleton por mencionar algunos. Más adelante surgen apologistas como Mohler, Balmes y qué decir de los escritos del Cardenal Newman.

Cada uno de ellos lo que hicieron fue dar una respuesta acertada a los interlocutores de su tiempo. Igualmente de necesaria es hoy en día. El católico no tiene porqué vivir escondido y acomplejado a causa de su fe.

Es común que cuando alguien de alguna secta llega a la casa de un católico, éste en vez de salir a dar una respuesta o razón de lo que cree, se esconde y le dice a su hija pequeña:

«Cuando vengan los de la corbata diles que no estoy»... Llega el día y la niña obedientemente sale y les dice: «Dice mi mamá que no está, que se vayan».

Qué Increíble. Nadie sale a dar respuesta de lo que cree. Ni el señor que tiene 50 años de ser católico, ni la señora que tiene 40 y está en grupo de la Iglesia, ni el joven que es catequista. A veces ni el seminarista, la religiosa, el sacerdote o el obispo salen a dar razones de su fe.

Una Nueva Apologética para una Nueva Evangelización

Es por esto que actualmente se hace necesario y urgente dar una respuesta pastoral eficaz que tome en cuenta y asuma el reto de vivir la Fe en una sociedad con un alto contenido de pluralismo religioso, sin perder su fuerza e identidad. Por eso es importante que unida a una pastoral genérica la Iglesia realice al mismo tiempo una acción pastoral específica que profundice y de respuesta al fenómeno del sectarismo.

Por la experiencia que tenemos de estar trabajando durante varios años en diferentes países promoviendo el desarrollo de una sana Apologética (defensa de la fe) hemos confirmado la eficacia de esta acción.

Se trata de ir organizando mediante diferentes iniciativas una respuesta pastoral acorde a esta situación. Algunas de las actividades son las siguientes: curso de concientización de defensa de la fe, conferencias sobre La Nueva Era y la Fe Cristiana, curso de capacitación en protestantismo, formación de ministerios de defensa de la fe, cursos para líderes, cátedra de apologética en los seminarios y facultades católicas, producción de subsidios didácticos... mucho de esto ya existe en varios países. Solamente es cuestión de irlo impulsando.

Se trata de renovar una Nueva Apologética (Defensa de la fe) de acuerdo a nuestro contexto histórico y a la visión del Concilio Vaticano II y otros documentos post- conciliares.

Hoy, al igual que antes, es igualmente necesario "Dar Razones de nuestra fe" a todos aquellos que nos lo están pidiendo. El católico común se ve bombardeado literalmente por el proselitismo sectario con sus clásicos ataques:

*Que María tuvo más hijos y que no es virgen.

*Los católicos son idólatras porque tienen imágenes.

*El Papa es el 666 del Apocalipsis y es el anticristo.

*No hay que confesarse con el sacerdote sino directo con Dios.

*El Bautismo de niños no sirve, tiene que ser de adultos y en un río.

*El Fin del mundo ya está cerca.

*No hay que pedirles a los santos solamente a Jesucristo.

*Las obras no sirven de nada, solamente basta la Fe.

*La Tradición no sirve; si no está en la Biblia no es cierto.

*Da lo mismo estar en cualquier Iglesia... lo que importa es aceptar a Cristo.

*No hay que llamarle Padre al sacerdote pues la Biblia lo prohíbe.

Así que si deseas conocer la respuesta a éstas y muchas otras objeciones de las sectas religiosas, aquí encontrarás el lugar adecuado. Bienvenido. En este libro encontrarás Respuestas católicas inmediatas.

Estas respuestas son a preguntas que nos han hecho por teléfono, televisión, radio, correspondencia, email, cursos y por redes sociales. Seguramente que en ellas verás reflejadas lo que sucede cada día a tu alrededor, pues son similares a las que te han hecho amigos, familiares y hasta desconocidos.

Recuerda que nuestro objetivo, como cristianos que somos, no es ofender, ni pelear, ni vencer al otro como si fuera un enemigo que está equivocado en todo. No, nuestro objetivo más bien, es dar razones de nuestra fe y presentar el fundamento de lo que creemos.

Las Respuestas que hemos dado y enviado y que ahora están en este libro, te servirán enormemente para que tú también puedas dar razones de lo que crees y vivas con alegría la dicha de ser católico en un mundo donde muchos piensan diferente a nosotros.

Te recomiendo que todas las citas bíblicas que mencionamos, las vayas leyendo en tu Biblia, eso será un doble beneficio.

Ánimo y bienvenido a la preparación para ser un buen «Defensor de la fe». (1 Pe 3,15; Catecismo de la Iglesia Universal No.1285).

Nota aclaratoria: En los últimos años los evangélicos o protestantes se han auto-proclamado 'cristianos', pero en realidad es mejor decirles cristianos evangélicos. El no hacerlo, les hace hoy creer a muchos que ellos son cristianos y que nosotros no lo somos. En realidad los únicos "cristianos" que existen desde el principio somos los católicos. Somos cristianos católicos porque estamos en la Iglesia que Cristo fundó y ellos son cristianos evangélicos o cristianos protestantes al pertenecer a iglesias fundadas por hombres.

I Parte

LA IGLESIA

Capítulo 1

UNA SOLA IGLESIA

Pregunta:

Según la experiencia que ustedes tienen, ¿Cuál sería el tema principal a explicarle a un católico que tiene dudas y a un hermano protestante? También quiero saber: ¿Cómo podríamos explicarlo?

Respuesta:

Sin duda que tendría que ser el tema del fundamento de la Iglesia Católica, sobre todo el hecho de que Jesucristo fundó una sola Iglesia. Una de las formas de cómo lo puedes presentar es la siguiente:

Introducción

Vemos a nuestro alrededor católicos que han abandonado la Iglesia y que se han ido a engrosar las filas de los nuevos grupos religiosos. Familiares y amigos nuestros que nos dicen:

«... yo ya no soy católico, ahora soy Testigo de Jehová; otro nos dice que ya descubrió la verdad y que ahora va con los Mormones; uno más afirma que ya encontró "la luz" y que por eso se hizo evangélico».

Para muchas personas el cambiar de Iglesia es como cambiar de camisa, les da lo mismo estar en una que en otra, pero hay otros que afirman que ellos están en la verdadera Iglesia y que los católicos estamos siendo engañados en muchas cosas sobre nuestra fe. Actualmente hay expertos que afirman que existen más de 30,000 grupos religiosos.

La mayoría de ellos afirma tener "La verdad" sobre la fe y lo gritan por todos los medios que estén a su alcance. Mormones, Sabatistas, Luz del Mundo, Iglesia Universal, Asambleas de Dios, Apostólicos, Testigos de Jehová, Cienciología, Pentecostales, evangélicos o cristianos como ahora se pretenden hacer llamar... y así podríamos seguir con una lista interminable de grupos religiosos. Cada día, cuando menos, se funda una secta o nuevo grupo religioso.

¿Qué pensar de todo esto?

CRISTO FUNDÓ UNA SOLA IGLESIA

Esto es algo que todo católico y creyente cristiano debe saber. En el Plan de Jesús no estaba el que hubiera muchas Iglesias u organizaciones religiosas, cada cual con su propia fe y separadas entre si. ¡No! Según la Biblia y en cualquier versión de todo el mundo dirá lo mismo, Jesús fundó solamente una Iglesia. Leámoslo en la Sagrada Escritura:

"Tú eres Pedro, o sea Piedra,
y sobre esta Piedra edificaré mi Iglesia"
Mt 16,18a

Sin duda que es muy clara la Palabra de Dios sobre este aspecto. Jesús habla de "edificar" su Iglesia. Dijo: **"Mi Iglesia"** no la Iglesia, ni las Iglesias, ni sus Iglesias, ni nada por el estilo.

Si alguien quiere fundar otra Iglesia claro que lo puede hacer, pues tenemos la gran alegría y oportunidad de estar en un mundo donde en la mayoría de los países existe la libertad religiosa. Pero quien la funde, y quienes lo sigan en esa "nueva" Iglesia, tendrían que ser muy claros y honestos diciendo que están en la Iglesia fundada por Juan Pérez o en la Iglesia fundada por José Rodríguez o en la que fundó José Smith, mas no en aquella que fundó Jesucristo hace 2000 años.

Eso es lo que ha sucedido con muchas de las sectas que hace 20, 50 ó 100 años que se fundaron. Incluso, en algunas de ellas, su fundador es su jefe actual.

Como católico y discípulo de Jesucristo hay que decir: Yo quiero buscar y estar en la Iglesia que fundó Cristo; no sé en cuál quiera estar usted, pero de mi parte prefiero buscar y estar en la Iglesia que él dejó para extender la Buena Nueva del Reino y que posee la plenitud de los medios de salvación.

Al parecer, muchos en vez de buscar la Iglesia que fundó Cristo, la católica, les gusta más la idea de tener "un bufete" de Iglesias. Hoy en día hay muchos que afirman ser cristianos, pero lo son según la carta o el "menú" que encuentren.

Se imaginan que la fe es como un restaurante en donde uno va y escoge "lo que le gusta". Un día son bautistas, el otro mes son metodistas, el otro año luz del mundo y el otro son mormones... después de unos años de haber probado de todo, dicen recibir más luz y se deciden a fundar su propia secta.

Es curioso el ver que en Chicago, afuera de algunas Iglesias, tienen un letrero que con mucho orgullo muestran: Fundador, «don fulano de tal», como si fuera un gran motivo de orgullo. Investigando sobre este tema me encontré un libro que venden los evangélicos y cuyo nombre muestra el colmo del desinterés por la Iglesia que Cristo nos dejó. El título es "**Método para fundar Iglesias**".

Sí. Como si fuera un 'negocio' o un 'changarrito' más.

Como te darás cuenta, hay mucha gente que anda totalmente "despistada". Hace tiempo, una hermana de Inglaterra que vino a tomar los cursos de Apologética que impartimos nos contaba que en algunos retiros "vocacionales ecuménicos", el líder preguntaba que quiénes sentían el llamado a predicar, quién al servicio de consejería, quién a cantar etc., y por último quiénes sentían un llamado especial a "plantar iglesias" o sea a ir a fundar

Iglesias a diferentes lugares. Pareciera broma, pero no lo es.

En la ciudad de Phoenix, en Estados Unidos, hay una calle importante donde parece que alguien hace años vino a "plantar" Iglesias porque hay más de doce a unos cuantos metros de distancia. Cada una de ellas con su fe y su doctrina.

¿De dónde habrán sacado eso del bufete de Iglesias?

No lo sé. Pero de la Biblia es seguro que no, porque **Jesús fundó una sola Iglesia**: La Católica.

Si la Iglesia no fuera importante o si Jesús no hubiera fundado una Iglesia entonces:

*Para qué escogió Apóstoles a los que les dio un acompañamiento especial. Mc 3,13-15

*Para qué los mandó a predicar la Buena Nueva por todo el mundo. Mt 28,18-20

*Para qué les dio poderes especiales. Jn 20,21-23; Mc 16,15; Mt 18,18, Lc 22,19

*Para qué habló de la importancia de la Unidad. Jn 17,21; Jn 10,14

*Para qué elige a Pedro como pastor visible del rebaño (Iglesia). Jn 21,15; Mt 16,18; Jn 1,42; Lc 22,31

*Para qué les da el mandato de celebrar la Eucaristía. Lc 22,19

Si hizo todo esto fue porque Jesús quería extender por todo el mundo su misión salvadora. Para lograrlo era necesaria su Iglesia. Todas estas acciones son una muestra de la importancia que Jesús da al fundar su Iglesia. Todos estos son "actos fundadores de la Iglesia" de parte de Jesús.

Tan importante es el estar en comunión o relación con la Iglesia de Cristo que el mismo Señor Jesucristo afirma:

"El que los escucha a ustedes a mí me escucha, y el que los rechaza a ustedes a mí me rechaza y el que me rechaza a mí, rechaza al que me envió"
Mt 10,40; Lc 10,16

Y así como UNA es la Iglesia que él dejó, así también por consecuencia UNA ES LA FE, tal como lo dirá el apóstol Pablo:

"Un solo Señor, Una Sola Fe, un solo Dios y Padre" Ef 4,4-5

Ver y promover la división como un status o situación normal dentro del cristianismo es ir contra el gran deseo de Jesucristo de estar unidos:

"Que todos sean uno, como tu Padre estás en mí y yo en ti así sean uno en nosotros. Así el mundo creerá que tú me has enviado"
Jn 17,21

No hay nada más contrario a un auténtico ecumenismo que el relativismo eclesial, el falso irenismo o la búsqueda de la unidad a costa de la verdad. (Ut Unum Sint No. 31-32.79) Tal como lo han mencionado el Papa y los obispos al hablar sobre esta realidad. (Hacia el Tercer Milenio No. 53; Unitatis Redintegratio 11).

Ya el Apóstol Pablo reprochaba en su tiempo las diversas formas de sectarismo:

"Si alguien fomenta sectas (divisiones) en la Iglesia, llámale la atención una y otra vez, después rompe con él sabiendo que es un descarriado que se condena a sí mismo" Ti 3,10: Gal 1,8-9;1 Cor 1,13-15

Así que según la Palabra de Dios Jesús fundó solamente UNA IGLESIA. De tal manera que quien desee vivir en la plenitud del mensaje y fidelidad a Cristo está llamado a buscar y pertenecer a esa Iglesia: La Católica.

En ella quiero estar, en ella quiero morir.

Capítulo 2

LA IGLESIA ES LA ESPOSA DE CRISTO

Pregunta:

Sr. Zavala. Yo quisiera saber ¿Por qué es necesario estar en la Iglesia de Cristo? y si pudiera decir algo sobre el valor que la Biblia le da a no abandonarla. También he oído mucho decir que es lo mismo estar en cualquiera, pues lo importante es aceptar a Cristo y solamente a él.

Respuesta:

Gracias por tu pregunta y te comparto uno de los «tesoros» espirituales que el Señor Jesucristo me ha ayudado a comprender y que es un como un rayo intenso de luz para resolver tu inquietud, que también es la de muchos hermanos:

1.- La Iglesia de Cristo es como una «Esposa». Buscar a otra que le satisfaga más es un adulterio espiritual.

Esta es una de las grandes enseñanzas de la Biblia que debemos de gritar por todos los medios. Escuchemos lo que nos dice el Apóstol San Pablo:

«Maridos, amen a sus esposas como Cristo amó a la Iglesia y se entregó a sí mismo por ella» Ef 5,25

Tan importante es pertenecer y ser fiel a la Iglesia que el Apóstol no duda en decir que la Iglesia es la esposa de Cristo. Así nos da una de las grandes claves bíblicas para entender muchas cosas: **Fidelidad a la Esposa=Fidelidad a la Iglesia.**

Si un esposo es cristiano y ama a Dios, sabe que él solamente puede tener una mujer: su esposa, y que aquel que anda con otra persona que no es su cónyuge se convierte en un adúltero. Si, leyó bien:

U n a d ú l t e r o.

Aunque algunos psicólogos 'modernos' digan que no, que eso ahora se llama «compensación afectiva»... No. Eso es adulterio. Y si es adúltero el que engaña a su esposa: ¿Qué nombre tendrá aquella persona que dice que ama a Cristo pero no le importa la Iglesia=Esposa que Cristo dejó? Igual: Adúltero espiritual.

Qué increíble. En este país y en muchos más, hay millones de personas que dice amar a Dios, leen la Biblia todos los días pero no les importa para nada la «esposa que Cristo dejó». Se trata de cristianos a un 80% de fidelidad.

De nuestra parte como católicos aceptamos a CRISTO y también a la IGLESIA=ESPOSA que Él nos dejó.

2.- Pertenecer a la Iglesia de Cristo es cuestión de Fidelidad.

Esta es la razón principal por la que un verdadero cristiano desea pertenecer y vivir en la Iglesia Católica. Simplemente es cuestión de que nosotros queremos ser fieles Cristo y a su esposa.

Hay personas que dicen: «Pero yo acá cambié de vida; antes tomaba y ahora ya no tomo; usaba drogas y ahora ya no las uso, le pegaba a mi mujer y ahora ella me pega a mí, ya cambié...» Por eso estoy en esta otra Iglesia, porque aquí mejoré.

Mire nada más, qué pretexto, y qué confusión. Ahora resulta que es bueno estar en cualquier grupo si allá deja un vicio. En primer lugar hay que decirle a muchos que **«para cambiar de vida, no hace falta cambiar de Iglesia, sino de Corazón»**.

¿Qué acaso no conoce usted a muchas personas que han cambiado de vida y no tuvieron que abandonar la Iglesia? En segundo lugar de qué le sirve a una persona mejorar en algunos aspectos si para eso tuvo que buscarse una «amante espiritual».

Claro. Piense unos segundos... imagínese a un esposo que llega con su esposa y le dice: No te has fijado mi amor que desde hace tres meses que ya no tomo licor ni cerveza-claro, contesta la esposa-, pero no te quería decir nada-

¿Sabes por qué ya no tomo? -No, ¿Por qué?- Ah, es que desde hace tres meses que me conseguí a una Amante y por eso he cambiado...

¿Cree usted que a ese hombre la esposa le va a dar un premio y le va a decir consíguete otra para que no grites? Por supuesto que No. Ese hombre era un adúltero y de nada le servía el dejar de tomar si ahora estaba siendo infiel. Por un lado mejora y por otro empeora.

No vaya a pensar alguien que al cielo se puede llegar y decir a Jesucristo: «Ya vine Señor. Mira. Déjame entrar. Vengo acompañado de dos mujeres». Claro que no va a entrar. Jesucristo le dirá te equivocaste de piso muchacho, aquí no se puede entrar siendo adúltero. Qué tremenda sorpresa se llevarán muchos cuando el Señor Jesús nos hable y nos pregunte si fuimos Fieles a la Iglesia-Esposa que él nos dejó. (2 Pe 2,14; Ti 3,10-11)

No le parece increíble que muchos que afirman ser «cristianos» pongan el adulterio espiritual como un medio de santificación.

Sin duda que hoy en día es urgente hablar de la Iglesia de Cristo como la Esposa que Él mismo nos quiso dejar. Por eso no da lo mismo estar en cualquier Iglesia.(Lc 10,16)

Si alguien busca una Iglesia que le satisfaga más; le guste más; canten mejor; prediquen más bonito y le den más queso amarillo... entonces para eso sí puede escoger al mejor postor, que para llenar satisfacciones cualquier amante espiritual es buena.

Ahora, si de verdad ama a Dios y busca hacer su voluntad al 100%, entonces viva con la Iglesia=Esposa que Él nos dejó: La Católica.

Capítulo 3

¿SE CORROMPIÓ LA IGLESIA DE CRISTO?

Pregunta:

Sres. Misioneros. Vi su página de Internet www.defiendetufe.com y los felicito por su labor pues es de mucha ayuda. Me podrían explicar por qué algunas sectas religiosas dicen que la Iglesia que Cristo fundó se corrompió y cayó en la apostasía. ¿En qué se basan y cómo podríamos responderles?

Respuesta:

Estimado Hno. Claro que te podemos ayudar y te envío la respuesta a tu pregunta:

Visión de las sectas.

Si alguien preguntara: ¿Qué tienen en común los mormones con los Testigos de Jehová, los apostólicos de la fe en Cristo Jesús, algunos grupos evangélicos y los adventistas del séptimo día? Sin duda que la mayoría no encontrará alguna afinidad entre ellos. Sin embargo, sí hay un punto en que todos ellos están de acuerdo.

Algo que tienen en común, es que todos ellos piensan que de una u otra forma la Iglesia que Cristo fundó se corrompió y se apartó de la fe verdadera (apostató). Con esta "bandera" en la mano quieren justificar entonces su razón de ser. En otras palabras, están diciendo que como la Iglesia que Cristo estableció 'apostató', entonces cada uno ellos afirman ser la verdadera Iglesia restaurada/reformada y sin fallas.

Antes de ver porqué eso es un error y falsedad de las sectas, veamos primero qué es lo que ellos piensan sobre este aspecto:

"En los últimos días de apostasía difundida, un remanente ha sido llamado fuera para guardar los mandamientos de Dios y la fe de Jesús". Adventistas del séptimo día

"Según lo que creemos, esa Iglesia fue Destruida durante una Gran Apostasía ocurrida aprox. entre el 200 y el 300 D.C." Los Mormones

"Vemos el *cumplimiento de estas profecías (apostasía) en el mundo cristiano de hoy día. Es evidente que los grupos heréticos como la Iglesia Católica* Romana..."
David W. Cloud Líder evangélico

Respuesta Católica:

Por los ataques y supuestas razones que dan hay mucha "tela" de donde cortar. Todas las sectas dicen que la Iglesia se acabó, pero veamos lo que enseña la Biblia y la Historia para responder a estas objeciones y descubrir su falsedad.

1.- Según Nuestro Señor Jesucristo a la Iglesia no la puede Vencer ni los Poderes del Infierno.

Esto lo podemos leer muy claramente en el Evangelio según

San Mateo:

"**Tú eres Pedro, o sea Piedra, y sobre esta Piedra edificaré Mi Iglesia... y los Poderes del Infierno NO la podrán vencer"**

Mt 16,18

Si los hermanos evangélicos y otras sectas creen realmente en la Palabra de Dios y en el poder de Jesucristo, entonces la Iglesia entera no puede caer en apostasía o corromperse porque esa es una Promesa de Jesucristo: Ni los poderes del Infierno la podrán vencer.

En el Evangelio según San Lucas podemos encontrar a Jesús diciendo:

"Simón, Simón, mira que Satanás me ha pedido permiso para sacudirlos a ustedes como se hace con el trigo, pero yo he rogado por ti, para que tu fe no desfallezca, y cuando hayas vuelto fortalezcas a tus hermanos" Lc 22,31

Una vez más encontramos las Palabras y promesa de que ni Satanás puede vencer a la Iglesia. Acaso las sectas ya olvidaron lo que la Biblia afirma sobre la certeza del cumplimiento de las palabras de Jesús y su aceptación:

"Y éstos son los que fueron sembrados en buena tierra: los que oyen la palabra, y la reciben, y hacen fruto, unos treinta, otro a sesenta, y otro a ciento" Mc 4,20

Así que si de verdad creen en la palabra de Jesús y la aceptan, esa misma Palabra afirma que la Iglesia no se corromperá.

Por otra parte, cuando en la Biblia se habla de la apostasía **nunca** está hablando de toda la Iglesia sino de miembros de ella que renegarán de la fe y eso ya ha pasado desde el principio.

"Hijitos, ya es la última hora; y han oído que el anticristo viene, pero ya han venido muchos anticristos; por esto comprobamos que es la última hora. Ellos salieron de nosotros, pero no eran de los nuestros; porque si hubieran sido de los nuestros, se habrían quedado con nosotros; pero salieron para que se viera que no todos son de los nuestros" 1 Jn 2,18-19

2.- La Iglesia de Cristo durará hasta el Fin del Mundo.

Una razón más para confirmar esto, son las últimas palabras que encontramos en el Evangelio de San Mateo. Son como el "testamento" de Jesús:

"... yo estoy con ustedes todos los días, hasta el fin del mundo". Mt 28,20

Si Nuestro Señor Jesucristo afirmó que «estará todos los días hasta el fin», entonces NO puede ser posible lo que afirman algunas sectas de que la Iglesia se terminó.

Al parecer hay personas que creen en Cristo, pero no creen realmente en sus palabras, ni en su poder. Decir que la Iglesia se acabó es creer que Cristo no cumplió con su Palabra de estar con ella todos los días.

3.- Constantino No corrompió la Iglesia, Simplemente dio Libertad de Culto

Uno de los 'caballitos de batalla' de las sectas para pretender justificar la apostasía es el enseñar que Constantino «fundó» la Iglesia católica al corromper el cristianismo original.

Si bien es cierto que hubo una gran transformación al irse con el tiempo convirtiendo en la religión más fuerte por la gradual 'conversión' del emperador y los privilegios obtenidos, es totalmente falso que haya habido tal corrupción y menos que Constantino haya fundado una Iglesia.

Él simplemente dio "Libertad de Culto" a los cristianos. La tolerancia religiosa que establecería el Edicto de Milán del año 313 acabaría con las persecuciones.

En realidad, se cree que en aquel tiempo los cristianos aproximadamente eran solamente el 5% ó 10% de la población del imperio. Para Constantino no había motivos especiales de ver una ventaja en ello. Fue bautizado apenas unos días antes de su muerte.

Además, el "*Edicto de Milán*" fue promulgado conjuntamente con Licinio que gobernaba una zona donde el cristianismo era numeroso, y él en cambio se mantuvo como pagano. Solamente dio libertad de culto para que los católicos ya no fueran perseguidos.

En el texto del "Edicto de Milán" se puede leer:

"Que a los cristianos y a todos los demás les sea dada la posibilidad de confesar libremente la religión por ellos elegida, para que lo de divino y celestial que exista sea propicio a nosotros y a nuestros súbditos".

Así que nada de corrupción y apostasía, sino libertad de culto fue lo único que hizo Constantino.

4.- Si Cristo empezó a edificar la Iglesia, Él mismo la sostendrá.

La idea de una apostasía total, como lo manejan las sectas, es totalmente ilógica, porque si así fuera, entonces para qué Jesús convocó a los Apóstoles(Mc 3,13-15); para qué les enseñaba aparte; para qué les dio el poder de celebrar la Eucaristía hasta que él volviera(1Cor 11,26) y para qué los envió a predicar por todo el mundo(Mc 16,15).

Si hizo todo esto es porque estaba seguro que de **su Iglesia** permanecería hasta el fin.

Él mismo había puesto una comparación para hablar de la importancia de calcular de que las cosas lleguen bien a su fin y que no basta empezarlas. Tal vez sería bueno en este momento el recordarles ese pasaje bíblico a todos aquellos hermanos no católicos que ya lo olvidaron:

"Porque ¿quién de ustedes, queriendo edificar una torre, no se sienta primero y calcula los gastos, a ver si tiene lo que necesita para acabarla? No sea que después que haya puesto el cimiento, y no pueda acabarla, todos los que lo vean comiencen a hacer burla de él, diciendo: Este hombre comenzó a edificar, y no pudo acabar."

Lc 14,28-31

Si Cristo la empezó es **porque él estaba seguro que la sostendría hasta el fin.** Es de ÉL y para ÉL.

5.- Una Iglesia Edificada Sobre La Roca

Un último ejemplo bíblico del porqué la doctrina de algunas sectas está muy equivocada al afirmar que hubo una corrupción total de la Iglesia que Cristo fundó, lo encontraremos en el siguiente texto de la Biblia:

«Cualquiera, pues, que oye estas palabras, y las pone en práctica, le compararé a un hombre sabio, que edificó su casa sobre la roca. Descendió lluvia, y vinieron ríos, y soplaron vientos, y golpearon contra aquella casa; y no cayó, porque estaba fundada sobre la roca. Pero cualquiera que oye estas palabras y no las pone en práctica, se parece a un hombre necio, que edificó su casa sobre la arena; y descendió lluvia, y vinieron ríos, y soplaron vientos, y dieron con ímpetu contra aquella casa; y cayó, y fue grande su ruina». Mt 7,24-27

Cuando Jesús habla del hombre sabio y del necio y de los dos tipos de cimientos nos enseña sobre la importancia de poner en práctica las palabras que Él nos dejó. Esta es una de ellas.

Durante los dos mil años de vida, la Iglesia católica ha tenido momentos muy difíciles y no lo podemos negar, ha tenido que enfrentar 'vientos fuertes de herejías', también 'ríos acaudalados' de poderes temporales que quisieron gobernar sobre ella y 'golpes' internos debido a las fallas de algunos de sus miembros...

Sin embargo, nada la pudo destruir, ni lo podrá hacer. La razón de esto es que está edificada sobre los Apóstoles y porque CRISTO es la Piedra Angular que la sostendrá hasta el final:

"edificados sobre el fundamento de los apóstoles y profetas, siendo la principal piedra angular Jesucristo mismo" Ef 2,20

Si usted es católico, agradézcale a Dios el regalo de estar en la Iglesia que él fundó y que durará hasta el fin del mundo y luche por conocer y vivir su fe para ser un auténtico cristiano.

Yo quiero vivir y morir en la Iglesia edificada sobre Jesucristo=Piedra Angular (Ef 2,20) y San Pedro=La Roca (Jn 1,42; Mt16,18) y que durará hasta el fin del mundo.

¿Y usted...?

Capítulo 4

¿CUÁL ES LA IGLESIA QUE CRISTO FUNDÓ?

Pregunta:

Sr. Martín Zavala. Soy Católico pero yo pienso que da lo mismo estar en cualquier Iglesia porque todas son iguales y si hablan de Dios son buenas, creo que por eso muchos se cambian de Iglesia. ¿Estoy bien o dígame si estoy en un error?

Respuesta:

Gracias por tu pregunta pues es algo que muchas veces se escucha decir. Vayamos explicando con calma todas tus inquietudes:

Introducción.

En temas anteriores aprendimos que la Sagrada Escritura enseña que Jesús había establecido su Iglesia y que ésta permanecería hasta el fin. Hoy analizaremos y responderemos a la pregunta lógica de todo esto: ¿Cuál es entonces la Iglesia que Él fundó? y ¿Da lo mismo estar en cualquier Iglesia?

Como cristiano, al ser discípulo de Cristo, estoy obligado a buscar su voluntad y a proclamarla. Actualmente existen más de 50,000 sectas y no **todas** pueden tener la verdad, ni todas pueden tener la razón, ni todas pueden ser la Iglesia que Cristo fundó.

Veamos entonces cuáles son las razones u opiniones que algunos dan para "decir" que ellos son esa Iglesia o que eso no les interesa. Después veremos porqué estamos convencidos de que la Iglesia que Cristo fundó y en donde se encuentra la plenitud de los medios de salvación es la Católica.

1.- El Truco De Los Nombres.

Tenga la seguridad que más de una vez lo va a oír - o ya lo escuchó - la idea que algunas sectas manejan diciendo: Nosotros somos la Iglesia de Cristo porque 'nuestro nombre está en la Biblia' e inmediatamente agregan: búsquelo usted mismo y en su Biblia verá que ahí Jesús habla de nosotros cuando dice que somos "la Luz del mundo" y ese es el nombre de nuestra Iglesia, por lo tanto, nosotros somos la Iglesia de Cristo.

Un truco muy similar a este, lo hacen "la Iglesia de Cristo"; los "nazarenos"; "seguidores del camino"; los "Testigos de Jehová"; los "cristianos" y otros más que andan por ahí.

Vaya manera de razonar de algunos... ahora resulta que cualquier grupo religioso inventado hace unos días busca "un nombre bíblico" y sale afirmando que son la Iglesia verdadera. Es como si a nuestra casa llegara un señor y nos dijera: "présteme por favor mil dólares, soy el famoso Michael Jackson

- así me llamo yo, Miguel Jackson- pero soy el verdadero artista porque tengo el mismo nombre". Así de infantil es el pseudo- argumento de las sectas y lo peor del caso es que hay personas ingenuas que lo creen y lo van repitiendo.

Más adelante va a salir otra secta afirmando ser la verdadera Iglesia y sacará el pasaje donde dice Jesús: "Ustedes son sal de la tierra", su grupo se llamará "Iglesia sal de la tierra" y sus miembros se llamarán los 'salados' de los penúltimos días. Ni modo, siempre habrá gente "más viva" que vive a expensas de los no tan "vivos". Por algo Jesús nos dijo:

"Sean astutos como serpientes
y mansos como palomas".
Mt 10,16

2.- El Sentir Bonito no es sinónimo de estar en la verdad.

Este es el común denominador de las sectas religiosas de línea pentecostal. Sus frases preferidas son: "Aquí en esta Iglesia sí siento la presencia de Dios"; "desde que dejé la Iglesia católica y estoy en esta otra, siento más a Jesucristo en mi vida"; "esta es la iglesia verdadera porque aquí se siente la presencia del Espíritu Santo en el corazón"...

Actualmente *para muchas personas lo importante es sentir*, lo demás no importa o es secundario. Confunden la verdad, con el sentimiento. Después de unos meses que les pasó la novedad se cambian a otra Iglesia donde vuelven a sentir.

Es la Iglesia de los 'sentidos'. El emocionalismo en su máximo esplendor. Si sienten bonito con los Mormones se hacen mormones, si sienten con los espiritistas se van a ese grupo y si se sienten bien en un grupo esotérico allá van a parar. Para mucha gente la verdad está en la emoción.

Al parecer ya se les olvidó que Nuestro Señor Jesucristo no sintió bonito cuando estaba en la cruz. Basta recordar su expresión en la cruz cuando grita: "Dios mío, Dios mío por qué me has abandonado". El mismo Jesús dijo: "El que quiera seguirme, niéguese a sí mismo, tome su cruz y sígame" (Mc

8,34). La Cruz no es señal de sentir bonito. Así que si alguien busca con sinceridad estar en la Iglesia de Cristo, el criterio de identificarla por el sentimiento es de lo más anticristiano.

3.- Una Iglesia espiritual y visible al mismo tiempo.

Hay un tercer grupo de hermanos evangélicos que a la hora de hablar sobre la importancia de estar en la Iglesia de Cristo simplemente dicen que eso no importa, ni interesa, que lo importante es reconocer a Cristo como Señor y salvador personal, porque las Iglesias no salvan. Con esta idea las sectas actuales se convierten en 'nietas de Lutero', pues es una de las ideas fundamentales que él manejo.

En realidad no es tan fácil como lo dicen, ni es cierto que la Iglesia sea puramente invisible o espiritual. La Iglesia es visible e invisible, humana y divina, espiritual y corporal al mismo tiempo.(Ti 3,10;1 Cor 12,13; Lc

10,16;Heb 10,25) Hablar de una Iglesia puramente invisible es un pretexto para que cualquiera funde la suya.

La Biblia y la historia nos demostrará ahora, cuál es la Iglesia que Él fundó.

4.- La Iglesia que Cristo fundó es la Católica.

Esta es la gran verdad que hay que gritar por todos los medios. Lo del truco de los nombres, el sentir bonito y lo de la Iglesia invisible son trampas que las sectas manejan como «cortinas de humo» para distraer de la verdad irrefutable acerca de la Iglesia Católica como la Iglesia que Cristo fundó.

Estamos totalmente seguros de eso por tres razones:

1.- Por la Biblia
2.- Por la Historia
3.- Por la sucesión apostólica

Por la Biblia hemos visto y comprobado que Cristo fundó una sola Iglesia y que esa Iglesia durará hasta el fin del mundo. La consecuencia lógica de eso es que hoy en día debe de estar. Nuestra tarea consistirá en encontrar de entra todas a la verdadera. Al hacer esto, veremos cómo la historia y la sucesión apostólica, nos mostrarán que ***la única Iglesia que viene desde el tiempo de Cristo es la Católica.***

Vayamos a la historia, e investiguemos en ella, para saber cuál es la Iglesia que viene desde el tiempo de Cristo. Si no viene de ese tiempo, cualquier cosa que digan tiene poco valor.

Si preguntamos a un mormón, un testigo de Jehová o a un evangélico que nos digan el nombre de uno solo de sus miembros en el año 1500, simplemente ninguno de ellos podrá contestar porque ***no existían***. La verdad es que la mayoría de las iglesias protestantes y de las sectas religiosas tienen
100, 300 ó 400 años que se fundaron. Por lo tanto, no pueden ser la Iglesia que Cristo fundó.

Podrán decir que tienen un templo más grande; más canales de televisión; un coro más bonito y que regalan mucho queso amarillo... pero lo que estamos buscando es la Iglesia de Cristo, la que viene desde el año 33 y por supuesto que no es ninguna de ellas.

Echémosle un vistazo a ***la historia*** y veamos cuando se fundaron algunas sectas, grupos religiosos e Iglesias protestantes:

Nombre	Fecha	Fundador
Luteranos	1521	Martín Lutero
Presbiterianos	1560	John Knox
Calvinistas	1533	Juan Calvino
Anglicanos	1534	Enrique VIII
Rosacruces	1614	Valentín Andrea
Metodistas	1791	John Wesley
Ejército de Salvación	1878	William Booth
Ciencia cristiana	1879	Mary Baker
Iglesia de la Unificación	1954	Sun Myung Moon
Testigos de Jehová	1876	Charles Russell
Mormones	1830	Jose Smith
Bautistas	1611	John Smith
Asamblea de Dios	1915	
**Evangélicos	1916	Varios(Panamá)
Sabatistas	1863	Hellen G. White
Luz del Mundo	1926	Joaquín Aarón
Pentecostales	1901	Varios
Iglesia Universal	1970	Edir Macedo

**Los evangélicos se hacen llamar ahora cristianos cuando en realidad son protestantes, pero para que se oiga mejor ahora se hacen llamar así. En realidad, son cristianos evangélicos y nosotros somos cristianos católicos.

Ahora, hay miles y miles de datos, personajes y concilios, que nos pueden mostrar que la Iglesia Católica viene desde el tiempo de Jesucristo. Veamos algunos de ellos por poner algunos ejemplos de los más significativos:

Año	Hecho o personaje	Iglesia
2010	Benedicto XVI	Católica
1875	Concilio Vaticano I	Católica
1545	Concilio de Trento	Católica
1220	San Francisco de Asís	Católico
710	San Adrián de Canterbury	Católico
430	San Agustín de Hipona	Católico
397	Concilio de Cartago	Católica
318	San Cirilo de Jerusalén	Obispo católico
290	San Antonio Abad	Católico
240	San Cipriano	Obispo católico
177	San Ireneo de Lyon	Obispo católico
90	San Ignacio de Antioquía	Obispo católico

Todos ellos eran Católicos que creían en la Eucaristía; En el Papa; la Virgen María y en la comunión de los santos.

De esta manera nos podemos remontar hasta el tiempo de Jesucristo.

Fecha	Fundador	Iglesia
33	Jesucristo	Católica

San Ignacio de Antioquía es uno de los primeros en usar la palabra «católico» en el año 100 aproximadamente. Eso lo dijo en la carta que escribió a Esmirna.
Al principio, la Iglesia tenía varios nombres:

*Seguidores del camino, en Hech 19
*Nazarenos, en Hech 24,5
*Cristianos, en Hech 11,23

Y muchos otros. A los pocos años, el nombre que se fue usando y quedando más, fue el de católicos. Como decía un padre de la Iglesia: «***Mi nombre es cristiano y mi apellido es católico***». Por la historia pudimos comprobar que venimos desde el tiempo de Cristo. Católico significa universal.

Veamos ahora el tercer camino para confirmar que la Iglesia que Cristo fundó es la Católica. Primero vimos la Biblia, después la historia y en tercer lugar veamos ***la sucesión apostólica***. Esto significa que siempre ha habido un sucesor de la Apóstoles. El primero fue Pedro, después siguió Lino, luego Anacleto, Clemente, etc. hasta llegar a Benedicto XVI.

Ninguna de las sectas religiosas puede decir algo parecido. Si uno empieza a investigar quién es su jefe actual y quién estuvo antes, nunca llegarán hasta el tiempo de Cristo, pues ni existían.

A veces ni siquiera se sabe quién es el jefe o pastor principal actual de ellos, menos el de hace siglos.

En cambio en la Iglesia si lo podemos mostrar:

Desde	**Hasta**
PEDRO	**FRANCISCO**
————————————→	266

Es lógico que si Nuestro Señor Jesucristo escogió a Pedro para que fuera el pastor visible de su rebaño (Jn 21,15-17) alguien tendría que continuar con su misión, pues el Evangelio tiene que ser predicado por todo el mundo (Mc 16,15) hasta al final de los tiempos (Mt 28,18-20). Por este motivo, al morir el primer Papa (Pedro) hubo un sucesor que fue Lino y así sucesivamente hasta llegar al actual Papa: Benedicto XVI

De esta manera, la Biblia, la Historia y la Sucesión Apostólica nos confirmaron que la Única Iglesia que Cristo fundó es la católica. Esta es una gran verdad que hay que gritar por todos los medios y compartirla a todos cuanto podamos.

Por eso podemos decir: *Católico Nací, católico moriré.* No por tradición solamente, sino por convicción plena de estar en la Iglesia que Cristo fundó.

Si Jesucristo fundó su Iglesia: La Católica, no fue para dejarla como un adorno secundario en la vida del cristiano.

Buscarla y aceptarla es hacer su voluntad (Mt 7,15)

Capítulo 5

LA INQUISICIÓN: ¿QUÉ HAY DE TODO ESO?

Pregunta:

Sr. Martín. Quisiera que explicara algo sobre la Inquisición, pues hay muchos que nos dicen que cómo podemos hablar de la Iglesia si ésta hizo mucho mal a través de ese medio. ¿Es cierto todo lo que se oye decir? o ¿Podemos contestar algo?

Respuesta:

Claro que sí. Hay algunas cosas importantes y poco conocidas sobre la inquisición que debemos saber para ser más objetivos y no caer en exageraciones.

En primer lugar hay que aclarar que no es nuestra intención el hablar sobre este tema para afirmar que la inquisición fue algo muy bueno y bello en la historia de la Iglesia. Ni queremos resucitarla o que se vuelva a establecer.

El objetivo de este tema, más bien, es para precisar y quitar una serie de exageraciones que muy comúnmente escuchamos de parte de no católicos o de pseudo historiadores que nunca se han preocupado ni en lo más mínimo por investigar seriamente que fue lo que sucedió.

La mayoría de la información que usaremos la puede usted consultar acudiendo a cualquier biblioteca y dedicando unos minutos a leerlo en cualquier enciclopedia que encuentre, incluso en enciclopedias hechas por hermanos no católicos y

protestantes. No lo digo yo, cualquiera lo puede comprobar por sí mismo.

1.- Una Leyenda negra anticatólica y anti-española.

Al hablar de la inquisición es común que muchos historiadores serios le llamen con el nombre de "leyenda negra" porque se ha distorsionado y exagerado mucho sobre lo que fue realmente la inquisición católica y sobre todo la que se dio en España. En este artículo te sorprenderá conocer como hay un mito creado en torno a ella y en honor a la verdad es necesario mencionar algunas cosas sobre eso.

2.- Galileo no murió en una hoguera, ni se le juzgó por motivos científicos.

Yo sé que más de alguno ya estará pensando que siempre ha oído lo contrario, pero tenga calma unos momentos y lea con atención. Es común oír, incluso a algunos maestros o profesores, decir que la inquisición quemó a Galileo porque afirmó que la tierra se movía y que el sol era el centro del universo, pero ***esto es Falso***. Basta que vaya a cualquier enciclopedia y se dará cuenta que Galileo no murió quemado ni nada por el estilo.

Su castigo fue leer los 7 salmos penitenciales por dos años. Tiempo después, murió tranquilamente en casa de un amigo suyo que era obispo y de hecho siguió con su cátedra y con sus escritos. A El tampoco se le juzgó por su teoría científica, una prueba de esto es que Él no fue el primero en decir esa teoría, sino Copérnico.

Todavía hoy en día le llamamos sistema copernicano en honor a su nombre, y a Copérnico, que por cierto era canónigo, nunca se le hizo nada. Lo que pasó es que Galileo quiso basar su postura en pasajes de la Biblia, actitud que no siguió Copérnico. Esto fue lo que se rechazó, pues era una interpretación personal no acorde con su tiempo ni con la Iglesia. Por esto y no por motivos científicos, la inquisición le puso de penitencia rezar los salmos penitenciales. ¿No cree usted que esto es muy diferente a la hoguera como algunos lo inventaron tiempo después?

3.- Los protestantes, musulmanes y otras religiones también tuvieron sus "inquisiciones".

Seguramente que esto no lo había escuchado ¿verdad? Me pregunto, por qué esto no se oye decir, si en los libros de historia se habla de ello. Claro que todo mundo tenía su especie de inquisición.

Por ejemplo William Cobbet, que fue un escritor protestante, en su libro "Historia de la reforma protestante" afirma que Isabel de Inglaterra (protestante) hizo y causó más muertes de católicos en un año que la inquisición española en toda su historia.

La razón por la cual Todos, hasta el mismo Calvino (reformador protestante), hacían esto, es porque ellos creían en un principio social que en aquel tiempo existía: "cuyus regio ipsius religio"= del que es la región es la religión. Así que si el príncipe, el rey o el gobernante era católico el pueblo mayormente sería de esa fe, si era luterano de igual manera, si era calvinista o musulmán sería el pueblo de esa fe. Estar contra la religión era estar contra el rey.

Basta leer cómo Calvino tomó igualmente de radical esta postura contra los católicos. No existía, como hoy en día, en la sociedad la llamada: "libertad religiosa" en el mismo nivel. Todos caminaron por el mismo error si usted lo quiere ver de esta manera, pero no solamente la Iglesia Católica sino todos así lo pensaban.

Además, juzgar a la inquisición con criterios actuales es un verdadero anacronismo. Es decir «fuera de tiempo». Es como si hoy se acusara a los aztecas de dañar el ecosistema y violar las leyes ecológicas.

4.- El castigo lo daba el poder civil, no la Iglesia.

Otro cuento o invento muy extendido y todavía saliendo en películas y novelas es presentar al sacerdote imponiendo el castigo. Eso es más falso que una moneda de tres dólares. El castigo lo imponía el llamado "brazo secular" o poder civil. La Iglesia lo que hacía eran los 'autos de fe' donde se declaraba si era culpable o no a la persona en cuestión. El poder civil era quien después aplicaba el castigo.

A propósito de esto, estaba yo participando en un programa de radio cuando una hermana católica llamó y dijo que eso que yo había mencionado no era cierto, que era la Iglesia la que daba el castigo.

Cuando le pregunté que cómo ella sabía eso, tranquilamente contestó que lo acababa de ver un día antes por televisión al estar viendo la telenovela... por eso estamos como estamos. Pobre católico que su fuente de formación son las novelas. Si por eso se llaman novelas o sea que no las vea. En fin, expliquemos un poco más.

5.- La hoguera no era el castigo común, sino el extraordinario.

Cuánta novela hay hablando de la hoguera como si cada día se quemara a una persona en la inquisición. Yo creo que si queremos formarnos bien en serio hay que ver menos novelas y leer más libros de historia. Los castigos impuestos por la inquisición eran muchas veces cosas sencillas: rezar algunas oraciones, hacer alguna penitencia, cargar con algún símbolo de su arrepentimiento, etc.

Incluso muchas veces bastaba el arrepentimiento para que no se le castigara nada. **Por eso es que a Galileo simplemente se le impuso rezar los 7 salmos penitenciales.** No fue a la hoguera como por ignorancia muchos lo afirman.

Más aún, lo que muchas veces se quemaba no era a la persona, sino a la 'efigie', es decir a un muñeco que representaba a la persona. Todavía en los archivos de la nación de México, por poner un ejemplo, viene cuántas veces en un año se hacía esto: Cuántas en efigie y cuántas en la persona.

En ese país en cerca de trescientos años fueron 57, los demás en efigie. Claro que estuvo mal, pero de ahí a la exageración de que fueron miles hay

mucha diferencia. Ah, y también hay que mencionar que ***nunca*** se juzgó o condenó a ningún indígena pues estos eran protegidos por las leyes de los reyes católicos.

6.- La inquisición no era solamente para los protestantes, musulmanes, judíos y las brujas. También era para los católicos.

De dónde habrán sacado algunos protestantes la barbaridad de que sólo era para ellos, porque de la historia no se puede sacar.

Basta decir que dos de los que hoy consideramos grandes santos y místicos católicos en la espiritualidad también fueron llamados a la inquisición y no les pasó nada. Nada. Me refiero a Santa Teresa de Ávila y a San Juan de la Cruz.

En el caso de los judíos y musulmanes ni siquiera se les llamaba o investigaba por ser de esa religión. Era más bien a los judíos que se hacían pasar por convertidos-católicos llamados 'judaizantes', y a los musulmanes que falsamente se habían convertido al catolicismo llamados 'moriscos' a quienes se les hacía una investigación.

A nadie se le obligaba a ser católico. Fue al contrario, pues en países donde eran mayoría protestante si hubo una tremenda persecución hacia el catolicismo. Le recomiendo ver en cualquier enciclopedia cómo Calvino aplicaba las leyes e incluso con sus mismos correligionarios.

De hecho, los primeros fundadores de Estados Unidos, llamados comúnmente "puritanos", eran protestantes huyendo de las persecuciones de intolerancia de otros protestantes.

7.- La tolerancia religiosa de parte de los católicos en los Estados unidos.

Para terminar, mencionemos que Maryland, la única de las trece colonias de mayoría católica, en el mismo tiempo de la inquisición, en el año 1649, fue de las primeras en proclamar la ley por la "tolerancia religiosa".

Espero haber respondido a tus inquietudes y ánimo.

Capítulo 6

ABUSOS SEXUALES, SACERDOCIO Y SANTIDAD DE LA IGLESIA

Pregunta:

«...Qué no han escuchado todo el escándalo que se suscitó en todo el mundo por los abusos de sacerdotes en los Estados Unidos? Qué lástima... Ya despierten de su sueño de negación y abran los ojos y miren a esta institución (Iglesia católica) por lo que es».

Respuesta:

Estimado Henry: Seguramente que no eres católico porque tus comentarios no están dirigidos con el fin de **ayudar** a las víctimas sino que es una muestra más del odio hacia la Iglesia Católica.

El correo electrónico que nos enviaste para «repetirnos» en la cara los abusos sexuales de algunos sacerdotes católicos de este país, es un reflejo de lo que sale en televisión, sobre todo por algunos medios anti-católicos y amarillistas.

Gracias por escribirnos pues por este medio te envío una respuesta a ti y al mismo tiempo a todos aquellos que se preguntaran sobre qué podemos decir los católicos sobre todo esto que ha pasado y ¿Qué podemos aprender? He aquí la respuesta usando la Biblia, que en este tema has olvidado usar:

1.- En la desgracia se conocen los amigos y los pseudo amigos, o sea SNAP.

Ese dicho popular tiene mucho de verdad, y más en la situación actual. Hoy, salen como aves de rapiña grupos y personas que aprovechándose del dolor de ver a algunos sacerdotes que han dado un pésimo testimonio, se avalanchan sobre la Iglesia como si todo fuera malo en ella

Dije pseudo amigos o supuestos amigos porque *algunos que dicen estar interesados en defender a las «víctimas»*, pero en realidad sólo buscan echar más leña al árbol caído, otros buscan dinero y algunos otros proyectan su odio y aprovechan la oportunidad en pos de un sueño que no lograrán: Ver destruida a la Iglesia Católica. El ejemplo perfecto de falsa ayuda es la organización SNAP(Red de sobrevivientes de abusos de sacerdotes). Cuando veas casos de supuestas o verdaderas victimas saliendo en televisión, míralo bien, y te darás cuenta que hay pancartas de SNAP. Eso se debe a que esta organización esta hecha por protestantes que se dedican a buscar casos de abusos de sacerdotes en todo el mundo.

Al ser protestantes (cristianos evangélicos) se enfocan no en apoyar a las víctimas sino en buscar que lo sean de parte de sacerdotes católicos. ***No les importa ni lo más mínimo si el que abuso fue un pastor protestante. Esos casos no les interesan pues sus mismas siglas son lo que realizan***. Buscan abusos de sacerdotes, no de pastores cristianos evangélicos pues son de ellos mismos.

Por eso al entrar a su sitio más del 95 % de los casos denunciados son de sacerdotes católicos no de sus pastores. Obvio. Eso sirve para exagerar los casos como si en la iglesia católica pasara y entre ellos no, lo cual es falso.

Yo personalmente hablé a una de sus oficinas y les dije de un caso de abuso sexual de un pastor cristiano evangélico y descaradamente me dijo que él no me podía ayudar pues se enfocaban en casos de abusos pero de sacerdotes.

Sin duda que hay gente tramposa aprovechándose de cualquier cosa para, como dice el dicho, "llevar agua a su molino". Al puro estilo protestante haciendo creer que la iglesia católica es mala y ellos son los buenos de la película.

A quienes hacen eso y cosas similares de todo corazón que Dios los perdone y les bendiga. Algún día se darán cuenta que cuando un hijo o un hermano cometen abusos tan grandes, no solamente se rechaza todo lo que hizo, sino también se llora de dolor por el Hijo. (Eclo 28,7;Mt 5,44-47)

2.- En la desgracia se llora y también se crece en humildad.

Comentas que si acaso no nos hemos dado cuenta de lo que está pasando con los abusos de los sacerdotes a menores...

Mira Henry, creo que hasta a los extraterrestres ya les llegó la noticia, y eso que yo no creo en los extraterrestres.

Cuando en una familia, un hijo comete un mal enorme a otra persona, uno no se alegra por el mal que hizo, pero tampoco se goza por el hijo que se portó mal. ¿Acaso crees que una mamá saldrá a gritar a los vecinos y a poner en el periódico que uno de sus hijos es un ladrón y abusador?

«Así dirás a José: Por favor, perdona el crimen de tus hermanos y su pecado. «Cierto que te hicieron daño, pero ahora tú perdona el crimen de los siervos del Dios de tu padre.» Y José lloró mientras le hablaban».

Gen 50,17

No. Aunque hay cientos de miles de sacerdotes buenos y entregados, no es un tiempo de gozar. Algunos cometieron errores gravísimos y como familia nos entristecemos porque se daña a toda la familia de Dios.

Unos y otros han pedido perdón y lo seguiremos pidiendo cuantas veces sea necesario. Como Jesucristo nos enseñó en el Padre Nuestro. Cada día debemos decir: «perdona nuestra ofensas.» sin duda que lo que está pasando servirá como un medio de purificación y de crecimiento en humildad.(Mt 6,9-13)

Algo muy bueno que ha sucedido es que actualmente la Iglesia católica ha aprendido de sus errores y ahora tiene uno de los más estrictos controles y procedimientos a nivel mundial para que no sucedan abusos similares.

3.- La Iglesia Católica es Una y por eso fácil blanco de «atacar».

Un detalle que no debemos olvidar, a pesar del dolor, es que errores en todas las Iglesias los ha habido y hasta más grandes. Incluyendo evangélicos, protestantes, mormones,

testigos de Jehová etc.

Pero cuando en ellos pasa algo, inmediatamente la mayoría se da la vuelta y dicen nosotros no fuimos, fueron ellos. Al ser sectas, separadas unas de otras, a la hora de la fallas nadie se siente que forma parte de las fallas.

En cambio **la Iglesia Católica es una**, por eso es fácil blanco de ataque de parte de los medios y de las mismas sectas, las cuales se lanzan a «levantar el dedo» para señalar culpables y se les olvida lo que ellos han hecho.

De un día para otro olvidan a los evangélicos de Waco, Texas o a Jim Jones en la Guyana o el caso de engaño y adulterio de Jimy Swagert o Jim Baker o el más reciente del pastor Tedd Haggard que era el presidente de la asociación nacional de cristianos evangélicos y acusado de prostitución homosexual.

Sabes Henry, te tengo una noticia que no te va a gustar y que tus nietos y bisnietos oirán. La Iglesia Católica ha superado pruebas peores, pues Jesucristo es su fundador. Ni los malos ejemplos de algunos la pueden destruir. Como Judas o la negación de Pedro tampoco lo lograron.

4.- Las «Pruebas» un llamado a la Santidad.

Tal vez en este y otros momentos cuando aparezcan fallas en la Iglesia de Dios, algunos hermanos católicos duden un poco, pero la mayoría volteará a buscar el rostro de Dios y seguirá adelante como un verdadero católico, pues en la prueba se forjan los valientes y decididos seguidores del Señor:

«Hijo, si te decides a servir al Señor, prepárate para la prueba. Endereza tu corazón, mantente firme, y no te aceleres en la hora de la adversidad. Únete más a él, no te separes, para que seas exaltado al final de tus días. Todo lo que te sobrevenga, acéptalo, y en los reveses de tu humillación sé paciente. Porque en el fuego se purifica el oro, y los seguidores de Dios en el honor de la humillación. (Eclo 2,1-2)

Hasta de un «mal», se puede sacar un bien. Sin duda que este momento de reconocer nuestras fallas, servirá para forjar más fidelidad a Dios y a su Iglesia: la Católica. Al mismo tiempo que nos lanzará a vivir más plenamente en santidad. Pues como el obispo Fulton J. Seen decía: «Hasta los cadáveres pueden flotar río abajo, es nadando contracorriente, que se forjan los verdaderos santos».

5.- Manipulación y exageración de algunos medios de comunicación.

Si bien es cierto que bastaría que uno solo de los casos de abuso fuera verdad para decir que es algo grave, también hay que señalar que el hecho de estarlo repitiendo una y otra vez y buscar cualquier novedad como un pretexto para volver a repetirlo, hace que todo se vea como algo más grande de lo que es en realidad.

Aquí los dueños de la mayoría de los medios de comunicación son protestantes y hacen promoción de esto con el objetivo de ser «amarillistas» y subir su 'rating', al mismo tiempo, aprovechan para atacar a su enemigo común: La Iglesia Católica.

No es nada extraño que rápidamente se hayan olvidado los noticieros de la muerte del arzobispo de Colombia al que mataron por denunciar la injusticia. Si es algo bueno y son católicos para ellos es poca noticia. En cambio, en lo malo son expertos en repetirlo hasta el cansancio.

Algunos medios se parecen a la parábola del «cochino y la paloma». ¿No la conoces? Pues hay te va... "Un día una paloma platicaba con el cochino y le dijo que el mundo era bello con sus ríos, flores y bosques, aunque también había algunas cosas feas, pero el mundo para ella, como paloma, tenía mucha belleza y por eso le encantaba. En cambio, el cochino se quejaba amargamente y decía que no, que en el mundo solamente había basura, lodo, suciedad, tierra y comida podrida."

Claro, como el cochino siempre tenía la «cabeza hacia abajo» y las narices metidas en «su mundo» eso era solamente lo que alcanzaba a ver. En cambio, la paloma mira todo y se da cuenta que es más la belleza que la suciedad.

Ni modo, pero hay personas, sectas y algunos medios de comunicación que siempre tienen «la cabeza hacia abajo» y mientras no la levanten lo único que verán en la Iglesia Católica es el lado malo.

Se perderán la belleza que de ella sale: La madre Teresa de Calcuta; obispos y sacerdotes mártires; religiosas que no se casan por atender a los huérfanos y desamparados; religiosos que entregan su vida por ayudar a enfermos mentales y del Sida; la influencia del Papa en la lucha por la paz a nivel mundial, etc.

6.- Una Iglesia de Santos y Pecadores.

Cuando hoy algunos levantan la mano escandalizados y señalan a la Iglesia como lo peor, definitivamente que andan muy mal, pues piensan que en la Iglesia todo debe de ser perfección y santidad.

No. La iglesia de Jesucristo ha sido, es y será siempre de Santos y Pecadores. No pretendemos con esto decir que es algo bueno o normal las fallas dentro de la Iglesia, pero debemos de ver a la Iglesia tal como Jesucristo la ve: de santos y pecadores.

Estimado Henry. Al parecer ya se te olvidó la Biblia, pues ¿Acaso el pueblo de Israel no tuvo graves pecados y muestras de Infidelidad y sin embargo continuó siendo el pueblo de Dios? ¿Ya lo olvidaste tan pronto? ¿Acaso el Rey David no cometió barbaridades? ¿No has leído la Biblia hablando sobre eso?

<u>¿Acaso los doce Apóstoles fueron un modelo de perfección?</u>

+ Qué no hubo un Judas que lo traicionó (Mc 14,10-11)

+ Un Pedro que lo negó (Mc 14,29-30)
+ Un Tomas que dudó (Jn 20,25)
+ Y otros dos que se pelearon por los primeros puestos (Mc 10,35-37)
+Once lo abandonaron en la cruz.

Eran doce solamente, Jesús estaba presente entre ellos, y... ¡Ya había esas fallas!

Le fallaron doce de doce, no es muy buen promedio. Con mayor razón hoy que somos mil cuatrocientos millones de católicos habrá algunos que fallen.

En adelante, la historia de la Iglesia estará marcada por esta doble realidad. Una Iglesia Divina y humana al mismo tiempo. Santa porque santo es su fundador que la santifica y pecadora porque tiene un rostro humano que al estar de paso por este mundo, el polvo del «pecado» en algunos se pegará.

Si leemos el Nuevo Testamento las primeras comunidades cristianas vivían esta misma realidad:

a) Un matrimonio cristiano vendió un terreno y quiso engañar a los Apóstoles diciendo que solamente habían recibido esa cantidad, cuando en realidad eso solamente era la mitad:

Pedro le dijo: «Ananías, ¿cómo es que Satanás llenó tu corazón para mentir al Espíritu Santo, y quedarte con parte del precio del campo?... No has mentido a los hombres, sino a Dios.» Al oír Ananías estas palabras, cayó y murió. Hech 5,1-5

b) En otra ocasión San Pablo reprende a otros cristianos por que han hecho algo que ni los paganos hacen:

«Sólo se oye hablar de inmoralidad entre ustedes, y una inmoralidad tal, que no se da ni entre los paganos, hasta el punto de que uno de ustedes vive con la mujer de su padre.

1 Cor 5,1-2

7.- Ni los poderes del Infierno la podrán vencer.

Algunos dicen que cuando Napoleón tomó preso al Papa para pretender acabar con la Iglesia, éste le contestó: **«Ni nosotros con nuestras faltas la hemos destruido, menos lo harás tú».** Y así sucedió.

Por algo, Jesús prometió que su Iglesia: La Católica, no sería destruida ni por los mismos poderes del mal. Este y otros momentos difíciles serán superados. En cambio, muchas sectas con su aparente "bondad" desaparecerán con todo y los "buenos".

Eso es lo que ha sucedido en dos mil años de existencia:

Una Iglesia de Santos y Pecadores y una Promesa de Jesús:

«Ni los poderes del Mal
la podrán destruir»
Mt 16,18-19

II Parte

OBJECIONES COMUNES DE LAS SECTAS

Capítulo 1

«IMÁGENES E ÍDOLOS» ¿QUÉ DICE LA BIBLIA?

Pregunta:

Muy Estimados señores: Sería de profundo interés personal, una aclaración referente al tema de adoración de imágenes esculpidas, pues en el libro de Éxodo Dios dijo que no se adorarían imágenes. Entonces: ¿Por qué nosotros adoramos las imágenes en la iglesia? Hay muchos protestantes que me lo han dicho y dicen que seremos malditos en varias generaciones. Esperando su respuesta, se despide, una católica confundida.

Respuesta:

Estimada hermana:

En primer lugar los católicos ***No adoramos las imágenes.*** Adorar significa reconocer como Dios supremo y eterno, es el máximo culto posible que se puede dar. ***Adoramos solamente a Dios***, a las imágenes simplemente se les respeta o venera y eso no está prohibido por la Biblia sino todo lo contrario.

Seguramente todo se aclarará en este tema que te envío:

1.- Imágenes e ídolos

Cuando en la Biblia se lee el libro del éxodo u otros donde aparentemente se prohíbe tener imágenes no se está refiriendo a cualquier tipo de imágenes, sino a los ídolos. Aquí está el tremendo error de muchas sectas religiosas. Ellos creen que una imagen es lo mismo que un ídolo y eso no es así.

Hay una gran diferencia entre una imagen y un ídolo. Una imagen es cualquier tipo de estatua o fotografía que representa a alguien o algo, mientras que un ídolo es un falso dios que se pone en lugar de Dios, como en el caso del becerro de oro.

Cuando en la Biblia se «habla de prohibición de imágenes» está refiriendo a los ídolos y no a cualquier tipo de imagen. De hecho, si leemos atentamente, en el versículo anterior se habla claramente de "otros dioses".

No habrá para ti otros dioses delante de mí (Ex 20,3). Como verás, la prohibición es sobre el tener ídolos o falsos dioses, y eso es algo que tú no tienes, sino simplemente imágenes.

2.- Dios mismo mandó hacer imágenes.

Cuando alguien te diga que de todas maneras Dios prohíbe tenerlas eso no es cierto. Al contrario, en todas las Biblias del mundo vamos a encontrar pasajes bíblicos donde Dios mismo mandó hacer imágenes. Veamos algunos ejemplos:

➡ Ex 25,1 Dios le habla a Moisés para decirle cómo construir el templo.

➡ Ex 25,8 En ese Santuario iba a habitar Dios.

➡ Ex 25,18 Leamos ahora qué mandó Dios hacer y poner en el templo donde él se iba a manifestar:

"Asimismo, harás dos querubines de oro macizo, labrados a martillo, y los pondrás en las extremidades del Lugar del Perdón, uno a cada lado" (Ex 25,18).

La Biblia claramente nos dice que ***Dios mandó hacer imágenes*** de dos querubines o ángeles. Así es, las manda hacer.

Ordena colocarlas en su templo y allí, él se iba a manifestar. Qué diferencia a lo que han dicho las sectas por muchos años.

Hace tiempo estaba yo dialogando con una persona que iba con los "bautistas" y me afirmaba con mucha seguridad que eso no estaba en la Biblia y cuando lo leímos en su propia Biblia se quedó sorprendido y me dijo:

¡Creo que Dios se está contradiciendo! En realidad, era él quien se estaba contradiciendo.

Es obvio que si Dios las mandó hacer es porque no estaba en contra de ello. Lo que él rechaza no es el tener imágenes, sino ídolos o dioses falsos que es algo muy diferente. Esos querubines iban a ser puestos encima del Arca de la Alianza(Ex 25,20) y así iban a estar por siglos y siglos.

Esa no fue la única vez que mandó a hacer imágenes. Busque ahora en su Biblia el siguiente pasaje:

«Moisés habló por el pueblo y Yahvé le respondió: "Haz una serpiente de bronce, ponla en un palo y todo el que la mire, sanará».

(Núm 21,8-9).

Esa imagen más adelante sería destruida porque el pueblo de Israel ya no la veía como una imagen sino como un dios. ***Eso nos confirma*** lo que hemos explicado. Que lo que la Biblia prohíbe no son las imágenes, sino los ídolos. Nosotros nunca adoramos las imágenes, solamente las respetamos o veneramos.

3.- Arrodillarse ante imágenes y personas es bíblico.

Es común oír a muchos miembros de las sectas decir que el arrodillarse ante una imagen eso sí es idolatría. Que Dios prohíbe rendirle culto de esa manera y que por eso los católicos son idólatras.

Eso es falso y una muestra más de la mala interpretación bíblica.

Cuando en la Sagrada Escritura se habla del caso de Pedro o del Ángel que dicen que no se arrodillen delante de ellos es porque los que hicieron eso, estaban considerándolos como 'dioses'. Por eso, los dos casos mencionados nos vuelven a confirmar que si alguien se postra pensando en adorar o rendir ese culto a una persona o a una imagen eso está mal. En cambio, si alguien se arrodilla simplemente haciéndolo como un gesto de respeto o cariñó, ***no tiene nada de malo.***

Eso no lo digo yo, sino la Palabra de Dios que nos pone ejemplos de arrodillarse y no se les condenó ni se les llamó la atención.

Primero vayamos a ver qué hizo Josué, que es el jefe y sucesor de Moisés. Recuerda usted las imágenes que estaban arriba del Arca (Ex 25,18-20) Sí. Pues leamos ahora:

«Entonces Josué y todos los jefes de Israel, rasgaron sus vestidos, se cubrieron de cenizas la cabeza y permanecieron postrados delante del Arca de Yavé hasta la tarde»

Jos 7,6

Se postraron delante del Arca y allí estaban las dos imágenes de querubines y no pasó nada, ni Dios se molestó como lo dicen algunos.

El otro caso es el siguiente: **«Llegó hasta el hombre de Dios y se postró a sus pies»**

2 Rey 4,27

Incluso alguien la quiso levantar y el profeta les dijo que no, ***que la dejaran.***

Entonces el arrodillarse no es malo, sino el hacerlo pensando adorar. Para nosotros simplemente son imágenes que respetamos.

4.- Rezamos a la persona, no a las imágenes.

Este es el segundo aspecto que aclarar. Cuando un católico está orando y delante de él hay una imagen, nunca pensamos pedirle a la imagen.

A la imagen no le pedimos, es a la persona que nos recuerda esa imagen a la que estamos orando. Nunca hemos creído o enseñado que las imágenes hablen, vean y caminen. Para nosotros simplemente es una representación de Jesús, María o de algún santo. Si nos quitan la imagen, seguimos orando de la misma manera.

Nosotros oramos por fe, no por la vista. ¿Acaso alguna vez le han dicho en la Iglesia Católica que es obligatorio tener imágenes para orar? Claro que no.

Para nosotros simplemente es una imagen. Besarla o ponerle flores son solamente formas de mostrar nuestro cariño a las personas que representan. ¿Recuerda usted cuando al ver la foto de la novia y futura esposa la besábamos pensando en ella? ¿Nunca lo hizo usted? En realidad, a quien queríamos besar era a la novia, no a la foto.

Lo que sucede es que el protestante se imagina que le pedimos a la imagen y eso es algo que no hacemos, ni creemos. Oramos a Jesús, María o a un santo, la imagen solamente nos recuerda a cada uno de ellos. Es por eso que en la Biblia, como ya leímos, Dios mandó hacer imágenes, porque simplemente son representaciones.

5.- El Rey «sabio» Salomón hace imágenes para el templo de Dios.

Esto es algo que hay que subrayar.

En la Palabra de Dios encontramos que hay un Rey que se distinguió grandemente por su sabiduría e inteligencia, fue el Rey sabio Salomón(2 Cron 2,10-11). Pues bien, leamos atentamente la Biblia y veamos lo que este rey sabio hizo:

→ 1 Rey 6,2 **Salomón construye el templo a Dios.**

→ 1 Rey 6,23 **Hizo dos querubines (ángeles) de cinco metros de alto.**

➡ 1 Rey 7,29 **El panel estaba lleno de imágenes de leones, bueyes y ángeles.**

¿Qué te parece?

Por un lado tenemos a hermanos protestantes diciendo que la Biblia prohíbe hacer y tener cualquier imagen, y por otro lado tenemos al Rey Sabio Salomón haciendo imágenes y colocándolas en el templo para rendirle culto a Dios.

Sin duda que nos quedamos con el rey sabio Salomón y ojalá que le des estas citas bíblicas a todos aquellos hermanos separados que andan confundidos.

6.- A Dios le agradó ver su templo lleno de imágenes.

Supongamos que en ese día que Salomón terminó el templo a Dios, están un católico y un protestante en la puerta de ese templo. Al entrar, el católico lo vería como algo normal y haría su oración. En cambio, el protestante se escandalizaría y a lo mejor hasta le reclamaría al rey sabio acusándolo de idolatría y se saldría de ese lugar inmediatamente.

Pues bien, veamos en la Biblia cuál fue la reacción de Dios al ver ese templo lleno de imágenes en donde le rendirían honra. ¿Le gustó o le molestó? Vayamos una vez más a la Biblia:

"...la nube llenó la Casa de Yahvé. Y los sacerdotes no pudieron continuar con la ceremonia a causa de la nube, pues la gloria de Yahvé había llenado la Casa. Entonces Salomón dijo: «Yahvé ha dicho que permanecería en una espesa nube»."

1 Rey 8, 10-12

Vaya que le agradó. Tanto así, que no pudieron continuar con la ceremonia. Sin duda que esto nos confirma lo que yo muchas veces menciono en los cursos: «el protestante lee mucho la Biblia, pero la entiende muy poco». De buena fe, pero de poco conocimiento bíblico. Se salieron de la Iglesia Católica sin conocer la Palabra de Dios, y siguen allá sin conocerla».

7.- Dialogando con un pastor protestante sobre "procesión con imágenes".

Te comento ahora sobre cómo responder cuando algún hermano te mencione que Dios prohíbe el hacer procesiones con imágenes. Hace tiempo, al terminar un curso en Oklahoma, fuimos a dialogar con un pastor protestante y hablamos sobre este tema.

Cuando se dio cuenta que la Biblia no prohíbe tener imágenes, ni arrodillarse ante ellas, ni tenerlas en el templo, entonces dijo que lo que sí estaba prohibido era pasearlas porque eso sí era idolatría.

Entonces le dije que buscara la siguiente cita bíblica:

"David reunió a todo lo mejor de Israel, unos 30.000 hombres. Se levantó David y partió con todo el pueblo que estaba con él a Baalá de Judá para subir desde allí el arca de Dios que lleva el nombre de Yahvé quien se sienta sobre los querubines.

Cargaron el arca de Dios en una carreta nueva y la llevaron de la casa de Abinadab que está en la loma. Uzzá y Ajyó, hijos de Abinadab, conducían la carreta con el arca de Dios".

2 Sam 6,1-3

Mire muy bien: Allí encontramos que está:

- El Rey.
- El pueblo.
- El Arca de la Alianza.
- Las imágenes de ángeles (querubines).
- La carreta.
- Y la llevan de un lugar a otro.

¿Eso es una procesión?, le pregunté al pastor.

Se queda pensando y... -No- me dice- eso no era una procesión, era una mudanza, pues se estaban cambiando de casa. Qué increíble ocurrencia con tal de no aceptar la verdad. Todavía hoy me río al acordarme de ese comentario.

Por supuesto que no era una mudanza, le repliqué, siga leyendo los versículos siguientes (2 Sam 6,5) y ***allí dice que iban cantando, tocando instrumentos y danzando***. ¿Acaso cuando alguien se cambia de casa le dice al chofer: "Cántenme alabaré en el camino"?. No. Eso no era mudanza, **era una procesión con imágenes**, y lo dice en todas las biblias del mundo.

8.- Las imágenes en el Nuevo Testamento.

Profundizando un poco más en la Biblia vayamos ahora al Nuevo Testamento y encontremos que las dos veces que Nuestro Señor Jesucristo habló de las imágenes en ninguna parte las condenó al estilo protestante. Las menciona y sigue adelante sin darle ninguna importancia:

"Así como la serpiente fue levantada en el desierto, así el hijo del hombre será levantado para que todo el que crea en él tenga vida eterna"
Jn 3,14-16

La imagen a la que se refiere Jesús es la serpiente de bronce que hizo Moisés.(Num 21,8) Lo menciona y no le da más importancia. Como también nosotros lo creemos, era simplemente una imagen.

El otro caso lo encontraremos cuando Jesús habla acerca de los impuestos, pues le preguntan si hay que pagarlos o no:

"¿De quién es esta imagen y la inscripción? Ellos le dijeron: "Del César." Jesús les dijo: Dad al César lo que es del César, y a Dios, lo que es de Dios." Mc 12,16-17

Directamente Jesús habla de una imagen y no dice nada acerca de la idolatría. Hubiera sido un excelente momento para hacerlo, pero él no pensaba así. Lo que tenía en sus manos era una imagen y nada más.

Ni modo, mucho hermanos separados se confundieron y no supieron distinguir entre una imagen y un ídolo. Por eso su confusión.

9.- El último recurso que no falla.

Si después de todo lo que explicamos su amigo o familiar no católico sigue en la misma postura de decir que todas las imágenes son ídolos y que hay que tirarlas y quemarlas, le voy a dar un consejo como último recurso. Recuerde, como último recurso.

Cierre su Biblia y dígale amablemente:

"Está bien. Tienes razón. Todas las imágenes son ídolos, hay que tirarlas y hay que quemarlas.

-El dirá- ah, ya te convenciste que yo tenía la razón.- Si, contéstele usted, -tienes razón-.

Pero antes de que se vaya deténgalo y dígale-Disculpa, antes de que te vayas te quería preguntar si de casualidad no traes un billete que me prestes.

- Lo toma usted y, le dice -Oye, pero este billete tuyo de 50 dólares que me estás prestando tiene una imagen impresa, y como tú dices que todas las imágenes son ídolos y hay que tirarlos, entonces dame todos los billetes que traigas. Yo te guardo esos ídolos para que no te vayas a condenar tú, mejor me condeno yo, en vez de ti.

Ah...y si son de 100 mejor, yo colecciono ídolos grandes. - No, no- rápidamente él contestará- esos no son ídolos solamente son imágenes.

Ah... mire nada más. Con la Biblia no entendió la diferencia entre imagen e ídolo, pero con sus billetes bien rápido que entenderá la diferencia. ☺

Termino diciéndote que sigas preparándote para ser ***una verdadera católica***.

Resumiendo este tema sería: Imágenes **Sí**, Ídolos **No**.

Si tienes familiares o amigos que ya no son católicos y que constantemente te atacan o cuestionan sobre tu fe, entonces te recomiendo inscribirte hoy mismo a la Escuela de apologética online DASM. Es lo mejor que existe si quieres aprender en serio a defender tu fe. Certificados por obispos.

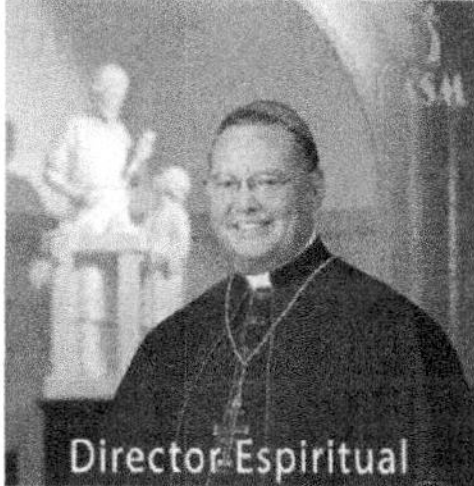

!Inscríbete e inicia ya mismo! Única en todo el mundo. **La formación es 100% por Internet y estudias cualquier día y a cualquier hora.** A tu propio ritmo. **10 Niveles.**

Para inscribirte en estos cursos llámanos en este momento al al 480-598-4320 o por Internet en www.defiendetufe.com

Ánimo y prepárate para saber dar razones de tu fe.

Capítulo 2

EL NOMBRE DE DIOS: ¿JEHOVÁ, YAHVÉ O...?

Pregunta:

Sr. Martín: Los felicito por los artículos del periódico. Le comento que a mi casa, y a muchas casas, llegan unas personas que dicen ser testigos de Jehová. Varias veces me han dicho que cómo le llamo a Dios, porque según ellos el nombre correcto que hay que usar siempre es Jehová y no sé qué contestarles. Me pueden explicar si eso es cierto o ¿Por qué no usamos ese nombre?

Respuesta:

Gracias por escribirnos pues este es un tema que mucho nos preguntan en los cursos y congresos de Defensa de la fe. Expliquemos detenidamente porqué los católicos no usamos esa palabra al dirigirnos a Dios.

1.- Falla de Origen de la palabra Jehová.

En primer lugar, es importante saber que la palabra "Jehová" no existió hasta el año 1000 de nuestra era. La razón de esto es que el Antiguo Testamento estaba escrito solamente con las puras letras consonantes, las vocales no se escribían pero se sabían y usaban gracias a la tradición.

En realidad muchos pueblos semíticos antiguos hacían eso con sus escritos, pues lo fuerte de ellos en el proceso de comunicarse no era precisamente la escritura, sino el lenguaje oral o de palabra.

Para explicar esto de una manera más sencilla piense que si se quería escribir **Juan**, ellos solamente ponían las consonantes **Jn** y al verlas sabían por su tradición que eso significaba **Juan=Jn. Cuando ellos querían poner Marcos solamente escribían Mrcs.**

Entonces desde antes del tiempo de Jesucristo hasta el año 700 de la era cristiana los judíos lo entendían así. Pero del año 700 al 1000 varias familias de judíos llamados masoretas=tradición, empezaron a poner las vocales a todo al Antiguo Testamento y lo lograron excepto con el nombre de Dios.

Cuando encontraban algún pasaje bíblico que hablaba del nombre de Dios como Ex 3,14 veían su tradición y no encontraban nada de las vocales, solamente las consonantes YHWH (tetragrámaton). Esto se debía a que los judíos dejaron de pronunciar el nombre de Dios a partir del cautiverio o destierro en Babilonia en el 587 antes de Cristo para evitar que fuera profanado por los paganos.

Al no tener una tradición sobre las vocales del nombre de Dios lo que hacían era guardar silencio en señal de respeto o usar otros términos como títulos, usaban adonai=Señor o Sebaot=Señor de los ejércitos o Elohim=un sólo Dios. También al margen de las letras YHWH pusieron adonai=Señor como un recordatorio.

De esta manera todo el Antiguo Testamento ya se podía leer con las vocales y consonantes. ***Excepto el nombre de Dios, del cual sólo quedaron las cuatro letras YHWH.***

El error vino después, cuando algunos se imaginaron que las vocales de adonai (aoai) había que colocarlas en las letras YHWH y de allí salió la palabra Jehová=YaHoWaH. Por eso usted puede ir a cualquier diccionario, biblioteca o en Internet y al buscar esta palabra, en la mayoría de ellos, le dirá que Jehová es una palabra incorrecta o una mala interpretación del nombre de Dios.

Seguramente que Charles Rusell, que fue el fundador de los Testigos de Jehová en 1876, no sabía nada de todo esto, y por eso lo puso como un distintivo de quienes supuestamente usarían el verdadero nombre de Dios, pero salió todo lo contrario, porque promueven el nombre más incorrecto. Esta es la primera razón porque no la usamos en la Iglesia Católica.

2.- En el Antiguo Testamento la palabra más correcta sería Yahvé.

La segunda razón para afirmar esto es la evidencia de los Padres de la iglesia griega que usaban las formas 'Jave' y 'Jao', así como formas acortadas hebreas como las palabras 'Jah' ó Yah(Salmo 150,6 en la Biblia de los Testigos de Jehová) y 'Jahu' (en nombres propios). Todo esto indica que originalmente el nombre debió pronunciarse Yahvé o Yaveh.

Otro aspecto que lo confirma es el hecho de que los samaritanos, que no fueron al destierro de Babilonia, y que se habían separado del Reino del Sur, usaron Yahvé basándose en tradiciones antiguas.

3.- Los mismo "testigos" reconocen que 'Jehová' no es el nombre más correcto.

Tal vez se sorprenda al saber esto, pues la misma agrupación de los Testigos de Jehová en uno de sus libros llamado "Usted puede vivir para siempre en el paraíso en la tierra" en el capítulo 4 titulado 'Dios... quién es Él en la página 43 y 44 dice:

"No se sabe exactamente cómo se pronunciaba, aunque algunos eruditos piensan que Yahweh ó Yavé es la pronunciación correcta... sin embargo, la forma Jehová ha estado en uso por muchos siglos y es más extensamente conocida".

La verdad entonces es que ni ellos mismos se lo creen, puesto que ellos mismo saben que no es el más correcto y simplemente lo hacen por el uso común que se le ha dado en el protestantismo.

Es increíble que vayan diciendo casa por casa que hay que usarlo, que es importante, que es necesario y después muy tranquilamente reconocen que ese no es el más correcto. Ni modo, como dice un dicho: "El pez, por la boca muere".

4.- Vea lo que algunos diccionarios mencionan respecto a este punto.

Lea atentamente lo que los expertos dicen:
www.es.thefreedictionary.com: "Jehová (m. rel.) Nombre que proviene de una lectura del nombre de Javéh **al tomarse letras de Javéh (Dios) y Adonái (Señor)**." Al ser una mezcla es incorrecto.

www.enciclonet.com: "Nombre de Dios en Hebreo, Yahweh es la transliteración más correcta y apropiada, por ello **es menos fiel la palabra Jehová**".

Usted podrá revisar por su cuenta en varios diccionarios o enciclopedias y en la mayoría de ellos encontrará una respuesta parecida, pues ahora se sabe que la palabra Jehová surgió de un error de comprensión del trabajo de los masoretas.

5.- Los judíos usan el término Adonai=Señor.

De hecho quienes saben muy bien sobre el Antiguo Testamento serían los judíos y ellos al encontrar las cuatro letras YHWH prefieren leerlo como Adonai.

Para ellos es algo tan sagrado que fuera de la lectura de la Biblia rehúyen usar también la palabra Adonai.
Si los testigos de Jehová se hubieran tomado la molestia de investigar con seriedad y preguntar a esos expertos del Antiguo Testamento se hubieran ahorrado todo el papel que han invertido en dar a conocer un nombre incorrecto.
En "serjudio" sitio reconocido de ésta religión se afirma que llamar Jehová a Dios es un error: "Jehová surge de utilizar las consonantes de I-H-V-H, mezclándolas (incorrectamente) con las vocales de la palabra Adona-i. Es como mezclar manzanas con naranjas para engendrar un monstruo y pretender que todo sigue su cauce normal....

Como ya hemos enseñado: hablar de Jehová es la prueba de la ignorancia en cuanto a temas de hebreo y Dios."

6.- Jesucristo le llamó: Padre.

Sin duda que la razón principal por la que no usamos Jehová y usamos muy poco Yahvé, es que nosotros somos cristianos, y como católicos seguidores de Jesucristo seguimos el ejemplo y mandato que Él nos dejó. Jesucristo al orar NUNCA, en ninguna parte, en ninguna Biblia y en ningún idioma, usó la palabra Yahvé y mucho menos Jehová.

Él cuando oraba le llamaba ***Padre***. (Ver Mc 14,36) Más claramente, cuando Jesús dijo a los discípulos cómo orar, él les dijo háganlo así: "***Padre Nuestro***..."Mt 6,9 Si nunca usó un nombre es porque lo importante no era eso, sino la relación con Dios como la de un Padre con su Hijo.

Esta es realmente la forma bíblica como Jesucristo quiere que nos dirijamos a Dios: ***Padre***

Muchas veces hemos platicado con Testigos de Jehová y les preguntamos ***en qué parte de la Biblia Jesús le oró a Dios diciéndole Jehová*** y nunca pueden contestar, ni en su misma Biblia hecha por ellos existe eso. La Biblia que los testigos han hecho es la única que algunas veces ponen Jehová en el nuevo testamento. Incluso cuando Jesucristo cita algunos pasajes del antiguo testamento ellos en vez de usar la palabra 'Señor' la sustituyen por 'Jehová'. Pero, el gran problema para los testigos de Jehová es que NUNCA Jesucristo ***cuando oraba*** usó esa palabra. Nunca.

Hermano Juan, si usted quiere una respuesta sencilla y directa, simplemente pregúnteles cuando lo visiten que le muestran una sola cita bíblica donde Jesús ***cuando está orando*** le diga 'Jehová' y como no lo van a encontrar dígales que con mucho gusto vuelvan cuando lo encuentren...

Entonces, toma una silla y se sienta. Nunca los volverá a ver, a menos que de nuevo hagan otra Biblia y le agreguen esa palabra.

Ánimo y recuerde que en Dios siempre hay un PADRE amoroso que vela por sus hijos.

Capítulo 3

CANTOS PROTESTANTES: ¿ES BUENO ESCUCHARLOS?

Pregunta:

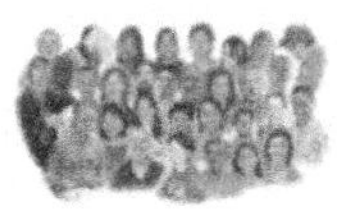

Sr. Zavala:

¿Es malo escuchar cantos protestantes? A mí me gustan mucho, sobre todo los de algunos evangélicos.

Yo creo que no tiene nada de malo porque hablan del mismo Dios y escucharlos es practicar el ecumenismo al que el Papa nos está invitando. Además, se siente más bonito y más unción que con las alabanzas católicas.

Respuesta: Vayamos por partes, ya que no es así de sencillo, ni fácil, el afirmar que es algo bueno que el católico se la pase escuchando cantos protestantes sin ningún criterio a seguir.

En los muchos años que he estado misionando he visto que este es uno de los temas más difíciles de aceptar para aquellos católicos que les gusta mucho esa música, incluyendo algunos líderes nuestros. Por ello te aconsejo que leas atentamente estas 20 razones por las que no es bueno el escucharlas.

Luego de leerlas es importante que las medites frente al santísimo y ores pues este tema es solamente la punta del "iceberg" de algo **mucho más importante como lo es la identidad cristiana**. No olvides por favor que nuestro guía y maestro no son nunca nuestros sentimientos, si "nos gusta o no nos gusta" sino si agradamos al 100% a Dios y obedecemos al magisterio vivo de la iglesia; a la palabra de Dios y la bendita Tradición apostólica. Manifestada ésta, principalmente en los documentos pontificios; en los padres de la iglesia; En los escritos y vidas de los santos...

<u>Pasemos a discernir en base a éstas 20 razones que te comparto.</u>

Razón 1.- ¿Música cristiana o música protestante? Aclaremos primero algo fundamental.

Una de las cosas más increíbles que está pasando en la iglesia es que hay millones de católicos, incluyendo algunos sacerdotes y obispos, que han diluido, licuado o reducido la palabra "cristiano" a los hermanos protestantes. !Eso esta pésimo!
Tranquilamente dicen: "Mi primo se hizo cristiano" "ayer habló conmigo un cristiano" "No es malo oír música cristiana" "Yuri se hizo cristiana". Que eso lo diga un protestante es normal, pero que eso lo digan millones de católicos incluyendo líderes nuestros está muy mal pues sin darse cuenta están **reduciendo** la palabra o término 'çristiano' a lo que en realidad es "cristiano protestante"" o "cristiano evangélico". Una simple búsqueda en google te comprobará que cuando la gente dice música cristiana está hablando de música protestante.

Entonces, no es correcto decir que se hizo cristiano, ***pues ya lo era desde que fue bautizado***. Era tal vez un pésimo cristiano, si no vivía la fe cuando fue católico, pero decir que se hizo cristiano es tirar a la basura y no valorar el bautismo que recibió cuando fue católico. Lo peor es que al decir se hizo cristiano la gente sin darse cuenta está diciendo que él mismo o ella misma, como católica, no es cristiana. Lo correcto es decir se "hizo cristiano protestante o cristiano evangélico."

Algo similar pasa con tanto católico diciendo que no hay nada de malo en escuchar la música 'cristiana'. Desde ese mismo momento, por falta de precisión, están diciendo que la nuestra no lo es. Por eso hoy en día la gente identifica música cristiana con música protestante.
Como si el hecho de que en sus alabanzas nunca se cante acerca de Cristo en la Eucaristía; ni de la virgen; ni del valor de la iglesia o del Papa... no importara.

Recordemos lo que uno de los documentos principales sobre el ecumenismo dice:

"Obviamente, la plena comunión deberá realizarse en la aceptación de toda la verdad, en la que el Espíritu Santo introduce a los discípulos de Cristo. Por tanto, **debe evitarse absolutamente toda forma de reduccionismo o de fácil «estar de acuerdo».** Las cuestiones serias deben resolverse, porque de lo contrario resurgirían en otros momentos, con idéntica configuración o bajo otro aspecto. # 36 Ut Unum Sint Carta encíclica del Papa san Juan Pablo II

San Paciano obispo de Barcelona(375 D.C.) dijo: "Cristiano es mi nombre, y católico mi apellido. El primero me denomina, mientras que el otro me instituye específicamente.... Cuando somos llamados católicos, es por esta forma, que nuestro pueblo se mantiene alejado de cualquier nombre herético." Primera Carta a Simproniano.

Así que mi estimado hermano, lo primero a precisar es que no estamos hablando de la música cristiana en general pues la nuestra también es cristiana; es tiempo de ser más precisos y aclarar que hablaremos de la música cristiana protestante o evangélica. No hay que confundir la gimnasia con la magnesia, aunque sean palabras parecidas. Si en justicia hay alguien que pudiera decir: 'somos cristianos' seríamos nosotros, pues en esta iglesia radica la plenitud de la fe y así nos hemos llamado por 2000 años.

¿Entonces, la música y las alabanzas protestantes son malas?

¡No! Muchas de ella no. No es que contengas cosas malas, **sino que más bien <u>les falta cosas demasiados buenas</u> que Dios quiere darnos y que ellos han rechazado**. Al ser compuestas por ellos siempre serán un reflejo de su doctrina y por lo tanto ***reducen la doctrina cristiana*** que hemos recibido de Cristo y de los apóstoles.

No reduzcamos la fe cristiana quitando partes esenciales que Cristo nos ha regalado y que no están presentes en estas alabanzas.

Ellos aceptan a Cristo; la palabra de Cristo y tienen fe en Jesucristo. En cambio, nosotros como cristianos, aceptamos todo eso, pero además aceptamos la **madre** que nos dejó Cristo(Jn 19,26); la **iglesia** que nos dejó Cristo; (Mt 16,18); El **pastor** que nos dejó Cristo(Jn 21,15) y el **Cuerpo y la sangre** de Jesucristo. ¡No queremos mucho, lo queremos todo! Cristianos al 100% y eso en ninguna alabanza protestante lo podremos encontrar. Ni de chiste.

Entonces, no es música cristiana en el sentido pleno y exacto de la palabra, sino que **es mejor decir música protestante o música cristiana *protestante***. Si Cristo fuera independiente o separado de su iglesia no habría problema, pero él mismo Jesucristo afirmó claramente que rechazar a su iglesia es rechazarlo a él pues están unidos.

Eso está en la biblia(Lc 10,16) y en el catecismo de la Iglesia No. 795 "Cristo y la Iglesia son, por tanto, el "**Cristo total**" [Christus totus]. *La Iglesia es una con Cristo*. Los santos tienen conciencia muy viva de esta unidad:

«Felicitémonos y demos gracias por lo que hemos llegado a ser, no solamente cristianos sino el propio Cristo. ¿Comprendéis, hermanos, la gracia que Dios nos ha hecho al darnos a Cristo como Cabeza? Admiraos y regocijaos, hemos sido hechos Cristo. En efecto, ya que Él es la Cabeza y nosotros somos los miembros, el hombre todo entero es Él y nosotros [...] **La plenitud de Cristo es, pues, la Cabeza y los miembros**: ¿Qué quiere decir la Cabeza y los miembros? Cristo y la Iglesia» (San Agustín, In Iohannis evangelium tractatus, 21, 8)."

Llamemos a las cosas por su nombre para no confundir. Siendo exactos y bíblicos, no es música cristiana, sino protestante.

Razón 2.- Cuidando y Valorando nuestra Fe

En primer lugar pensando en el católico común, que normalmente es la mayoría, y en los que están en algún grupo pero que no tienen una sólida formación en la fe, ***no es nada recomendable***. Muchos de los católicos que se salieron de la Iglesia así empezaron escuchando música protestante y al final terminaron siendo protestantes.

Leamos la Palabra de Dios:

Dijo Esaú a Jacob: «Oye, dame a probar de lo rojo, de eso rojo, porque estoy agotado.» - Por eso se le llamó Edom. - Dijo Jacob: «Véndeme ahora mismo tu primogenitura. Dijo Esaú: «***Estoy que me muero. ¿Qué me importa la primogenitura***?» Dijo Jacob: «Júramelo ahora mismo» Y él se lo juró, vendiendo su primogenitura a Jacob. Jacob dio a Esaú pan y el guiso de lentejas, y éste comió y bebió, se levantó y se fue. ***Así perdió Esaú la primogenitura***.

Gen 25,30-34

Qué tremendo. Esaú perdió todas las bendiciones por un simple «plato de lentejas». Su error fue no calcular el precio de un placer de algo bueno pero pasajero y su falta de astucia.

Igual pasa con muchos católicos que empezaron queriendo sentir bonito al cantar las alabanzas no católicas y queriendo «sentir más bonito» terminaron en una iglesia protestante de las miles que hay. Perdieron su fe católica por un «plato de lentejas=cantos protestantes (Gen 25,30-34).

A algunos católicos, el hecho de estar firme en la fe gracias a una madurez espiritual y un sólido conocimiento les hace pensar a algunos que a ellos nunca les pasará eso. Efectivamente. Tienen razón que a ellos nunca les pasará eso. Sin embargo, olvidaron que la mayoría de los católicos ni conocen bien la fe, ni están firmes en ella. Si promueves esta música por favor no olvides nunca que en los últimos 100 años, tan sólo en América Latina, más de 50 millones de personas han abandonado la iglesia católica y se han ido a sectas e iglesias de donde salen los famosos cantantes protestantes.

Millones de ellos tienen entres sus frases favoritas: "allá se siente más bonito" o "con ellos las alabanzas son mas ungidas" y antes de irse les encantaba escuchar a Marcos Witt; Rabito; Jesús Adrián Romero etc. Por supuesto que no podemos ser simplistas y decir que se fueron solamente por eso, pero tampoco podemos ser ingenuos y callar que el emocionalismo es una de las causas principales del abandono de la iglesia católica pues para mucha gente el "sentir" es la base o eje en la cual toman sus decisiones.

Al igual que Esaú, algunos pierden el recibir a Cristo en la Eucaristía cambiándolo por un plato de lentejas. Sentir bonito con la música cristiana protestante.

Jesucristo dijo: "***El que no come mi cuerpo y no bebe mi sangre no vive de verdad***" Jn 6,53

A pesar de eso, algunos tranquilamente prefieren y se sienten bien cantando alabanzas "ungidas" pero no les importa dejar a un lado el mandamiento de Jesucristo de recibirle su 'Cuerpo y sangre'.

Sentir nos es malo, ***pero nunca debe ser el centro de nuestra fe***. Hay que darle su justo y correcto valor al sentimiento. Hace unos días el Papa Francisco dijo: "***Es necesario acostumbrarse a que la fe no es un sentimiento***. A veces el Señor nos da la gracia de sentirla, pero la fe es algo más. La fe es mi relación con Jesucristo."

Dentro de nuestra iglesia a veces pasa algo parecido. En algunos lugares me he encontrado personas que tranquilamente me dicen que van a un grupo de oración porque les "gusta mucho las alabanzas" pero al mismo tiempo dicen que no van a misa pues no se siente igual. Un buen grupo de oración es excelente, pero dejar lo esencial por el "sentimiento" no es algo muy cristiano. Ir al grupo de oración es buenísimo, pero dejar de ir a la santa Misa porque ya se fue al grupo y *se sintió bien* es malísimo.

Mejor ir a ambos, sabiendo que es incomparable el valor de la santa Misa, pues es la actualización del único sacrificio de Jesucristo en la cruz en la cual murió para salvarnos. Ah...y de esto tan valioso que Jesucristo habló e hizo nunca lo escucharás en ninguna alabanza cristiana protestante, porque simplemente ellos no creen nada de eso. Por mas "ungida" que se diga que están esas alabanzas, la verdad es que no cantarán nunca a Cristo eucaristía. ¡Nunca!

Medítalo por favor. ¡Cuida y valora tu fe, auténticamente cristiana!

Razón 3.- Los cantos protestantes, son doctrina protestante.

Cualquier tipo de canción o canto que lleve "letra" siempre llevará la huella del autor que la compuso.

Por favor, no seamos ingenuos. En el caso de los cantos protestantes es igual. No se puede separar la "teología" o creencias de los hermanos separados de la letra de sus cantos. Pensar que las alabanzas de famosos músicos evangélicos o protestantes son música cristiana solamente es pecar de ingenuidad.

***No lo digo yo sino ellos mismos*:**

- Cuando le pregunté en el sitio oficial de Marcos Witt me contestaron: "No tenemos ningún tipo de nexo con la Iglesia católica. Nuestra música es cristiana, no tiene doctrina católica."
- En otro sitio, con muchas de sus alabanzas, la respuesta fue similar. "las canciones son de artistas evangélicos". Eso significa, no católicos.
- Similarmente varios contestaron que sus alabanzas no son católicas, sino sólo cristianas.

Haz la prueba y pregúntale tú mismo a cualquier cantante protestante Disculpa, Las alabanzas que cantas son católicas o contienen doctrina católica y gritando te dirá: ¡No! ¡Nunca! ¡Por supuesto que no! ¡Qué te pasa! ¡Esos son paganos! ¡Yo soy cristiano, no católico! ¡Obvio que no, sólo creemos en Cristo!... ellos mismos tienen claro que su música o alabanza no tienen nada que ver con nosotros.

Ellos si cuidan lo que consideran su fe e incluso se ven ofendidos al insinuarles que sus alabanzas son católicas o contienen doctrina católica.

Algunos católicos dicen que como esas alabanzas no contienen errores doctrinales o no son anti católicas, entonces son buenas. ***Craso erro**r*. La fe se daña no solo al atacarla sino al presentarla 'licuada' 'light', 'reducida' 'parcializada'... De hecho ese es el problema principal con nuestros hermanos separados: No que tienen de malo, sino lo que les falta de bueno. Tienen excelentes cosas, no solamente su música, pero les falta la excelencia de una fe completa. Les falta el evangelio **completo** de Jesucristo.

Si cantas 1000 horas de sus alabanzas ya te quitaron lo que te identifica y nos lleva a la plenitud de la fe y *ni cuenta te diste*: **María; El Papa; La Iglesia y la Eucaristía**. Perdiste los otros regalos que Cristo nos dejó y los cambiaste por unas alabanzas donde sientes muy bonito. No lo olvides estimado hermano(a). Los cantos protestantes son doctrina protestante y si alguien te dice que no, simplemente dile que le pregunte a cualquier cantante de ellos para que descubra la verdad.

Además de perder lo más valioso, en muchas ocasiones el católico canta las alabanzas y al mismo tiempo adquiere "frases" e "ideas" al puro estilo protestante. Un ejemplo de esto es oír repetidamente en algunos laicos católicos "la sangre de Jesús nos cubre", exactamente eso decía Lutero, mientras que nosotros creemos que *no solamente nos cubre* como algo meramente externo, sino que nos transforma interiormente y nos santifica.

Estas y otras frases como: "sólo Jesús salva"; "somos salvos solo por la fe" "soy salvo" "no hace falta nada más que Cristo" "las religiones no salvan" son absorbidas por escuchar cantos protestantes, radio protestante, predicaciones protestantes, televisión protestante, etc. **Por eso muchos terminaron siendo protestantes**. Si no había problema con sus cantos tampoco con sus libros; sus predicaciones; sus sitios de internet; sus cultos... pues en ellos hay mucha unción, así dicen ellos, pero la verdad es que también hay mucha confusión y terminaron igual de confundidos que ellos.

Seamos sinceros con nosotros mismos. ¿Acaso existen millones de católicos preparados para discernir los errores doctrinales presentes en algunos cantos protestantes? Respuesta obvia ¡No! O sea que no solamente perdemos elementos valiosos de la fe cristiana sino también se adquieren errores de una mala doctrina acorde con la biblia y nuestra fe.

Razón 4.- Basarse en el sentir bonito, no es Ecumenismo, sino Indiferentismo.

Desafortunadamente hay católicos "comprometidos" que la razón que dan para decir que "no tiene nada de malo" es que les '***gusta***' esa música. Esta forma de pensar es un criterio muy malo, pues hace a un lado cualquier criterio objetivo y su única base es el "gusto" o sentimiento, como si lo que importara es que se escuche bonito. Se parece al católico que escucha la predicación protestante porque también le "gusta" y siente bonito.

Esta actitud no tiene nada que ver con el auténtico ecumenismo, sino más bien se trata de un ecumenismo ingenuo donde se hacen a un lado las orientaciones del magisterio para la aplicación del mismo. Nunca ha leído la "Unitatis Redintegratio" ni la "Ut unum Sint" ni el directorio sobre el ecumenismo y piensa que está practicando el ecumenismo al oír cantos protestantes. Con razón hay tanta confusión, pues hasta en gente que da un servicio dentro de la Iglesia Católica hace ésto. Eso no es ecumenismo, sino indiferentismo.

Pensar que da lo mismo; es el mismo Dios; es música cristiana; no importa la religión... es un indiferentismo que tiene muy poco que ver con el auténtico ecumenismo.

Mira lo que dicen los obispos unidos a el Papa: "*Con la expresión «subsitit in», el Concilio Vaticano II quiere armonizar dos afirmaciones doctrinales: por un lado que la Iglesia de Cristo, no obstante las divisiones entre los cristianos,* ***sigue existiendo plenamente sólo en la Iglesia católica****, y por otro lado que « fuera de su estructura visible pueden encontrarse muchos elementos de santificación y de verdad»#* 16" Declaración Dominus Iesus Congregación para la doctrina de la fe. Viste como no todo es "lo mismo".

Decir que hay mucha unción en sus cantos porque se siente muy bonito, pero no darle mucha importancia al hecho de que nunca cantarán a Cristo-Eucaristía significa que nosotros mismos hemos perdido el valor de nuestra fe y del auténtico cristianismo. El Concilio Vaticano II nos ha recordado esta verdad: "La Eucaristía es la fuente y la cima de toda la vida cristiana" (Lumen gentium, 11) y "la Santa Eucaristía contiene todo el tesoro espiritual de la Iglesia" (Santo Tomás de Aquino, Suma Teológica III, q. 65, a. 3 ad 1), "es decir a Cristo mismo" (Presbyterorum ordinis, 5). La Eucaristía y la santa Comunión no son una cosa, ni siquiera la más santa, sino una Persona: el mismo Jesucristo.

Razón 5.- ¿Unción o emoción?

No te enojes mi estimado hermano. Como dice el dicho: "Despacio y nos amanecemos".

Entre los hermanos no católicos, y también en muchos católicos, es común escuchar que los cantos de Marcos Witt; Rabito; Adrián Romero; Tercer cielo y otros hay mucha unción".

Quiero explicarte esta quinta razón no con lo que yo he discernido, sino por lo que dice un pastor pentecostal. Atención, lo siguiente no lo digo yo, sino uno de sus mismos líderes, acerca de algo que muchos no se atreven a decir.

Sin embargo, es importante aclarar un poco la diferencia entre ambas cosas, que se oyen similares, pero son muy diferentes.

¡Ojo! Primero mira lo que dice un pastor pentecostal actual acerca de eso. No lo olvides, es un pastor pentecostal cristiano quien él mismo reconoce con sinceridad lo siguiente:

"Hoy produce mucha tristeza ver que en nombre de Dios y escudados en una mala interpretación de la Biblia y del papel desempeñado por los músicos y cantores de Israel, se hagan "parrandas" y bailes evangélicos, sólo para satisfacer los apetitos y deleites carnales, suplantando así; ***la verdadera alabanza que es en espíritu y en verdad***.

Viendo al caso del diálogo del Señor con la Samaritana (Juan 4, 23-24), se puede encontrar el origen de una verdadera alabanza: "*La hora viene y ahora es cuando los verdaderos adoradores adoraran al Padre en espíritu y en verdad, porque también el Padre, tales adoradores busca que le adoren.*"

Continua diciendo el pastor evangélico: "*En resumen, en el propósito de Dios ya están los verdaderos adoradores y no hay que confundir las simples emociones de la carne con la verdadera adoración dada por el Espíritu Santo.*

Las alabanzas son una consecuencia de estar disfrutando la salvación. Hoy en día no es raro encontrar una cantidad de "adoradores" que no conocen la salvación. La verdadera alabanza en espíritu y en verdad ha sido suplantada y en lugar de contar con la unción del Espíritu Santo como fuente de poder, se agregó otra fuente, las emociones..."

¡Wow! Duro y a la cabeza, lo expresado por este pastor que valientemente descubre la confusión. Si ellos mismos lo reconocen, que no diremos nosotros cuando hay católicos diciendo tan fácilmente que las alabanzas protestantes tienen mucha unción.

Termina este pastor diciendo algo importante: "*Las emociones tienen la característica de que agradan a los órganos sensitivos del cuerpo (carne), pero no pueden agradar en si mismas pues la verdadera alabanzas ungida es obra de Dios mismo. Es algo espiritual. Rom 8,26 Es el Espíritu quien ora y adora por nosotros.*

El problema está en que todos hablan de unción pero muy pocos conocen el secreto para obtenerla. ***Es más, no saben que es unción y por eso la confunden con emoción***". Más directo ya no se puede.

Solamente le agrego yo que no puede haber cantos verdaderamente ungidos si éstos no nos conducen a la conversión; a la salvación; al compromiso con Cristo y con su evangelio e incluso deben conducirnos a la plenitud de la fe pues si vienen del Espíritu Santo plenamente deben de guiarnos a la plenitud de Dios mismo, no al sectarismo que muchos ven normal. El mismo Jesucristo dijo: "*En adelante **el Espíritu Santo**, el Intérprete que el Padre les va a enviar en mi Nombre, **les enseñará todas las cosas y les recordará todo** lo que yo les he dicho.*" Jn 14,26 La adoración plena no es una comunión individualista entre Dios conmigo solamente. Es una comunión con él y con su iglesia que está unida a él. Lc 10,16

Algunos, piensan que están cantando alabanzas de mucha '*unción*' y al mismo tiempo *no les importa la división*. Cristo dijo que quiere la unidad: "*Que todos sean uno como tú, Padre, estás en mí y yo en ti. Que ellos también sean uno en nosotros, para que el mundo crea que tú me has enviado.*" Jn 17,21

Un ejemplo para terminar esta quinta razón es el ver que Isabel verdaderamente **ungida y llena del Espíritu Santo lo primero que hizo fue alabar a la santísima virgen María**. Nos dice la palabra de Dios: "Al oír Isabel su saludo, el niño dio saltos en su vientre. ***Isabel se llenó del Espíritu Santo y exclamó en alta voz: «¡Bendita tú eres entre las mujeres y bendito el fruto de tu vientre***! " Lc 1,41-42 En cambió, muchos de nuestros hermanos evangélicos dicen que se han llenado del espíritu pero en sus alabanzas 'ungidas' nunca alaban a la virgen, sino que la ignoran pues en su doctrina es una mujer como cualquier otra. ¡Que clase de unción es esa!

Resumiendo: Sin discernimiento, salvación y obediencia a Cristo, no hay alabanzas con unción, sino solamente, una emoción.

Razón 6.- Cuestión práctica: Promoviendo el sectarismo.

Cuando un católico comprometido escucha continuamente los cantos evangélicos lo que hace muchas veces es divulgar esas ideas y las divisiones. Si alguien duda esto, piense en lo siguiente: ¿Qué le podría contestar a alguien que lo escucha y le dice que dónde puede comprar ese cd porque está bonito? ¿Acaso le va a enviar a una parroquia? No porque no los encontrará. Le tendrá que decir, vaya hermano a una librería protestante, ellos cantan muy bonito y allá Los encontrará.

Lo mandará a buscar cantos, después libros, después predicaciones y después allá se quedará. En realidad, es una falta de coherencia entre lo que predica y lo que cree. Por un lado, dice ser católico y, por otro, está promoviendo la confusión del sectarismo.

Además, si alguien acepta escuchar los cantos, entonces también tendría que aceptar las predicaciones protestantes y la literatura protestante, pues la música solamente es un medio de transmisión, el lenguaje oral es otro y el impreso otro más. El resultado es un relativismo eclesial donde ser católico es tener puesta "una camiseta más" y la puede cambiar cuando ya no le guste. De esta manera se favorece el abandono de la fe verdadera.

Peor aún. Para ellos nuestras alabanzas no son cristianas y nosotros mismos no somos cristianos según la mayoría de ellos. No te has fijado que cuando en la televisión hablan de premiar la música cristiana nunca invitan o salen católicos. Por eso, promover su música es otra forma de promover las divisiones y el sectarismo que la biblia rechaza: *"Si alguien fomenta sectas llámale la atención."* Ti 3,10

Incluso Alex Campos, uno de los cantantes evangélicos más abiertos, después de participar en un evento ecuménico tuvo que dar la cara y explicar por qué lo hizo. Al hacerlo, dijo que ha ido a cantar a discotecas donde no conocían a Jesús; a programas televisivos seculares donde evangelizó y le cito textualmente: "Mi música ha llegado a otros recintos no 'cristianos'." Y agrega: "No fue fácil para mi estar allí en Roma, era algo totalmente nuevo para mí...". O sea que para él no fue un evento a compartir con otros cristianos, en un lugar cristiano. En sus propias palabras fue a un lugar donde no quería, pero fue para llevar a Cristo en recintos no cristianos, o sea al Vaticano. Y eso que es de los más abiertos eh...

De remate, otro cantante evangélico, Jesús Adrián Romero, sale en su defensa y felicitándole le dice: "decidiste ser luz en todo lugar. Es más fácil esconder nuestra luz debajo de un almud, pero tú no tomaste lo fácil. ¡Enhorabuena!". O sea que fue a llevar la luz de Cristo al Vaticano porque allí no la hay.

Si esos son los amigos, para que queremos enemigos. Este es el mundo actual y real de los hermanos protestantes con sus alabanzas.

Razón 7.- Alabanzas protestantes durante la Santa Misa(Eucaristía)

Un problema muy grande que tiene quien acepta como algo bueno la música o alabanzas protestantes, es que si ya aceptó eso, entonces muchos piensan que tampoco habría nada malo en usarlas dentro de la Eucaristía. Por eso hay coros que también ven normal y bueno usarlos durante la Misa. Hoy en día no es nada extraño escuchar cantos de hermanos evangélicos(protestantes) durante la entrada; el ofertorio; la salida y hasta en la comunión.

A quienes lo hacen así hay que decirles que tienen un pequeño problemita, o grande diría yo, que tienen que resolver. El catecismo universal de la iglesia católica dice lo siguiente en el número 1158: "...Pero los textos destinados ***al canto sagrado deben estar de acuerdo con la doctrina católica***; más aún, deben tomase principalmente de la Sagrada Escritura y de las fuentes litúrgicas" (Sacrosanctum Concilium No. 121). O sea, que los obispos unidos al Papa, a nivel mundial, tanto en el concilio Vaticano II como en el catecismo de la iglesia señalan que la letra(textos) en el canto sagrado de la liturgia(la Misa es el centro de ella) debe de estar de acuerdo con la doctrina católica. Y como ya explicamos que las alabanzas protestantes son doctrina protestante al no contener el evangelio completo, entonces... ¿Por qué algunos las usan y cantan durante la Misa?

Razón 8.- Ellos si cuidan su identidad, mientras nosotros la reducimos o perdemos con facilidad

Hazme un favor estimado hermano, visita lo más pronto que puedas cualquier librería protestante o cristiana como dicen ellos. Revisa todos las alabanzas que tienen y mira cuantos encuentras de Martín Valverde; de la hermana Glenda; de Rafael Moreno; de los Buhos; de Miguel Aquino etc. ¡**Ninguno**! ¡Claro! Ellos si cuidan su identidad, mientras que muchos hermanos católicos no les importa nada o muy poco que las alabanzas de ellos **omitan** verdades fundamentales de la biblia y de nuestra fe.

Tienen un evangelio incompleto, pero lo cuidan más que muchos católicos que lo tienen completo. Eso es cuidar la identidad de parte de ellos y descuidarla de parte nuestra. Hemos sido muy ingenuos y es tiempo de corregir esto.

Ve a un culto protestante; mira libros o himnarios de los cristianos evangélicos y pasará lo mismo. Nada de cantantes católicos. La razón es muy simple. Ellos saben que si introducen música y alabanzas nuestras, al mismo tiempo, en ellas estará nuestra doctrina católica y eso no lo pueden permitir. Entonces, **si ellos no lo permiten, ¿Por qué nosotros si lo permitimos** con tanta facilidad y sin ningún discernimiento?

Nosotros cantamos sobre la virgen; el Papa; la Iglesia; los santos y la bendita Eucaristía. Por eso ellos no los usarán. Mientras que algunos católicos, sin tanto aprecio a su identidad, las de ellos, con gusto y entusiasmo las entonarán.

La **pérdida de nuestra identidad** es algo tan grave en muchas áreas de la Iglesia que el Papa Juan Pablo II buscando reforzarla aprobó e hizo documentos para afianzarla en todos los niveles. **Ejemplos**:

- La Dominus Iesus sobre la unicidad y universalidad salvífica de Cristo y de su iglesia. Su identidad.
- La ex corde ecclesiae sobre la identidad de la universidad católica.
- Apostolos suos hecha para aclarar el papel(identidad) de las conferencias episcopales.
- Pastores Gregis, todo un programa de vida sobre el ser y quehacer de los obispos. (Su identidad como tales).
- La Vocación y misión del teólogo. De nuevo la identidad.

"Se lo que eres" decían los romanos y nos aplica hoy a nosotros. No pierdas tu identidad ni la 'abarates'. ¡Ojo! con lo que cantas.

Razón 9.- Emocionalismo VS Lex orandi lex credendi

Sin duda que una de las causas principales del crecimiento de los nuevos grupos eclesiales o sectas evangélicas es el alto grado de valor que le dan a la emoción en sus cultos. Cantar, gritar, bailar, sentir, caerse, música... es algo muy común en la línea pentecostal que ya se ha integrado en más del 60 % de todas las iglesias evangélicas.

Eso les ha funcionado bien, pues es menos racional o intelectual que en las iglesias del protestantismo histórico o la iglesia católica. Sin embargo, del uso válido e importante del sentimiento como parte integral de la persona y más en nuestra cultura, se han pasado a un emocionalismo extremo donde pareciera que le objetivo es como hacer que la persona "sienta" más a tal grado e inventarse dones como el llamado 'de la risa' donde todos en su culto ríen y ríen y ríen...

Pues bien, esa sobrevalorización de la emoción se ha filtrado en muchos católicos y en algunos líderes nuestros donde aplicándolo a su música consideran que no tiene nada de malo cantarlas pues se "siente" mucho la presencia de Dios en sus alabanzas y personalmente les 'gusta'. ¿Y la doctrina pregunto yo?

Eso no importa, sólo son sus alabanzas contestan inmediatamente. La verdad hay que aceptarle de donde venga y ellos tienen también elementos de santidad y la semilla del verbo en sus vidas.

Se oye bien y con cierto fundamento, sin embargo, no es así de fácil como lo parece. Aclaremos algo que olvidaron mencionar y que es de un alto valor teológico en nuestra fe. La hemos llamado por siglos: "**Lex Orandi, lex credendi**". Eso quiere decir que **se cree de acuerdo a como se ora**, no están separados el creer del orar.

Uno es el reflejo de la otra, y si el canto es doble oración, eso quiere decir que al cantar=orar se está creyendo lo que se dice. Por eso el cantar las alabanzas protestantes se está orando y creyendo con la doctrina protestante: No Virgen; No Papa; No santos; No iglesia; No confesión y sobre todo No Cristo-Eucaristía. Es muy ingenuo e irreal el pensar que no hay relación entre lo que se canta y lo que se cree.

Ya el Papa Pío XII en su carta apostólica "Divini cultus sanctitatem" había sido muy claro al hablar sobre **La Liturgia y su unión con el dogma y la vida**." No. 2 Al hablar de la liturgia incluye la música y el canto, pues son parte constitutiva de ella.

El católico, al no darse cuenta que todo canto protestante contiene doctrina protestante está afectando su fe y su vida. Al basarse principalmente en sus emociones cae en lo que hoy se le llama "La tiranía del sentimiento.". En la sociedad que vivimos el sentimiento se ha vuelto el amo, el dueño, el rey, el dictador, el totalitario, el opresor. No caigas bajo el yugo de la tiranía del sentimiento.

Los cantos protestantes son solamente la punta del Iceberg y nos sirve como trampolín para descubrir esta gran trampa del mundo actual.

Más recientemente, el catecismo universal de la Iglesia nos dice en el número 1124 "La fe de la Iglesia es anterior a la fe del fiel, el cual es invitado a adherirse a ella. Cuando la Iglesia celebra los sacramentos confiesa la fe recibida de los apóstoles, de ahí el antiguo adagio: Lex orandi, lex credendi (o: Legem credendi lex statuat supplicandi). "**La ley de la oración determine la ley de la fe**" (Indiculus, c. 8: DS 246), según Próspero de Aquitania, (siglo V). La ley de la oración es la ley de la fe. **La Iglesia cree como ora**. La liturgia es un elemento constitutivo de la Tradición santa y viva (cf. DV 8). Por esta octava razón no es recomendable cantar y promover las alabanzas protestantes. No "licues" o "diluyas" tu fe por medio de esos cantos prefiriendo el 'sentir' en vez del 'creer' en plenitud. No lo olvides: Se cree como se ora y como se canta.

Razón 10.- Valorización de la música católica

Otra de las consecuencias de seguir el camino fácil de escuchar las alabanzas cristianas de los evangélicos o alabanzas protestantes, es que se cae comúnmente en una *desvalorización* de nuestra música que es 100% cristiana e incluso de la música sagrada.

Una vez iniciado el camino de pensar que es muy 'ungida' la música protestante se abandona la parte creativa espiritual de parte nuestra. Muchos coros y ministerios de alabanza católicos, en vez de componer nuevos cantos o alabanzas que animen a una mayor comunión con Dios, se dedican simplemente a copiar e imitar los cantos protestantes.

Es urgente valorar nuestra fe y nuestra música evitando la flojera espiritual de los cantantes católicos que no componen o no oran para que Dios les inspire música y alabanzas 100% cristianas o sea católicas. También, en vez de apoyar a los cantantes protestantes deberíamos de apoyar mucho más a nuestros hermanos católicos que producen y promueven música de calidad artística y espiritual como: La Hna. Glenda; Martín Valverde; Rafael Moreno; Miguel Aquino; Noel Jaimez; Gela; Alfredo Bañuelos; Son By four... y muchos más.

¿Qué no sería mejor cantar la fe que recibimos de Nuestro Señor Jesucristo por medio de la Iglesia que él nos dejó: La Católica?

Razón 11.- San Pablo dice: "todo me es permitido, pero no todo me es provechoso".

Esto es un camino a seguir para la persona que de verdad está comprometida con el Señor Jesucristo. Hay cosas que aunque no fueran malas dice el apóstol, aun así, no las haría. La razón es que con tal de ganar gente para Jesucristo lo puede dejar de hacer.

Uno de los ganchos que usan las sectas es precisamente el canto para atraer a la gente. Es como el "quesito" que se le pone al ratón en la trampa. Un ejemplo de esto son Marcos Witt y Rabito, que se la pasan en congresos de todas las sectas evangélicas, hasta de las más anticatólicas y anti ecuménicas. El católico despistado va para sentir bonito y termina ingresando las filas de una secta religiosa.

Ojalá y nos decidamos a seguir el consejo del Apóstol Pablo: "*Todo me es permitido, pero no todo me es provechoso*" 1 Cor 6,12

Razón 12.- Vale mucho más una santa Misa que un congreso donde cantan juntos Marcos Witt, Rabito, Tercer cielo y Adrián Romero

Así como lo lees mi estimado hermano, así lo es. Seamos claros y apegados a la palabra de Dios. Por más bonito y 'ungidos' que canten estos hermanos evangélicos sus alabanzas no tienen ni la más mínima comparación con una santa Misa, porque allá, ellos le cantan a Dios nuestro señor y **en la misa, <u>es Cristo</u> <u>mismo quien se ofrece como sacrificio</u> agradable al Padre para salvación de cada uno de nosotros**, ***actualizando*** el único e irrepetible sacrificio de Jesucristo en la cruz. Eso es la santa Eucaristía y por eso no tiene comparación.

Compruébalo tú mismo:

- Heb 9, 22 Sin derramamiento de *sangre* no hay remisión de los pecados.

- Ex 12,1ss Hay un *Sacrificio* del *cordero* pascual, al salir de Egipto.

- Ex 24 Moisés sella la antigua alianza mediante el *sacrificio* en el Sinaí. - Is 53,3-5 Isaías ve a Jesús como el *Cordero* de Dios.

- Jn 1,29 Juan el Bautista anuncia a Jesús como el "*Cordero*" de Dios que quita el pecado del mundo.

- Lc 22,19 Jesús substituye al *Cordero* y anuncia que Él mismo se sacrificará como cordero. Además, establece que lo sigamos realizando. Dijo: "Hagan esto en memoria mía".

- Heb 7,27 El sacrificio de Jesucristo en la cruz es una sola vez y para siempre.

- 1 Cor 11,23-30 San Pablo recibió ese mandato de celebrar la Fracción del Pan o Eucaristía de parte de los apóstoles y la siguió celebrando. Eso es la Eucaristía o Misa. No es repetición del sacrificio de Cristo sino el actualizarlo o hacer presente de una forma incruenta.

- Hech 20,7 De nuevo san Pablo repite la celebración de la Misa o Fracción del Pan.

- Ap 5,12 Incluso cuando Cristo vuelva será visto como un '*cordero*'. Esta palabra aparece 28 veces en este libro.

Por todo lo anterior y mucho mas... el culto perfecto que agrada a Dios desde el principio hasta el final nunca han sido los cantos o alabanzas sino el santo sacrificio y el más perfecto es el de Cristo en la cruz el cual es actualizado en cada santa Misa. Por eso ninguna alabanza, por más ungidas que estén, puede ni compararse remotamente con el valor de celebrar la santa y Bendita Eucaristía

En el concierto y culto evangélico ofrecen cantos 'ungidos' en cambio, en la Misa, es Cristo mismo, el Ungido de Dios, quien se ofrece en alabanza perfecta al Padre.

Si quieres ver el rostro puro de Jesucristo; Sentir su caricia; Su perdón misericordioso; Experimentar su salvación, sanación y liberación y no lo has logrado, no te preocupes. El problema no es la santa Misa. En ella, similar a lo que pasaba con el Maná, el sabor se lo das tú. **Si quieres encontrarte con Cristo en la Eucaristía te recomiendo un excelente libro llamada "CLICK: Descube el poder de la Misa".**

Conclusión

Tal como lo mencionara la oficina para las celebraciones litúrgicas del sumo pontífice:

"Los componentes esenciales de la liturgia nos demuestran que **nuestras celebraciones no pueden ser limitadas a lo que sentimos o a un imperativo emocional para sentirnos bien por lo que celebramos y cómo lo celebramos...** La liturgia debe comunicar el significado de la Iglesia y, al mismo tiempo, su significado entre los participantes que, a su vez, son alimentados por el Espíritu y por la Verdad."

Esto dicho acerca del canto en la liturgia sin duda que debemos aplicarlo a los cantos en nuestros grupos e individualmente para no caer o limitarnos a lo sentimental recordando siempre que según lo que oremos=cantemos así será lo que creemos.(Lex Orandi, lex credendi).

Ánimo, y vivamos con ***fidelidad al 100%*** el regalo de la fe católica que de Cristo recibimos también por medio de las alabanzas. Bendiciones

Capítulo 4

EL DIEZMO PROTESTANTE: ¿ES BÍBLICO?

Pregunta:

Sr. Martín: Tengo un familiar que no es católico y que va a una Iglesia cristiana y a veces me comenta que él, al igual que otros, ya no quisieran dar el diezmo cada semana pero como le dicen que eso sería robar a Dios ahora no sabe qué hacer.

¿Es cierto que hay que dar el 10% del salario cada semana, y que eso lo ordena la Biblia?

Respuesta:

Estimado amigo, sin duda que este tema será de gran sorpresa, alivio y alegría para mucha gente, aunque tristeza y preocupación para algunos otros, pues esperamos mostrar en este artículo que cuando en alguna secta o denominación protestante afirman que la persona que no da el diezmo semanal (10% del salario) roba a Dios y que es un mandato bíblico para los cristianos, se trata en realidad de algo falso, pues ni roba a Dios, ni es un mandato de Jesucristo.

Se darán cuenta por sí mismos que lo que han creído por verdadero durante muchos años, no es cierto, pues:

¡El diezmo tal como hoy es enseñado por la mayoría de las sectas de dar el 10% del ingreso no existe en las páginas de la Biblia!

Comprobémoslo.

1.- El diezmo Nunca se dio en dinero o moneda sino en comida y animales.

Siempre que se habla en la Sagrada Escritura del diezmo es de **darlo** en especie, ya sea de fruta o de animales. (Gen4,37; Lev 27,30-32;) y no en dinero.(Gen 47,13-18).

Era exclusivamente de fruto de la tierra o de animales, ni siquiera se menciona dar algo de la minería, del comercio, carpintería, o diversas ocupaciones profesionales.

Note usted que en libro de Levítico capítulo 27,30-31 si alguien quería pagar algo en dinero tenía que pagar el 20% más del valor real del animal o fruto.

Obviamente no era dinero lo que Dios quería. Cuántas veces ha escuchado usted usar el libro de Malaquías para presionar a dar el 10% cuando en realidad allí se está hablando de alimento.

Hay cientos de citas bíblicas donde dice una y otra vez: cosecha y animales. ¡El enfoque del diezmo era agrícola y ganadero!, por todas las partes del Antiguo Testamento, era comida: Comida para el Levita, comida para el forastero, comida para la viuda, comida para el huérfano y Dios no cambia de tema en Malaquías.

Le comparto las palabras textuales de un escritor evangélico que está en contra del diezmo y dijo así:

"La próxima vez que un pastor o uno de los ancianos, diáconos, o evangelista ponga sentimientos de culpabilidad en usted sobre el diezmo, compre un camión cargado de trigo y descárguelo sobre el púlpito y mire su reacción".

Una cosa es buscar lo que la Biblia dice sobre el diezmo y otra muy diferente es usar pasajes bíblicos para que la gente crea lo del 10% de su sueldo. Si usted quiere saber por qué dar el diezmo en especie algunos lo interpretan ahora a su modo para pedir el dinero sólo es cuestión de imaginarlo un poco... Si me permite una pregunta: ¿Están interesados en sus gallinas, cosechas, trabajo o en su dinero?

2.- El diezmo era para los Levitas, viudas y huérfanos, no para el pastor.

Servía para el sostenimiento de los Levitas, porque éstos no tenían herencia en la tierra en común con las otras tribus. (Lev. 27,30-33; Núm. 18,21-32;Dt 14,27-29)). De este fondo, también se tomaban ciertas porciones para aliviar las necesidades de los extranjeros, los huérfanos y las viudas. Al tercer año el diezmo de ese año debía ser entregado directamente en las aldeas locales, y puesto a disposición, no sólo de los Levitas, sino también de los "extranjeros, los huérfanos, y las viudas." (Deut. 12,5-7;14,22-29; 26,12-14).

De hecho, los rabinos judíos actuales no piden el 10% para ellos, porque conocen perfectamente la Ley y saben que el diezmo en especie era solamente para los Levitas. El 10% del salario para el jefe, pastor o líder, no ha existido nunca en la Biblia, excepto por parte de "predicadores o servidores", que exigen para sí mismos en el nombre de Dios, lo que Dios nunca ha pedido para Él.

3.- El diezmo (comida y animales) era una Ley para los judíos en el Antiguo Testamento.

Es por eso que quienes lo exigen tienen que recurrir a mencionar citas de la Antigua Alianza y sobre todo a Malaquías para poder hacer creer a la gente que es bíblico, ***pero no mencionan*** que eso era para el pueblo de Israel, que fue con el que Dios había hecho esa alianza, y ***nosotros no somos judíos, sino cristianos.***

Pertenecemos a la nueva alianza: "Esta es mi sangre, sangre de la Alianza nueva y eterna" Lc 22,20; Heb 10,9;Gal 3,23-25 ésta es lograda con la muerte y resurrección de Jesucristo y ahora Él es nuestro Señor. Incluso San Pablo corrige a los que quieren volver a vivir bajo la Ley.(Gal 4,21-26).

Desafortunadamente, algunos por no tener este conocimiento inconscientemente están mezclando las dos alianzas como si fuera lo mismo. En ratos son cristianos y al dar el diezmo son moisesianos. De todas maneras, si alguien quiere darlo porque está en la Ley de Moisés no debe olvidar que el Apóstol Santiago dice que la Ley era un todo o nada empaquetado.

A una persona no le era permitido escoger lo que le gustara de ella, como si fuera un menú religioso y lo que no, lo dejaba a un lado. No podían elegir qué guardar y qué rechazar: **"Porque cualquiera que guarda toda la ley pero ofende en un sólo punto se ha hecho culpable de todo".** (Stgo 2,10)

Si desea seguir la Ley, hay que circuncidarse; guardar el sábado; no comer sangre; dar el diezmo; no comer pescado sin escamas; apedrear a los que violan la Ley, etc. O todo o nada. Por eso los cristianos en el Nuevo Testamento nunca dieron ni hablaron del diezmo ni de las otras cosas que acabamos de mencionar.

Ni modo, por eso hay muchos, sin ninguna formación, queriendo ser pastores protestantes para poder trasquilar a sus ovejas tranquilamente en el nombre de Dios.

4. Ni Jesús ni los Apóstoles pidieron o mandaron pedir el diezmo.

Así como lo está leyendo, en realidad no existe ni una sola cita del Nuevo Testamento en la que Jesús o alguno de los Apóstoles digan que hay que pagar el diezmo y menos todavía que eso era el 10% del salario. Ni siquiera el de los alimentos y animales. En los Evangelios solamente viene tres veces la palabra diezmo y habla de los fariseos y por cierto no habla nada bien de ellos, y en el caso mencionado en Lc 18,12-14 el que daba el diezmo no salió ni justificado ni bendecido.

Las otras veces sólo están en la carta a los hebreos y es el que da por única vez Abrahán a Melquisedec y era parte de un "botín" de guerra. En el Nuevo Testamento se habla de ayuda, colecta, apoyo, compartir todo lo que tenían, pero ***nunca de 10% semanal y en dinero***.(Lc 10,3-7; 1 Tim 5,18).

¿Por qué cree que nunca se le ocurrió a San Pablo mencionar a Moisés o a los profetas sobre el diezmo o soltarle a ellos el pasaje de Malaquías, "ustedes están robando a Dios", como muchos predicadores modernos lo hacen? Pues, porque él sabía que vivía bajo una Nueva Alianza y estilo nuevo de dar con el corazón.

5.- La Iglesia primitiva no cobraba el 10% semanal del salario.

Los historiadores de la iglesia lo dejan muy claro, la comunidad primitiva no se financió con diezmo de ninguno tipo. El Diccionario Hasting dice de la Iglesia primitiva:

"se admite universalmente que el pago de diezmos o décima parte de las posesiones, para propósitos sagrados no encontró un lugar dentro de la Iglesia Cristiana durante la edad cubierta por los apóstoles y sus sucesores inmediatos".

Igualmente, la Iglesia dice en la Nueva Enciclopedia Católica: "La Iglesia primitiva no tuvo sistema de diezmos... no había ninguna necesidad de mantenerlo, ni que existiera o fuese reconocido en la Iglesia, sino que los otros medios parecieron bastar".

¡**Atención**! La Iglesia Católica usa la palabra 'diezmo' con el significado de una ayuda equivalente al de una hora o dos de trabajo u otros ayudan más, pero no con el del 10% obligatorio y menos porque lo enseñe la Biblia. Cuando en algunas parroquias y movimientos lo hacen es un compromiso libre y personal de apoyar la evangelización y fruto de la madurez en la fe. ***Eso es excelente***. **Ojalá y todos diéramos el 10% semanal en nuestra parroquia dado como fruto del amor a Dios y muestra clara de**

que él es el dueño de toda nuestra vida y nosotros solamente administradores.

Además, los católicos debemos ser más conscientes de la ayuda a nuestra parroquia, pues normalmente damos muy poco en la colecta y nos fuimos al otro extremo. Como dicen en mi tierra, somos "codos" y debemos ser mucho más generosos en la colecta y ayuda a nuestra parroquia y diócesis.

Por otro lado, en las sectas hay pastores que abusan y obligan a darlo usando mal la Biblia como ya lo explicamos. Sin duda que este tema les gustará a sus amigos y familiares protestantes que ya están cansados de que los expriman con el cuento del diezmo semanal obligatorio. Si quiere ayudarlos y practicar una obra de misericordia, compártales este tema que seguramente se lo agradecerán toda la vida.

Sigue perseverando hermano José y ayuda generosamente en lo económico a tu parroquia, consciente de que todo es de Dios y que le regresamos algo, de lo mucho que nos ha dado.

Dios te siga bendiciendo en abundancia.

Capítulo 5

EL PURGATORIO: ¿BÍBLICO O INVENTADO?

Pregunta:

Yo quisiera saber lo siguiente: El purgatorio, ¿Es un invento de la Iglesia Católica para hacer dinero o es una enseñanza de la Biblia que los cristianos debemos creer?

Respuesta:

En una sociedad y en un país donde hay muchas creencias diferentes sobre religión, es común que muchas personas católicas se sientan atacadas o cuestionados sobre su fe y algo que comúnmente quieren saber es porqué creemos en el purgatorio y si es algo con bases bíblicas. Veamos cuatro razones del por qué creer en él.

1.- Una enseñanza fundamentada en la Palabra de Dios.

Lo primero que hay que mencionar, es que hay pasajes bíblicos que hablan muy claramente sobre la realidad del purgatorio. Uno de ellos, y tal vez el principal, es cuando el Apóstol San Pablo nos habla sobre el día del juicio y sobre qué pasará con aquellas personas que tuvieron fe y sirvieron a Dios, pero que su obra no fue tan buena, él lo explica así:

**"Un día se verá el trabajo de cada uno. Se hará público en el día del juicio, cuando todo sea probado por el fuego. El fuego, pues, probará la obra de cada uno. Si lo que has construido resiste el fuego, será premiado. Pero si la obra se convierte en cenizas, el obrero tendrá que pagar.
Se salvará pero no sin pasar por el fuego".**

1 Cor 3,13-15

Notemos dos aspectos fundamentales de lo que San Pablo quiere enseñar acerca de un creyente en Dios: en primer lugar afirma que si la obra resiste al ser examinada la persona se salvará, en este caso se está refiriendo a un cristiano que va directamente a salvarse, sin necesidad de pasar por una purificación. Pero, inmediatamente agrega que hay otra situación donde la obra de la persona no resistió el juicio y no dice que se va a condenar, sino que ese cristiano tendrá que pagar o ser castigado y se salvará, pero como quien pasa por el fuego.

Esto es precisamente el purgatorio, una purificación que algunos necesitarán para poder disfrutar plenamente de la amistad eterna con Dios.

No es un invento de la Iglesia como lo dicen algunos, sino la clara enseñanza de la Biblia por medio del Apóstol San Pablo que usa la figura de "salir, pagar, castigar o escapar a través del fuego" para enseñar acerca de la purificación.

Así está escrito en todas la Biblias del mundo, en palabras muy similares. A esta realidad que la Sagrada Escritura nos muestra le llamamos purgatorio=purificación. Que esta palabra no venga en la Biblia no nos interesa, pues tampoco viene la palabra "Trinidad" ni "Encarnación" y el protestante las acepta.

Lo que importa no es la palabra, sino la realidad de lo que significa, y en ese aspecto el Purgatorio está muy claro en la Sagrada Escritura.

2.- En el cielo no entrará nada manchado.

Al seguir estudiando la Biblia sobre este tema, encontraremos que la existencia del purgatorio es una consecuencia lógica de la Santidad de Dios, pues si Él es el tres veces santo(Is 6,3) o sea la plenitud de la santidad y perfección, entonces quienes estén junto a Él también deben de serlo(Mt 5,48), por eso, quien es fiel a Dios, pero no se encuentra en un estado de gracia plena a la hora de morir, no puede disfrutar del cielo porque la misma Biblia dice que en la ciudad celestial:

"No entrará nada manchado (impuro)" Ap 21,27

Entonces, si un cristiano no puede entrar al cielo por tener alguna mancha o impureza, ni tampoco sufrir el castigo eterno, es claro que tendrá que 'pagar' en esta vida o en la otra. Esto está escrito en la Biblia:

"Al que calumnie al Hijo del Hombre se le perdonará; pero el que calumnie al Espíritu Santo, no se le perdonará ni en este mundo ni en el otro" Mt 12,32.

Aquí Nuestro Señor Jesucristo habla de que hay pecados que no son perdonados en la otra vida; por lo tanto, hay otros que sí, ese es el sentido de la purificación o sufrimiento en el purgatorio y del porqué nosotros podemos orar (pedir) y ofrecer la Misa por ellos para que Dios tenga misericordia de esos hermanos difuntos que la necesiten, como el caso de Oniséforo mencionado en la Biblia (2 Tim 1,16-18).

3.- Desde los primeros siglos los cristianos creemos en su existencia.

El purgatorio como estado temporal de purificación fue creído desde el principio por los primeros cristianos que destacaron por su fe y santidad y a los cuales se les llama 'Padres de la Iglesia'. Escuchemóslos:

* **Año 211.** Tertuliano: "Nosotros ofrecemos sacrificios por los muertos..."

* **Año 386**. Juan Crisóstomo: "No debemos dudar que nuestras ofrendas por los muertos les lleven un cierto consuelo...".

* **Año 580**. Gregorio Magno: "Respecto a ciertas faltas ligeras, es necesario creer que, antes del juicio, existe un fuego purificador...".

Como te darás cuenta el testimonio histórico de ellos es de gran valor, pues de esta manera cualquier persona puede comprobar por sí misma buscando una biblioteca en los libros de historia del cristianismo donde ellos hablaban sobre esta enseñanza de la purificación=purgatorio.

4.- ¿Qué es el purgatorio?

Más que un lugar físico, es un estado de vida temporal para la persona que muere en gracia de Dios pero imperfectamente purificada, y donde, mediante el sufrimiento, se es purificado para disfrutar plenamente de la presencia de Dios. Es una persona salvada que vive en el amor de Dios y la salvación, pero no de una manera plena.

El caso del malhechor al que Jesús le dice que estará con él en el paraíso, nos muestra que esa purificación en el sufrimiento algunos la tendrán aquí y otros la tendrán en la otra vida como lo menciona San Pablo (1 Cor 3,13-15) y que hemos comprobado en este tema.

No se trata de pensar necesariamente en llamas, sino en un tipo de sufrimiento por no tener plenamente a la persona que más nos ama en el mundo: Dios.

Cualquier persona que haya amado a un ser querido y que por alguna circunstancia la deja de ver por una temporada sabe del sufrimiento de no poder disfrutar por un tiempo del amor de esa persona. Sabe que está viva, que lo ama y que lo volverá a ver, pero al no tenerlo plenamente cerca experimenta alegría y a la vez un dolor y deseo de tenerlo cerca por siempre, cara a cara. Algo similar, pero de mayor intensidad y forma será la 'purificación'.

Así que hermano, cuando muchos protestantes dicen que el purgatorio es un invento de la Iglesia simplemente lo dicen porque desconocen lo que la Biblia y la historia nos dice sobre ese aspecto. Muchos de ellos se salieron de la Iglesia Católica sin conocer la Biblia y ahora siguen allá igual, sin conocimiento de la misma. La leen mucho, pero la entienden poco. Lo peor es que el católico no la entiende nada, porque ni siquiera la lee. Qué increíble. Ya es tiempo de corregir esto.

Para conocer más sobre este tema del juicio y el purgatorio te recomiendo leer el excelente libro de la Dra. Gloria Polo llamado" "**Mi Juicio ante Dios**". Puedes obtenerlo llamando en este momento al 480-598-4320 o en www.defiendetufe.com Es impresionante.

Capítulo 6

LA CRUZ Y PERSIGNARSE

Pregunta:

Sres. Tengo amigos testigos de Jehová que dicen que Jesús no murió en una cruz y que además que por qué cargo una cruz en el pecho.
¿Qué acaso si a mi papá lo mataran con una **pistola** me colgaría una pistola?
Por otro lado un evangélico me dice que para qué me persigno o cargo la cruz, si Jesús ya resucitó y hay que predicar a un Cristo vivo y no a un Dios muerto. ¿Qué me puede decir sobre esto?

Respuesta:
Con gusto te comento lo siguiente:

1.- Los Testigos de Jehová y la Cruz.

En todas las Biblias del mundo dice que Jesucristo murió en una cruz excepto en la versión de la Biblia que hicieron los Testigos de Jehová para sus miembros.

Aun así hay que subrayar que los mismos Testigos de Jehová creyeron en "la Cruz".(Ver su libro "Plan Divino de las edades" estudio XII) y que fue hasta 1925 que «cambiaron de opinión» y como tienen su propia Biblia muy tranquilamente desaparecieron la palabra cruz y la sustituyeron por 'madero'.

O sea que los primeros 50 años de esa secta, todos sus seguidores estuvieron equivocados incluyendo hasta su fundador y sus dirigentes que si creyeron y escribieron sobre la cruz, o sino, entonces los actuales testigos están mal...

2.- Murió en una Cruz.

La palabra griega para cruz es "stauros" viene de la letra "Tau", que es la "T". Esto es porque hace referencia no a un palo vertical, sino a dos palos cruzados en forma de "T".

Cuando en el Nuevo Testamento se menciona la palabra madero (4 veces) no está diciendo que fue en un palo vertical, sino que obviamente está haciendo referencia al material del que fue hecho. Todavía hoy en día es común que alguien diga "pásame ese fierro" eso es sin importar la forma sino el material del que está hecho el objeto que se está pidiendo.

Otro punto histórico por el que estamos seguros de que fue en una cruz, es que los romanos usaban este tipo de tortura para ajusticiar a los reos pues era una forma de marcar el desprecio hacia los malhechores. (Antes la usaron en Babilonia, Persia, Egipto y Grecia). Después que el emperador Tito tomó Jerusalén, crucificaban a tantas personas que no había suficiente madera y lugar para poner las cruces. Esto lo puede encontrar en una buena enciclopedia que hable sobre la historia de la Cruz.

3.- Detalles bíblicos que olvidaron los Testigos de Jehová.

Cuando los Testigos de Jehová cambiaron de opinión y dejaron de creer en la Cruz, quitaron esa palabra de su Biblia. Borraron Mc 8,34;Gal 5,11; Ef 2,16 y todas las veces que venía esta palabra. Con esto pensaron que así sería más fácil salir con el cuento de que todas las Biblias del mundo habían traducido mal, excepto la de ellos.

Pero, veamos dos detalles que los testigos olvidaron y que podemos mencionar usando la misma Biblia que ellos se hicieron:

a) El letrero encima de su cabeza:

«Sobre su cabeza pusieron, por escrito, la causa de su condena: «Este es Jesús, el Rey de los judíos» Mt 27,37

Los Testigos de Jehová siempre dibujan a Jesús con las manos extendidas hacia arriba y le ponen el letrero encima de sus manos. Pero la Biblia dice claramente que tenía el letrero encima de su cabeza, no encima de sus manos.

Y si lo dice así es porque no tenía las manos extendidas hacia arriba, sino más bien tenía las manos extendidas hacia los lados; es decir, en forma de Cruz.

<u>b) Los clavos de sus manos:</u>

«Pero él les contestó: «Si no veo en sus manos la señal de los clavos y no meto mi dedo en el agujero de los clavos y no meto mi mano en su costado, no creeré.» Jn 20,25

Este es el otro detalle que los testigos olvidaron borrar de su Biblia. Cuando ellos dibujan a Jesucristo y lo ponen en un palo vertical en su lógica pusieron ***un clavo solamente*** entre las manos de Jesús.

Pero resulta que al leer el Evangelio de Juan encontramos al Apóstol Tomás decir que no creerá si no mete su dedo en el agujero de **«los clavos» en plural**. Por supuesto que si eran clavos, fue porque tenía las manos extendidas y separadas en forma de cruz.

No se vaya extrañar si en la próxima versión de la Biblia que se invente esa secta, también vayan a cambiar esos pasajes bíblicos.

Una vez aclarado que sí murió en una cruz, veamos ahora cuál fue el significado que se le dio desde los primeros años.

4.- Símbolo de salvación, no de muerte

La Sagrada Escritura enseña que para los cristianos el hablar de 'la Cruz' no era algo malo o relacionado con la muerte, sino todo lo contrario. Desde el principio fue adquiriendo un significado de vida y salvación, pues ésta es la llave por la que nosotros podemos entrar al Reino. De ahí que San Pablo llegue a afirmar:

"Nosotros predicamos a un Cristo crucificado... fuerza de Dios y sabiduría de Dios"
1 Cor 1, 23-24

También el apóstol Pablo escribe:

"Pues la predicación de la cruz es una necedad para los que se pierden; mas para los que se salvan es poder de Dios"

1 Cor 1,18

"En cuanto a mí, Dios me libre de gloriarme si no es en la cruz de nuestro Señor Jesucristo, por la cual el mundo es para mí un crucificado y yo un crucificado para el mundo"

Gal 6,14

Es por eso que cargar una cruz o crucifijo no es algo antibíblico como lo dicen algunas sectas, sino todo lo contrario. No es símbolo de muerte, ***sino de salvación.***

Ya para el siglo quinto, San Juan Crisóstomo comenta que era muy común encontrar el símbolo de la cruz por todos lados, en caminos, casas, montañas y hasta en las vajillas. Era normal, pues para ellos era un signo de salvación.

Tertuliano, San Teodoro, Félix y Octaviano son algunos gigantes del cristianismo de los primeros siglos que también hablaron acerca de la veneración de la cruz.

5.- Persignarse haciendo la señal de la Cruz.

En realidad toda la vida diaria del cristiano estaba marcada por la señal o signo de la cruz. Los primeros cristianos se bautizaban persignándose. De hecho, el Santo Apóstol Juan antes de su muerte dibujó una cruz sobre su cabeza con la mano. En las actas de San Afri se relata que cierta vez un pagano le dijo a San Narquis y a su diácono:

"Sé que son cristianos ya que con frecuencia signan su frente con la cruz."

Era de esta manera que de una forma externa transmitían su fe en la salvación obtenida gracias a la muerte de Jesucristo en la cruz.

Ya en tiempos de los apóstoles se comenzaba todo acto con la señal de la cruz. Al entrar al templo, los cristianos se persignaban. Hacían lo mismo al comenzar y al finalizar las oraciones. El sacerdote se persignaba al comenzar el sermón. Con la señal de la cruz se comenzaba cualquier oficio de la Iglesia: la bendición, la santificación, etc.

Tertuliano escribe que los cristianos se persignaban durante todas sus ocupaciones, ante cada movimiento: cuando salían o volvían a su casa, cuando se vestían y se calzaban, al entrar al baño, al sentarse a la mesa, al encender las lámparas, al comenzar una conversación, al acostarse, etc. Se signaban siempre con la mano derecha aunque de distinta manera, al principio lo hacían con un dedo signando la frente, la boca y el pecho.

Esto se llamaba la pequeña cruz. Luego se persignaban tocando con la mano la frente, el pecho, el hombro izquierdo y después el derecho. Con el tiempo comenzaron a poner tres dedos juntos al persignarse, con lo que recordaban la Santísima Trinidad, y los dos dedos restantes los apretaban contra la palma como símbolo de las dos naturalezas de Cristo.

Así fue evolucionando hasta nuestro tiempo. Como católicos, estamos totalmente seguros que como el Apóstol Pablo lo dijo: para nosotros **la cruz es poder de Dios.**

6.- La Cruz: un signo del auténtico Discípulo de Cristo.

Son muchas las formas de acercarnos a profundizar sobre el misterio de la cruz y su relación con nuestras vidas, pero uno de los grandes significados que encontraremos en la Biblia es que Jesucristo mismo nos la dejó como un signo del auténtico discípulo cristiano, pues sin excepción, todos los cristianos estamos llamados a seguir a Cristo en su camino de la Cruz. El Señor Jesucristo dijo:

"El que quiera seguirme, niéguese a sí mismo, tome su cruz y sígame"

Mc 8,34

Para poder seguir a Cristo es necesario que tomemos nuestra cruz, es decir, nuestras desgracias o sufrimientos, nuestros dolores y pruebas, nuestros problemas familiares, nuestras debilidades y todo lo pongamos en las manos de Dios. No con una mentalidad masoquista ni conformista sino con una actitud de confianza absoluta de su mano y protección sobre nosotros.

San Agustín afirmaba:

"Toda la vida del cristiano que vive de acuerdo con el Evangelio, implica su cruz y sufrimientos." Hasta que se cumpla el tiempo y aparezca la Cruz, "la señal del Hijo del Hombre en los cielos"

Mt 24,30

Resumiendo, podemos decir que es por todo esto y más que «***la Cruz***» y el «***persignarse***» son signos que nos recuerdan que queremos ser seguidores de Jesús de una manera plena y que con San Pablo predicamos un Mesías crucificado.

En un mundo donde nadie quiere sufrir, ni siquiera por amor, es más urgente el lenguaje de la cruz. Por cierto, hasta una secta religiosa hay que su slogan es "pare de sufrir" como si el cristianismo fuera una religión donde no existiera ningún sufrimiento. Sin cruz no habría cristianismo pues en ella está la máxima prueba del amor de Jesús hacia nosotros y de nosotros hacia nuestro prójimo y nos gozamos de que al resucitar él, si seguimos como discípulos suyos, resucitaremos también con él para la vida eterna.

Ánimo y adelante. Esperamos haber respondido a tu inquietud.

Capítulo 7

SÁBADO O DOMINGO: ¿QUÉ DÍA GUARDAR?

Pregunta:

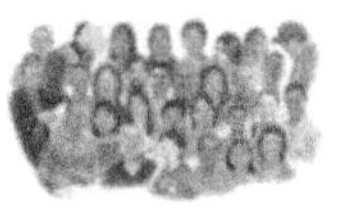

Estimados Sres.
Me gustaría que me explicaran sobre el día que los cristianos debemos de guardar.
¿Es el sábado o el día Domingo? Tengo amigos sabatistas que me aseguran que nosotros estamos muy mal.

Respuesta:

Estimado Manuel. Gracias por llamarnos a la oficina y por este medio damos respuesta a tu inquietud que seguramente también mucha gente la tendrá y querrá saber la respuesta, pues hay algunas sectas religiosas que dicen que debe de ser el día Sábado el que se debe de guardar y que los que respetan el Domingo están en contra de la Biblia. Bueno, veamos que es lo que en realidad dice la Biblia y la historia.

1.- Atrapados en el Antiguo Testamento.

La razón por la que algunos creen que se debe de guardar el día sábado es porque hay cientos de citas bíblicas en el Antiguo Testamento que dice que hay que guardar ese día, y se quedan con la idea de que si está en la Biblia, entonces hay que cumplirlo. Eso se oye bien, pero en realidad está ***muy mal.*** En la siguiente frase resumiremos por qué:

"La Biblia tiene dos partes principales: El antiguo y el nuevo testamento. El Antiguo, fue una

alianza de Dios con el pueblo de Israel por medio de Moisés (Ex 20, 18.22) y la nueva alianza es hecha con todos los hombres a través de Jesucristo. (Lc 22, 19-20). Los judíos guardan el Sábado, de acuerdo a la antigua alianza y los cristianos guardamos el Domingo de acuerdo a la nueva alianza".

Algo que nos confirma esto es que no hay ni una sola cita del nuevo testamento donde se diga que los cristianos res- petaban el sábado o celebraban la Eucaristía en ese día.

Todo lo que está en la antigua alianza(testamento) es Palabra de Dios pero lo debemos de ver siempre a la luz del nuevo testamento, ***porque nuestro Señor y maestro no es Moisés sino JESUCRISTO***. El mismo Jesucristo dice que no vino a abolir la Ley sino a darle su plenitud y cumplimiento (Mt 5,17); es por eso, que al darle el verdadero significado, Jesús nos deja una ley más interiorizada y perfecta.

De hecho en todo el capítulo cinco del Evangelio de San Mateo Él nos explica cómo perfecciona la antigua alianza en relación con el enojo, el adulterio, el divorcio, la venganza, etc. Es por esta razón principalmente porque como Él es nuestro maestro, a Él lo debemos de escuchar(Mc 9,4-7) y en los evangelios nunca aparece diciéndoles a sus discípulos que guarden el sábado.

Como ves, hermano Manuel, desafortunadamente hay muchas sectas que se quedaron como atrapadas en el antiguo testamento(Gal 3,23-26).

« Por tanto, que nadie los venga a criticar por cuestiones de comida o bebida, o a propósito de fiestas, de lunas nuevas o sábados. Todo esto es sombra de lo que ha de venir; pero la realidad es Cristo Jesús». Col 2,17

Nosotros pertenecemos a la Nueva Alianza.

2.- Obligaciones del sábado en el Antiguo Testamento.

Además, si alguien quiere guardar el sábado entonces debe de hacerlo como lo hacían los judíos en el antiguo testamento:

+ No se debe de encender el fuego (Ex 35,3)
+ No hay que llevar carga (Jer 17,21-22)
+ No deben comprar ni vender (Neh 10,31-32)
+ Deben ofrecer holocaustos (Num 28-9-10)

+ Los judíos actualmente dejan los elevadores encendidos todo el día, subiendo y bajando, para cumplir el precepto de no encender fuego, pues hay una chispa de fuego en el botón de encendido y en el motor eléctrico.

¿Acaso hacen esto los sabatistas? Por supuesto que no. La verdad es que ni ellos mismos lo creen, ni lo cumplen.

3.- Celebrando el Domingo en el Nuevo Testamento.

Vayamos ahora al Nuevo Testamento y aquí encontraremos que los cristianos muy pronto empezaron a celebrar el culto de la nueva alianza, o sea la Eucaristía, en Domingo, al que también llamaban primer día de la semana.

Ellos respetaron el Domingo porque en este día ocurrieron los hechos más importantes relacionados con nuestra salvación.

De esta forma, así como los judíos guardaron el Sábado para recordar la obra de la creación, así los cristianos celebrarán el Domingo para recordar la obra de la redención.

Comprobemos esto en la Sagrada Escritura:

* En **Domingo** Resucitó Jesús (Mt 28,1;Mc 16,2;Lc 24,1 Jn 20,1).

* En **Domingo** se apareció Jesús a dos mujeres (Mt 28,9), a los apóstoles(Jn 20,19-20), a los discípulos de Emaús (Lc 24,13-34).

*En **Domingo** el apóstol Tomás proclama su Fe en el resucitado (Jn19,26-28).

- En **Domingo** (primer día de la semana) se recibe el Espíritu Santo en Pentecostés. Hech 2,1; Lev 23,15-16

Basándose en esto es por eso que muy pronto los primeros cristianos empezaron a guardar y celebrar el primer día de la semana, es por eso que le llamaron Domingo o día del Señor, del latín «Dies Domini».

Así encontramos a los Apóstoles reunidos en este día: "Primer día de la semana=Domingo" era también cuando los fieles de Tróada se encontraban reunidos "para la fracción del pan". Pablo les dirigió un discurso de despedida y realizó un milagro para reanimar al joven Eutico:

«El primer día de la semana, estando nosotros reunidos para la fracción del pan, Pablo, que debía marchar al día siguiente, conversaba con ellos y alargó la charla hasta la media noche». Hech 20,7-12

También es el día que el Apóstol San Pablo les recomendara para que hagan la colecta:

«Cada Domingo, guarden ustedes todo lo que hayan podido ahorrar, de modo que no esperen mi llegada para recoger las limosnas»
1 Cor 16,2

De hecho San Pablo dice:

"Que nadie los venga a criticar por lo que comen o beben o por no respetar fiestas o el día sábado, pues eso no es sino sombras de la realidad que es Cristo Jesús" Col 2,16-17

Otro dato bíblico que nos confirma la importancia del Domingo, es que el libro del Apocalipsis muestra la costumbre de llamar a este primer día de la semana el "**día del Señor**" (Ap 1,10). En ese día Juan tuvo la visión por la cual escribiría ese libro.

4.- Testimonios históricos.

Comprobemos también cómo es que la misma historia nos da testimonio y comprueba sobre la celebración e importancia no del día sábado, sino del día Domingo en la vida de los cristianos:

Año 70-100 "Reúnanse el día del Señor, partan el Pan y celebren la acción de gracias" (La Didajé de los Apóstoles).

Año 110 San Ignacio de Antioquía escribe: "Si los que se habían criado en el antiguo orden de cosas vinieron a una nueva esperanza, no guardando ya el sábado, sino viviendo según el día del Señor(Domingo), día en el que surgió nuestra vida por medio de él y de su muerte...

Año 300 Pedro, un obispo de Alejandría, dice: "Guardaremos el día del Señor, como día de regocijo, por causa de aquel que resucitó en ese día".

Por todo lo anterior, los católicos, como cristianos que somos, guardamos el día Domingo.

Así que hermano Manuel, ánimo y sigue adelante, seguramente que tu pregunta está respondida en este artículo.

Hay varias sectas, como los sabatistas, que sus creencias están basadas solamente en el Antiguo Testamento. Dicen ser muy cristianos, pero en la práctica no están obedeciendo a Jesús, sino a Moisés. Yo digo que en vez de ser cristianos deberían de llamarse «***moisesianos***».

Estamos para servirte y no faltes a misa para celebrar cristianamente el Domingo=día del Señor.

Capítulo 8

LA SALVACIÓN: ¿SOLAMENTE POR LA FE?

Pregunta:

Sr. Zavala: Haga lo que usted haga, sin Cristo y sin poner su fe en él solamente, usted no puede hacer nada. Ya lo verá. Le envío una respuesta a cada una de sus columnas que usted pueda escribir semana **tras** semana, año tras año y década tras década. La verdad que está en Cristo no puede ser cambiada nunca jamás. Para salvarnos lo único necesario es la fe en Cristo.

Respuesta:

Estimado Leonardo. Te agradezco el extenso fax que nos enviaste y las 28 páginas donde tratas solamente el tema de la salvación, que de acuerdo a tu creencia protestante, debe de ser solamente por la fe.

Antes de responder a tu inquietud, te comento que tu afirmación diciendo que me envías por adelantado la respuesta a todos los artículos de las siguientes "décadas" es un poco exagerada, ¿no crees?

Y desafortunadamente, cuando afirmas que lo que hago es "sin Cristo" nos confirmas precisamente que hay muchas personas en sectas religiosas que se han fanatizado y piensan que solamente en su 'grupito' está Cristo y que fuera de ellos no hay nada bueno y no hay salvación.

En realidad, como católico, por supuesto que soy Cristiano. Hace casi dos mil años un Padre de la Iglesia decía: mi nombre es "Cristiano y mi apellido es católico". Ahora que, respetando a quienes creen u opinan diferente, veamos algo de lo que la Biblia dice sobre este tema de la salvación que tú y muchos protestantes olvidan mencionar:

a) Dios quiere que todos se salven.

Si como lo afirmas tú: la salvación se da "solamente por la fe" en Cristo y lo tomamos literalmente, entonces: ¿Qué pasó con los que murieron antes de Cristo? Y con los aztecas, mayas y otros pueblos que nunca escucharon el Evangelio, ¿acaso se condenaron también? ¿o con los millones de chinos y musulmanes que nunca han oído el Evangelio de Jesucristo?, ¿ellos también se condenarán? **Claro que no.**

Recuerdo que hace tiempo estaba pasando por la calle y escuché a un pastor que predicaba y decía: levanten la mano los que tengan familiares que crean en Cristo, Amén, hermanos, ellos ya son salvos. Ahora levántenla los que tuvieron familiares que no creyeron; Amén, hermanos, ellos ya se fueron al infierno. En cuestión de segundos a unos los mandó al cielo y a otros al infierno.

En realidad, desde una perspectiva cristiana, esto no puede ser así, porque la misma Biblia nos aclara que:

"Dios quiere que todos los hombres se salven y lleguen al conocimiento de la verdad"

1 Tim 2,4

La Voluntad salvífica universal de Dios no es que solamente algunos cuantos alcancen la salvación. Puesto que Dios ama a todos los hombres entonces, Él mismo, busca las formas de llevar su amor y salvación por diferentes maneras Mt 18,14; Mt 20,28.

b) Quienes murieron sin la oportunidad de escuchar el Evangelio serán juzgados por su conciencia.

La Fe en Cristo es necesaria solamente para las personas que tuvieron la oportunidad de conocerlo plenamente, pero no para los que nunca tuvieron esa oportunidad.

En esos casos el Apóstol San Pablo nos dice:

"Cuando los paganos, que no tienen ley, cumplen naturalmente con lo que manda la Ley, se están dando a sí mismos una ley; Y muestran que las exigencias de la ley están grabadas en sus

corazones. Lo demuestra también la conciencia que habla en ellos, cuando se condenan o aprueban entre sí. Así sucederá el día en que Dios, según mi Evangelio, juzgará por Cristo Jesús las acciones secretas de los hombres".

Rom 2,14-16.

De esta manera, la salvación está disponible a todos los hombres de todos los tiempos, aunque no hayan escuchado plenamente el Evangelio, siempre y cuando hayan tratado de vivir de acuerdo a su conciencia.

c) Quienes conocen a Cristo necesitan Fe y obediencia.

Otro aspecto importante acerca de la salvación es que de acuerdo a la Palabra de Dios, si tuvimos la oportunidad de escuchar el Evangelio, entonces es necesario la Fe y la obediencia(obras).

En ninguna parte de la escritura dice que basta la fe o que solamente con creer ya tenemos la salvación. Todos los pasajes bíblicos donde dice que la salvación es por gracia o que por la fe tenemos la salvación no dicen que solamente con eso basta.

De hecho, nuestro Señor Jesucristo dijo:

"No todo el que me dice Señor, Señor entrará en el Reino de los cielos, sino el que hace la voluntad de mi
Padre del Cielo"

Mt 7, 21-23

Así que se puede tener fe, hacer milagros, profetizar y decir Señor a Cristo y sin embargo al final no se tendrá la salvación. Por eso es necesario Creer y obedecer, tener fe y mostrarla con obras. Así está escrito en todas las Biblias del mundo.

No basta levantar la mano y creer un día como muchas sectas lo predican y afirman que «ya son salvos». Hay que obedecer.

Así, en la Biblia, el Apóstol Santiago lo dirá:
"¿Tú crees que existe un solo Dios? Haces bien; pero también los demonios creen y se estremecen. ¿Por qué no te enteras de una vez, pobre hombre, de que la fe sin obras es estéril? ¿Acaso no obtuvo Abraham, nuestro antepasado, la salvación de Dios por sus obras, cuando ofreció a su hijo Isaac sobre el altar? ¿Ves cómo la fe cooperaba con sus obras y por las obras se hizo perfecta su fe?" Stgo 2,19-22

Y agrega el Apóstol: "Ya lo ven: son las obras las que hacen justo al hombre y no solamente la fe" Stgo 2,24.

También el Apóstol San Pablo nos habla de la necesidad de que junto a la fe vaya la obediencia para poder ser justificados:

"Porque no salvará Dios a los que simplemente escuchan la ley, sino a aquellos que la cumplen." Romanos 2,13

Para confirmar esto les recomiendo leer Romanos 2,6; Gálatas 5,6; Gálatas 6,7-10 y 1 Timoteo 4,16 donde se afirma la necesidad de la obediencia(obras), como fruto de la acción salvadora en nuestras vidas.

Además, Nuestro Señor Jesucristo, cuando explica sobre el juicio final, muy claramente señala la importancia y <u>necesidad de la obediencia y las obras</u> pues dirá a todas las naciones:

"Vengan a mi benditos de mi Padre, heredad el Reino preparado para ustedes desde la fundación del mundo. Porque tuve hambre y me diste de comer; tuve sed y me diste de beber; fui forastero y me recogiste..." Mt 25,31-46

La salvación no es un «gafete» o membresía que se cuelga y se entra al cielo automáticamente al levantar la mano y decir «Tengo fe, soy salvo». No. Junto a la Fe deben de ir las obras u obediencia.

De hecho, la única vez que la palabra "solamente" acompaña a la palabra "fe" en el texto griego original es en Santiago 2,24, y allí precisamente se afirma que somos salvados "NO SOLAMENTE POR LA FE". Incluso en versiones de la Biblia protestante dice lo mismo.

d) Algunos signos de la obediencia.

Es por esto, que si amamos la Biblia, al mismo tiempo que valoramos la fe, debemos mostrar nuestra obediencia:

* "Que todos sean uno; como tu Padre estás en mí y yo en ti..." Jn 17,21 El vivir en unidad.

* "El que come mi carne y bebe mi sangre, vive de vida eterna" Jn 6,51-67 La Eucaristía.

* "El que los escucha a ustedes a mí me escucha; el que los rechaza, a mí me rechaza" Lc 10,16 El estar unidos con Jesús, al permanecer unidos a su Iglesia.

Esto significa de veras creer en Cristo. Decir "yo creo en Cristo, ya soy salvo" y no obedecerlo o solamente obedecerlo en las partes que le gustan no es un camino seguro que lleve a la salvación.

e) Es necesaria la Perseverancia hasta el fin.

Un último aspecto a mencionar, es que para tener la salvación tampoco basta un acto de fe inicial y ya, levantar la mano para decir que aceptamos a Cristo como Señor y Salvador o llenar una hojita donde diga que ya lo aceptamos y tenemos fe. No. La fe y obediencia hay que mostrarla hasta el final. Por eso Jesús dijo:

"El que se mantenga firme hasta el fin, ese se salvará". Mt 24,13

En este caminar con Jesús no hay membresía, sino un caminar diario, cada mes y cada año, en fe y obediencia hasta el fin de nuestros días. "Esfuércense con santo temor en lograr su salvación." Fil 2,12.

Animo y que Dios te ilumine hacia la verdad plena.

Capítulo 9

¿PROHIBE LA BIBLIA PEDIR LA INTERCESIÓN A LOS SANTOS?

Pregunta:

¿Dónde dice la Biblia que se le puede pedir a la virgen? ¿Dónde dice la Biblia que se debe pedir a los santos? Algo de Biblia conozco y allí dice que le pidamos solamente a Jesús.
¿Quién dijo que los santos tendrían poder sobre la tierra para responder oraciones, ni siquiera dice que los santos son dioses, y si no son como hacen para interceder delante de Dios? Para poder hacer eso me parece que tendrían que estar en todo el mundo al mismo tiempo, serían omnipresentes como Dios y todopoderosos...

Respuesta:

Estimado hermano cristiano protestante. De una manera bíblica y sencilla te respondamos a esto en un formato de preguntas y respuestas. Aquí encontrarás una respuesta basada en lo que la Palabra de Dios dice. Te ayudará a ti y a todos los que tengan esa idea, duda o inquietud a encontrar la verdad de la Sagrada Escritura.

1.- ¿Prohíbe la Biblia pedir la intercesión de los santos y de la Virgen?

¡No! En la Sagrada Escritura no existe ningún pasaje que mencione que esté prohibido pedir su intercesión. La negación que algunos mencionan no tiene ningún fundamento escriturístico, por eso no dan citas bíblicas donde diga eso, porque no las hay. No olvidemos lo que la Palabra dice acerca de los que hacen esto:

"Hay de aquel que le añada algo a este libro. Dios echará sobre él todas las plagas descritas en este libro.
Y si alguien le quita algo a este libro, Dios le quitará su parte en el Árbol de la vida"
Ap 22,18-19

Por eso a quienes digan que la biblia prohíbe rezarles a los santos lo primero que hay que hacer, y yo te hago a ti, es que muestre una sola cita donde la biblia prohíba explícitamente rezarle a los santos. Como no existen bíblicas donde se prohíba eso empezarán a darle vuelta a otros pasajes bíblicos interpretándolos de una manera fundamentalista para usarlos. Más adelante te los iré explicando pues siempre dicen lo mismo.

2.- ¿Le rezamos a las imágenes o a los santos?

Esta es la principal confusión entre los que no son católicos, ya que afirman cosas que nosotros no creemos. Los católicos ***nunca*** le recemos *a las* imágenes, sino que rezamos *delante* de una imagen que es algo totalmente diferente. Estar delante o enfrente de una imagen de algún santo no quiere decir que le estemos pidiendo a la imagen.

Nosotros los católicos, como cristianos que somos, no le rezamos a las estatuas o imágenes. Lo que hacemos es rezar al santo o santa que nos recuerda la imagen que tenemos frente a nosotros. Esto es importante aclarar para no inventar cosas que los católicos no creemos, ni hacemos.

Nosotros nunca hemos creído que las imágenes tengan poder. Cuando hablamos de los santos nos estamos refiriendo a las personas tal y como San Pablo lo menciona en la Biblia. "*Vivan orando y suplicando. Oren en todo tiempo según les inspire el Espíritu. Velen en común y perseveren en sus oraciones sin desanimarse nunca, intercediendo en favor de todos los santos, sus hermanos"* Ef 6,18

En estas respuestas que te escribo hablaremos de lo santos=personas, no de las imágenes. Si quieres las respuestas al por qué las tenemos puedes leer las que ya en otra ocasión he respondido. (Ver página 57)

No te confundas hermano, ni confundas a otros diciendo cosas que no son. No repitas los errores de muchos pastores diciendo cosas que no son, ni creemos. Santos somos cada uno de los bautizados al unirnos a Jesucristo por el Bautismo "*Hemos sido bautizados en el único Espíritu para que formáramos un solo cuerpo, ya fuéramos judíos o griegos, esclavos o libres. Y todos hemos bebido del único Espíritu."* 1 Cor 12,13.

Las imágenes solamente son una representación de ellos al igual que las fotos que tienes en tu casa. Ora a Dios para que te aclare y guie a la verdad. Tú no oras ni rezas a las fotos que tienes en tu casa y nosotros tampoco nunca rezamos a la imagen o estatua de algún santo. **Oramos a los santos que están vivos** "*Otro ángel vino y se paró delante del altar de los perfumes con un incensario de oro. Se le dieron muchos perfumes: las oraciones de todos los santos que iba a ofrecer en el altar de oro colocado delante del trono.*

Y la nube de perfumes, con las oraciones de los santos, se elevó de las manos del ángel hasta la presencia de Dios." 8,1-4. La imagen simplemente nos lo recuerda y punto. Si la imagen no está en el lugar donde la tengamos no hay ningún problema, seguimos orando igual pues solamente la tenemos para acordarnos de ellos.

3.- ¿En que se basan las sectas fundamentalistas para decir que es malo pedirle a los santos?

Es una mala interpretación de la Biblia. Se basan, sobre todo, en el siguiente pasaje bíblico: "*Porque hay un solo Dios, y también un solo mediador entre Dios y los hombres, Cristo Jesús"* 1 Tim 2,5

Allí lo que se está hablando es de "mediador" de salvación. En este sentido solamente Jesucristo nos da la salvación. Los católicos no creemos que los santos o María nos salvan, sino que solamente interceden por nosotros.

Te lo explicaré sencillamente con una pequeña gráfica y confirma tú mismo que Cristo es el único mediador entre Dios y los hombres y que la intercesión de los santos o cualquier otra persona no afecta en nada a eso.

Así de sencillo mi querido hermano. Si alguien de nosotros le reza o pide la intercesión a un santo o a la virgen, de todas maneras, ellos acuden a Jesucristo y Él sigue siendo el único mediador entre Dios y los hombres. María y los santos nunca ocupan el lugar de Jesucristo. Ni es posible, ni lo hemos creído nunca los católicos. Podemos ir directamente a Jesucristo a pedir su intercesión o ir con algunos de sus amigos preferidos que son los santos y santas o a su santa Madre María:

"En verdad les digo: El que crea en mí, hará las mismas obras que yo hago y, como ahora voy al Padre, las hará aún mayores. Todo lo que pidan en mi Nombre lo haré, de manera que el Padre sea glorificado en su Hijo. Y también

haré lo que me pidan invocando mi Nombre." Jn 14,12-14 Al rezarle a ellos, de todas maneras ellos irán a su vez irán ante Jesucristo.

Te habrán dicho algunos hermanitos protestantes: "Para que ir con la secretaria si podemos ir directo con el presidente" o sea directo a Jesús. Eso se oye muy bien, pero es más falso que un político en campaña.

Si verdad los protestantes pensaran eso, entonces porque la gente va con su pastor y le dice: "Pastor ore por mi hijo". ¿Acaso el pastor protestante dice: ore usted directamente a Jesucristo? ¿Para que viene con el secretario si usted puede ir directo con el presidente o sea Jesús? Verdad que no dice eso...

O cuando alguien va dejarle el diezmo el pastor protestante se enoja y le dice que Cristo es el único mediador y que ese dinero para Dios se lo entregue directo a él...

Además, seguramente tú, al igual que otros hermanos no católicos, también le has dicho a otro de tu iglesia que oren por ti. ¿Por qué hacen eso, si ustedes dicen que solamente a Jesucristo hay que orarle? Al hacerlo ustedes mismos se están haciendo intercesores y al mismo tiempo dicen que los santos no pueden interceder. ¡Ni tú te lo crees!

Por su fiera poco, ponte a pensar un poco y recuerda cuando has ido al culto con los hermanos protestantes. Te acordarás que el pastor dice gritando entusiasmado: ¡*Cristo es el único mediador. ¡La virgen y los santos no pueden interceder!* ¡Ellos no pueden orar por usted! ¡Sólo Jesús! 1 Tim 2,4-5 Se oye bien, pero, unos minutos después, el mismo pastor dice tranquilamente: "*Acérquense los con sus enfermos. Yo voy a orar por ustedes para que Dios los sane*". ¡**Mira nada más**! Acaba de decir que la virgen, los santos, ni nadie puede interceder y ahora resulta que él sí lo puede hacer. Pues si él lo puede hacer, **¡Con mayor razón los santos, y la madre de Jesucristo, *también lo pueden hacer*!** Y lo pueden hacer mejor pues dice la biblia que "la oración del justo tiene mucho poder" Stgo. 5,16 y ellos ya están viviendo en la justicia plena.

Ya te diste cuenta como ese pasaje donde dice que Cristo es el único mediador no se puede entender como lo hacen los protestantes y lo has aprendido.

La forma correcta es simple y llanamente que la salvación nos viene por medio de Jesucristo y que por medio de Él podemos llegar al Padre.

Cuando los santos, María o nosotros oramos e intercedemos unos por otros solamente **es a través del mismo Jesucristo.** ***En ese sentido somos colaboradores o co-mediadores.*** Colaboramos en la mediación de Jesucristo al orar, al predicar, al testimoniar etc. Los santos y la virgen lo hacen de una manera especial por estar ya gozando de la plenitud al estar ya unidos a Él. San Pablo dijo: "*Me siento apremiado por las dos partes: por una parte,* ***deseo partir y estar con Cristo****, lo cual, ciertamente, es con mucho lo mejor*" Filp 1,23 Somos la familia de Dios, no islas, y hay una comunión pues Dios quiere que estemos unidos. "*Para que todos sean uno. Como tú, Padre, en mí y yo en ti, que ellos también sean uno en nosotros, para que el mundo crea que tú me has enviado.*" Jn 17,21

La Biblia no la hicieron los protestantes, sino la Iglesia Católica. En el año 393 y 397 hubo reuniones de obispos en Hipona y Cartago en África. Allí definieron cuales iban a ser los libros que la Biblia debería de tener y fijaron el canon bíblico. Es **por eso que los hermanos separados fácilmente la interpretan mal** pues se desconectaron de la iglesia que le dio vida a la biblia.

4.- ¿Hay otros pasajes que interpreten mal?

Si. Hay otras citas bíblicas que interpretan muy mal. Por ejemplo, cuando Jesús dijo que le pidiéramos "*Yo os digo: «Pedid y se os dará; buscad y hallaréis; llamad y se os abrirá*" Lc 11,9 o también "*Hasta ahora nada le habéis pedido en mi nombre. Pedid y recibiréis, para que vuestro gozo sea colmado."* Jn 16,24 hay hermanos separados que hacen y dicen que solamente hay que pedirle a él siendo que Jesucristo nunca dijo eso.

Si yo le digo a una persona pídeme lo que quieras, yo no estoy diciendo que no le pidan nada a nadie. Esto es algo muy sencillo que muchos protestantes no alcanzan a comprender por querer sacar de la Biblia frases y hacerlas que concuerden con sus propias interpretaciones. La Biblia hay que aceptarla como es, no como lo que quieran entender.

5.- María, mientras estuvo de paso por este mundo, ¿Intercedió por los hombres?

¡Sí! La santísima virgen María, como una persona llena de amor que era, al ver una necesidad acudió a Jesús intercediendo por las personas que celebraban una boda. Todas las biblias del mundo lo dicen con mucha claridad:

«Tres días después se celebraba una boda en Caná de Galilea y estaba allí la madre de Jesús. Fue invitado también a la boda Jesús con sus discípulos.

Y, como faltaba vino, porque se había acabado el vino de la boda, ***le dice su madre a Jesús: «No tienen vino.»***

Jesús le responde: «¿Qué tengo yo contigo, mujer? Todavía no ha llegado mi hora.» Dice su madre a los sirvientes: **«Hagan lo que él les diga.»**

Había allí seis tinajas de piedra, puestas para las purificaciones de los judíos, de dos o tres medidas cada una. Les dice Jesús: «Llenen las tinajas de agua.» Y las llenaron hasta arriba. ... Dice el mayordomo: «Todos sirven primero el vino bueno y cuando ya están bebidos, el inferior. Pero tú has guardado el vino bueno hasta ahora.»

Así, en Caná de Galilea, dio Jesús comenzó a sus señales. Y manifestó su gloria, y creyeron en él sus discípulos». Jn 2,1-11

Este pasaje es muy especial en muchos aspectos y mencionaremos algunos.

En primer lugar, hay que subrayar fuertemente que allí en esas bodas de Caná es donde ***Jesucristo realizó su primer milagro***. Eso no es cualquier cosa y menos si tomamos en cuenta que Él mismo consideraba que no era el momento de realizarlo. Por eso dijo "mujer no ha llegado mi hora".

Jesús expresa con claridad que no es el momento de realizar algo especial o milagroso pues de hacerlo la gente iba a reconocerlo como el Mesías esperado; como el ungido de Dios que los iba a salvar.

Lo normal hubiera sido que si Jesucristo no consideraba que era adecuado para el plan de Dios revelar eso en ese momento, entonces, no hubiera hecho nada.

Sin embargo, la biblia no dice que eso pasó, sino todo lo contrario. **Sí hubo un milagro en esa boda al transformar el agua en vino y lo hizo *debido a la intercesión de su madre María.***

María no solamente intercedió, sino que, gracias a su intercesión, Jesucristo adelantó la hora de manifestar que él era el Mesías. Los protestantes al rechazar la intercesión de la Virgen o desconocen este pasaje bíblico o están contra de la Palabra por seguir sus tradiciones.

Jesucristo lo hizo porque Él amaba a su madre y la respetaba. Al mismo tiempo, Él había dicho: "honra a tu padre y a tu madre", por eso, amando a su madre y seguramente a las personas que celebraban esa boda, es que interviene en su ayuda. Las bodas son a su vez un símbolo de cuando Él venga de nuevo a recoger su esposa la iglesia. "*Alegrémonos y regocijémonos y démosle gloria, porque han llegado las bodas del Cordero, y su Esposa se ha engalanado*" Ap 19,7

Esa intercesión de la virgen María ante Jesucristo es precisamente lo que ella y los santos siguen haciendo. Acuden a Jesús para pedirle por las necesidades de cada uno de nosotros. Cuando alguien niega que María puede interceder, está negando la biblia también.

6.- ¿Los apóstoles intercedieron cuanto estaban vivos?

Claro que si y muchas veces:

"Pedro y Juan subían al Templo para la oración de la hora nona.

Había un hombre, tullido desde su nacimiento, al que llevaban y ponían todos los días junto a la puerta del Templo llamada Hermosa para que pidiera limosna a los que entraban en el Templo. Este, al ver a Pedro y a Juan que iban a entrar en el Templo, les pidió una limosna.

Pedro fijó en él la mirada juntamente con Juan, y le dijo: «Míranos.» El les miraba con fijeza esperando recibir algo de ellos.

Pedro le dijo: «No tengo plata ni oro; pero lo que tengo, te doy: en nombre de Jesucristo, el Nazoreo, ponte a andar.»

Y tomándole de la mano derecha le levantó. Al instante cobraron fuerza sus pies y tobillos, y de un salto se puso en pie y andaba. Entró con ellos en el Templo andando, saltando y alabando a Dios".

Hech 3,1-8

Pedro y Juan oraron por él(intercedieron) ante Jesucristo y se sanó. No le dijeron: "Ora tú a Jesucristo que es el único mediador. Intercedieron y punto.

Observa ahora al apóstol San Pablo

"Había allí, sentado, un hombre tullido de pies, cojo de nacimiento y que nunca había andado. Este escuchaba a Pablo que hablaba.

Pablo fijó en él su mirada y viendo que tenía fe para ser curado, le dijo con fuerte voz: «Ponte derecho sobre tus pies.» Y él dio un salto y se puso a caminar". Hech 14,8-10

Pablo oró por el tullido, no lo mandó a que le pidiera directamente a Jesús. El resultado de esta intercesión de Pablo fue la sanación del tullido.

Así que cuando iban con ellos nunca salieron con la barbaridad de que no les pidieran a ellos. Ellos nunca pensaron ni actuaron así. Para ellos, como ya lo vimos en la Biblia, era normal el interceder por los demás.

7.- ¿Pero los santos y María ya están muertos?

¡No! ¡**Eso es Falso**! Dios no es un Dios de muertos sino de vivos. Muchos cristianos evangélicos están confundidos pues esa creencia de que se acaba todo al morir es del antiguo testamento, no del nuevo. Si de verdad eres cristiano sigue la plenitud del nuevo testamento. Nuestro maestro principal no es Moisés, sino Jesucristo. Cuidado, hermano. No te quedes estancado en el antiguo testamento como los judíos. Avanza y mira Jesucristo dándonos la plenitud de la revelación Mt 5,17. El nuevo testamento es la plenitud de la revelación pues es Cristo mismo quien habla y sus apóstoles. *"Pero, al llegar la plenitud de los tiempos, envió Dios a su Hijo"* Gal 4,4 Somos cristianos y al morir no se acaba todo. Esto lo enseña claramente la Biblia:

"Yo soy el Dios de Abraham, el Dios de Isaac y el Dios de Jacob. Dios no es un Dios de muertos, sino de vivos"

Mt 22,32

"Me siento apremiado por las dos partes: por una parte, deseo partir y estar con Cristo, lo cual, ciertamente, es con mucho lo mejor"

Fil 1,23

Por la fe, Henoc fue trasladado, de modo que no vio la muerte y = no se le halló, porque le trasladó Dios. = Porque antes de contar su traslado, la Escritura da en su favor testimonio = de haber agradado a Dios. =
Heb 11,5

"...Se les aparecieron Elías y Moisés, los cuales conversaban con Jesús." Mc 9,1-4

Esto cualquier hermano no católico lo puede comprobar en su propia Biblia. Ellos están más vivos que cualquiera de nosotros al estar unidos plenamente a Dios.

8.- ¿La Palabra de Dios habla de que todos podemos ser intercesores?

¡Sí! Según el Apóstol San Pablo todos debemos ser intercesores:

"Vivan orando y suplicando. Oren en todo tiempo según les inspire el Espíritu. Velen en común y perseveren en sus oraciones sin desanimarse nunca. Oren unos por otros, intercediendo a favor de todos los santos" Ef 6,18

La Palabra de Dios nos enseña que debemos de orar siempre. Si aquí en la tierra debemos de orar siempre intercediendo unos por otros, entonces con mayor razón será necesario hacerlo así en el cielo. Este es el caso de los santos que continúan amando pero ahora en plenitud:

"El amor nunca pasará. Desaparecerán las profecías. Cesarán las lenguas. Desaparecerá la ciencia, pero no el amor."

1 Cor 13,8

¿Los santos son dioses y todos poderosos?

No. Los católicos Nunca hemos pensado ni enseñado eso. Esa es una idea que los protestantes divulgan falsamente acerca de lo que creemos los católicos. Muchos de ellos se salieron de la Iglesia Católica sin conocer de Biblia y siguen allá sin conocer de Biblia. Se salieron sin conocer el verdadero catolicismo y allá siguen igual repitiendo falsedades acerca de nuestra fe. Los santos, no las imágenes, simplemente son intercesores con el Poder de Dios:

No olvidemos nunca lo que la Biblia habla acerca de la intercesión de los santos:
"*La oración del justo tiene mucho poder*" Stgo. 5,16

9.- ¿Cómo pueden escucharnos si ellos no son omnipresentes y no pueden estar en todos los lugares al mismo tiempo?

Muy sencillo. San Pablo dice:
"Me siento apremiado por las dos partes: por una parte, deseo partir y estar con Cristo, lo cual, ciertamente, es con mucho lo mejor" Fil 1,23

Si leíste atentamente, san Pablo estaba convencido de que si moría(partir) el estaría ***junto a Jesucristo***. Entonces, como Jesús es Dios puede estar en todas. Por lo tanto, si los santos estarán junto a Él por eso ellos pueden oír nuestras oraciones.

Así como los rayos del Sol se sienten en todo lugar donde este el sol, ***sin ser el Sol***, así los santos sin ser Dios, pueden llegar como los rayos del sol hacia nosotros.

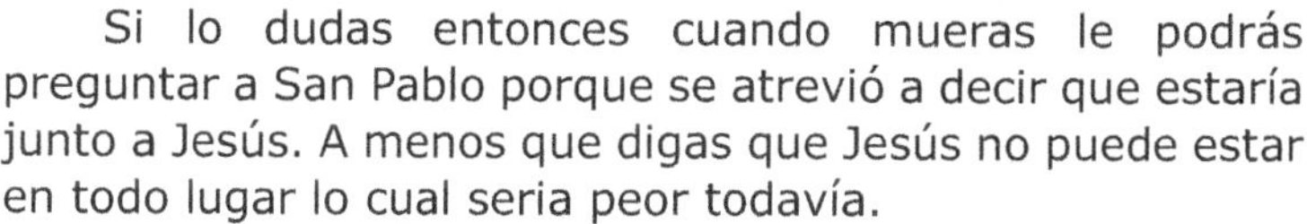

Si lo dudas entonces cuando mueras le podrás preguntar a San Pablo porque se atrevió a decir que estaría junto a Jesús. A menos que digas que Jesús no puede estar en todo lugar lo cual seria peor todavía.

Creo que andas muy equivocado al medir en categorias humanas la grandeza del amor y misericordia de Dios. Rom 8,35-38

Otra forma de explicar cómo los santos pueden escuchar las oraciones de personas de todo el mundo sin ser Dios es si lo comparamos con el internet.

Una persona puede estar tranquilamente sentada en su casa en New York y al mismo tiempo platicar y ver a otra que está en Bogotá, Colombia y unidos comparten con otro más que está en Ukita, Japón. Ni de chiste son dioses, pero como están conectados unos con otros por medio de un servidor que une con redes a las computadoras de todo el mundo, eso es el internet, entonces se hace posible lograrlo.

Las oraciones a los santos; a la virgen y entre nosotros con Dios forman una comunión espiritual, es la comunión de los santos, **es como un internet espiritual**. En este caso, el que hace posible unirnos es Dios mismo, El servidor todopoderoso es la santísima Trinidad.

Como vez, no creemos, para nada, en santos todopoderosos u omnipresentes, sino que creemos en un Dios fuerte y todopoderoso que nos une por medio del Espíritu Santo para estar todos en comunión. "***Que todos sean uno, como Tú Padre estás en mí y yo en ti; Así sean ellos uno en nosotros***" Jn 17,20-21

Somos la familia de Dios y no hay que pagar nada por la conexión al internet espiritual sino la fe en Cristo Jesús quien pagó por nosotros y al cual hemos aceptado.

10.- Si la Biblia no prohíbe pedir la intercesión de los santos, entonces ¿Cuál es la base principal por la que los protestantes rechazan esto?

Su base principal son sus "tradiciones de hombres". Con el paso de los años muchos protestantes tienen creencias contrarias a la Palabra de Dios por seguir sus tradiciones. Hay que respetarles, pero al mismo tiempo ayudarlos a encontrar la verdad plena de la Biblia. Muchos de ellos son personas que aman a Dios pero que no saben lo que la Biblia realmente enseña, pues sólo aprendieron, lo que su pastor les enseño.

11.- Hay oraciones de los santos en el cielo en la biblia

"*Los cuatro seres vivientes y los 24 ancianos se pusieron de rodillas delante del Cordero. Cada uno de los ancianos tenía un arpa, y llevaban copas de oro llenas de incienso,* ***que son las oraciones*** *de los que pertenecen a Dios*» (Ap. 5, 8). Más claro ya no se puede.

12.- ¿Escucha Jesucristo la intercesión que los santos hacen por nosotros?

Por supuesto. Si Jesucristo escuchó y respondió a la oración del malhechor por un momento de fe cuando estaba en la cruz (Lc 23,42), con mayor razón escuchará a su madre (Lc 2,16) que hizo en perfección la voluntad de Dios y dijo: "he aquí la esclava del Señor. Hágase en mi según tu Palabra" Lc 1,38

Si por un minuto de fe escuchó y respondió al malhechor, ¿Qué no hará Jesús por sus amigos los santos que tuvieron una vida de fe y obediencia?

"*Y todo lo que pidan en mi nombre, yo lo haré, para que el Padre sea glorificado en el Hijo. Si me pedís algo en mi nombre, yo lo haré*". Jn 14,13-14 **Le pidieron aquí y Jesús les respondió, le piden allá e igualmente les responderá.** Intercesores de acuerdo a la Palabra de Dios.

13.- Los Santos los hace Dios, no el Papa.

Hay hermanos protestantes que desconocen la biblia y la iglesia católica y gritan que el Papa y la iglesia católica son una fábrica de hacer santos para agradar a la gente.

¡Falso! El Santo Padre ha beatificado y canonizado a una gran cantidad de hombres y mujeres a lo largo de toda la Iglesia Universal. Es un proceso llamado de canonización y en él participa mucha gente y hay muchos requisitos que cumplir.

Con esto, la Iglesia lo que hace es reconocer oficialmente su testimonio de santidad. Lo más importante a aclarar en esto es que **hay que entender bien claro que el Papa no es el que los hace santos con un papel,** eso es un invento y pésima idea de muchos evangélicos fundamentalistas. **Es Dios quien los hace santos mediante la gracia recibida por su vida de fe en obediencia cristiana y <u>se les reconoce</u> que vivieron en plenitud esa santidad**. El Papa y la Iglesia simplemente los reconoce como tales.

Como cristianos que somos nuestra fe tiene una sólida base bíblica. Incluso algunos de nuestros hermanos esperados en su odio contra esta doctrina llegan a decir que Santo es solamente Dios y se les olvida o ignoran lo que la Escritura dice sobre eso, En grado perfecto Santo es solamente Dios, pero quienes se unen a él participan de esa santidad. Leámoslo en la misma Biblia evangélica Reina Valera de 1909 que usan la mayoría de los protestantes:

* Como habló por boca de sus santos profetas que fueron desde el principio: Lc 1,70 (RVA) Aquí la Escritura habla de los profetas como santos.

* Si alguno violare el templo de Dios, Dios destruirá al tal:
porque el templo de Dios, el cual sois vosotros, santo es. 1Cor 3,17 (RVA) Ahora es san Pablo quien nos dice que somos santos por ser templos de Dios.

* Al unirnos a Jesus participamos de esa santidad 1 Cor 12,13 Para eso lo único que hacía falta es que los

protestantes leyeran la Biblia y se habían cuenta de como san Pablo se dirige a los primeros cristianos:

a) A todos los que estáis en Roma, amados de Dios, *llamados santos*: "Gracia y paz tengáis de Dios nuestro Padre, y del Señor Jesucristo." Rom 1,7 (RVA)

b) "Porque Dios no es Dios de disensión, sino de paz; como en todas las iglesias de *los santos*." 1 Cor 14,33 (RVA)

c) Todos *los santos* os saludan. 2 Cor 13,13 (RVA) Nota una vez más como les llama santos.

d) Pablo, apóstol de Jesucristo por la voluntad de Dios, a los santos y fieles en Cristo Jesús que están en Éfeso Ef 1,1 (RVA) Ahora les llama así a los bautizados que viven en Éfeso.

e) Pablo y Timoteo, siervos de Jesucristo, á todos los santos en Cristo Jesús que están en Filipos, con los obispos y diáconos. Fil 1,1 (RVA) Ahora con los que están en Filipos.

f) "Y aconteció que Pedro, andándolos a todos, vino también a los santos que habitaban en Lydda." Hech 9,32 (RVA)Lucas, el autor de este libro, también les llama santos a los primeros cristianos, antecesores nuestros.

Ah... y todo lo anterior está tomado de la biblia que usan los protestantes.

Así que no es como muchos protestantes dicen que el Papa es una fábrica de hacer santos. Si a alguien quieren reclamar los protestantes deberían reclamarle a Jesucristo, a Lucas, a Pablo, a Pedro y a Dios porque eso está en la Biblia. Dios nos hace santos y por eso nos llama a vivir en santidad.

14.- ¿Debemos evitar los excesos que algunos hacen en la devoción de los santos?

¡Por supuesto que sí! En la devoción y cariño hacia los santos hay personas que por ignorancia o falta de conocimiento hacen cosas incorrectas y hay que formarles para hacer a un lado las exageraciones. Ejemplos: Hay gente que no busca a los santos como un modelo de vida cristiana, sino solamente como remedio a sus problemas o enfermedades; Otros olvidan que el centro de nuestra vida es Jesucristo y los santos y santas solamente son sus colaboradores y nos guían hacia Él; Otra cosa no muy buena es cuando algunos durante la santa Misa entra y en vez de participar de ella buscan la imagen de algún santo y se van a rezar frente a ella... Esto y otras cosas debemos evitarlas y la mejor forma es formando en la fe a nuestras hermanos católicos.

En la 'religiosidad popular' no se trata de cancelar o quitar todo, sino de "purificar" para que todo sirva para mayor gloria de Dios y salvación nuestra.

Conclusión

A los santos les imitamos y pedimos su intercesión.

"Para mí la vida es Cristo, y la muerte es ganancia... Hermanos, sigan mi ejemplo y fíjense también en los que viven según el ejemplo que nosotros les hemos dado a ustedes" (Fil. 1, 21 y 3, 17). En otra parte dice el Apóstol: «Sigan ustedes mi ejemplo como yo sigo el ejemplo de Cristo Jesús» (1 Tim. 1, 16).

"Vivan orando y suplicando. Oren en todo tiempo según les inspire el Espíritu. Velen en común y perseveren en sus oraciones sin desanimarse nunca, intercediendo en favor de todos los santos, sus hermanos" Ef 6,18 Si todos somos intercesores, con mayor razón lo son los santos(as).

Dios te siga bendiciendo en abundancia y te ilumine hacia Él. Sigue el ejemplo de los santos y santas de Dios y pide su intercesión cuando desees hacerlo pues ellos son sus amigos predilectos. Hacerlo no es una obligación, sino una bendita devoción, basada en la Palabra de Dios. Si quieres, también tú, la puedes aprovechar.

III Parte

LA VIRGEN MARÍA

Capítulo 1

¿TUVO LA VIRGEN MARÍA MÁS HIJOS?

Pregunta:

Sres. de misión 2000: Yo solamente quiero saber lo siguiente: ¿Es cierto que la Biblia dice que María tuvo más hijos y que no fue virgen? Tengo muchos amigos y familiares que constantemente me dicen eso.

¿Cómo puedo responderles?

Respuesta:

Saludos Rosario y gracias por llamarnos. He aquí la respuesta a tu pregunta sobre: "La Virginidad de María"

Estudiemos atentamente la Biblia sobre este tema y vayamos dando respuesta desde lo más sencillo hasta lo más profundo.

1.- En la Biblia No existen las palabras 'hijos de María'.

Es increíble que mucha gente lo diga con tanta facilidad y resulta que ninguna Biblia, en ningún idioma, en ninguna versión usa el plural «hijos de María». Siempre, en todas las Biblias del mundo, se habla en singular: "el Hijo de María". Afirmar que la Biblia dice "hijos de María" es un tremendo error fruto del desconocimiento de la Sagrada Escritura o de querer sacar cosas que la Palabra de Dios no enseña. Ni modo, pero hay muchos 'hermanos' que leen mucho la Biblia pero la conocen muy poco.

Cuando alguien te diga que la biblia dice eso no lo contradigas ni le digas que no es cierto. Simplemente hazle esta pregunta: Me puedes dar una sola cita donde diga las palabras "hijos de María" en la Biblia y te preparas un cafecito sentándote a esperar. Nunca podrán dártela porque no existe.

Si alguien no piensa así respetamos su creencia, pero la Biblia es clara en este aspecto. Entonces, si en la Palabra de Dios no dice eso, ¿De dónde sacan algunos la idea de que sí tuvo más hijos? Expliquémoslo en el siguiente punto.

2.- La palabra "hermano' significaba tío, primo, esposa, novia, paisano, sobrino, etc.

En realidad, el error proviene de que los protestantes cuando leen que en la Biblia dice: 'hermanos de Jesús' (Mc 6,1ss) lo interpretan de una manera literal y piensan: ah... si Jesús tuvo hermanos, entonces la Virgen tuvo más hijos.

Esto es una mala interpretación porque la misma Biblia nos enseña que, en aquel tiempo y en aquellos idiomas, la palabra 'hermano'=Aj o 'hermana'=Ajot no significaba solamente hermano de sangre, sino que era una palabra muy común y también usada para llamarle al tío y sobrino (Gen 12,5 y Gen 13,8); a la esposa y a la novia (Cant 4,9);al paisano (Hech 7,1-2); al correligionario (1 Cro 15,4-5) etc.

La raíz de la interpretación inadecuada es que hay gente que se pone a leer la Biblia y piensa que las palabras que se escribieron hace 2000 o 3000 años en otros idiomas y otras culturas siempre van a significar lo mismo, lo cual puede llevar a mucha confusión.

Al hacer un estudio con la Biblia en un CD-ROM para computadora comprobamos lo siguiente: En cuestión de segundos podemos saber cuántas veces viene en la Biblia la palabra tío, sobrino, suegra, primo, esposa, abuelo... se sorprenderá y confirmará que 40, 70 ó 90 veces viene la mayoría de ellas, ***en cambio la palabra hermano viene al menos 1187 veces.***

Recuérdelo. Sí usaban esas palabras para el parentesco, pero lo más común era llamarle a todos ellos "hermanos".

Por eso es que en la Sagrada Escritura hay ocasiones donde le dicen a Jesús que lo buscan sus "hermanos" cuando en realidad se trataba solamente de parientes.

Pero... ¿hay algo más que podamos explicar sobre esto? Claro que sí.

3.- El papá del supuesto «hermano de Jesús» no era José sino Alfeo o Zebedeo.

Si Santiago, o Jacobo como ellos le llaman, fuera hermano carnal ó de sangre de Jesús, como lo entienden los protestantes (Mc 6,1-3), entonces el papá de él debería ser José. Pues bien, al leer la Palabra de Dios encontramos que Santiago el "hermano del Señor" era un apóstol (Gal 1,19) y al ver la lista de los doce apóstoles no dice que el papá de él sea José sino otra persona.

Leámoslo directamente de la Biblia:

"Santiago, hijo de Zebedeo...Santiago, hijo de Alfeo" Mt 10,2-3

Así que ninguno de los dos Santiagos (Jacobo) era hijo de José, y si no son hijos de José, tampoco son hijos de María y si no son hijos de María por qué andan diciendo eso que no está en la Biblia. Como ves, hermana Rosario, y lo mencionamos anteriormente, se trata más bien de parientes de Jesús.

4.- José No puede ser hijo de José.

Al leer el Evangelio de San Marcos encontramos que el segundo supuesto hermano, después de Santiago, es José.

El protestante rápidamente dirá que eso es así, pero esto es completamente falso por la siguiente razón: Desde aquellos tiempos, y todavía en la actualidad, en esos países de cultura semítica (Israel, Arabia, Egipto, etc) hacen lo contrario a nosotros. En nuestro tiempo es común que si el papá se llama Juan, a uno de sus hijos le pone el mismo nombre, o si se llama Pedro a uno de ellos le pone Pedro. Eso hacemos nosotros hoy en día.

Los judíos hacían y hacen exactamente lo contrario: Nunca le ponen el mismo nombre al hijo. Algo le cambian, cualquier letra, coma ó apóstrofe, pero nunca el mismo nombre. En palabra más sencillas, en la Biblia no hay «juniors». Por eso José, no puede ser hijo de José.

Ni siquiera al hijo de Zacarías le pusieron el mismo nombre, y eso que lo intentaron al ver algo milagroso pasar a su alrededor. Terminaron poniéndole Juan.

En ocasiones cuando nos invitan a programas de Radio les decimos a nuestros hermanos protestantes que nos llamen y nos digan el nombre de un solo judío, en la Biblia, que a su hijo le haya puesto el mismo nombre y nunca nos llaman. Ni nos llamarán, porque eso no existe

5.- En la cruz, al no haber hermanos, Jesús tuvo que dejar a su madre María con un discípulo.

Cuando llegó el momento de morir en la cruz, nuestro Señor Jesucristo sabía que tenía que dejar a su madre María con alguien, pues José había muerto y también era mal visto que una mujer se quedara sola. Entonces, como no había ningún hermano, se la tuvo que dejar a unos de sus discípulos que fue Juan:

> **"... Le dijo al discípulo, eh ahí a tu madre y después a su madre eh allí a tu hijo"**
> Jn 19,26

¿Qué no habrán leído esto muchos hermanos protestantes que afirman que si tuvo hermanos? Si Jesús tuvo que hacer esto fue precisamente porque no los había.

6.- La palabra "primogénito" tiene un significado cultual, no matemático.

Este es otro de los 'caballitos de batalla' de algunas sectas, pues dicen que si Jesús fue el primogénito entonces hubo un segundo. Dan un significado matemático actual a una palabra que tenía más bien un sentido de relación con el culto. Esto lo podemos comprobar en la Palabra de Dios:

"lo hicieron así porque en la Ley del Señor está escrito todo varón primogénito será consagrado al Señor"

Lc 2,22

Cuando en la Biblia dice que Jesús es el primogénito no está afirmando que hubo un segundo y un tercero, eso es tener demasiada imaginación. Más bien se está hablando que de acuerdo con las leyes religiosas de los judíos él tenía que ser consagrado. A los judíos no les importaba saber si iban a tener otro o no.

Lo que les importaba era cumplir la ley de culto que establecía que todo varón primogénito sería consagrado a Dios.

Hace tiempo platicaba con un hermano evangélico y me comentó que no sabía cómo contestar a los puntos anteriores, que tenía que consultar lo con su pastor. Seguramente que tendrá mucho que consultar...

Por eso ahora hay muchos que dicen: «Bueno, está bien, no tuvo más hijos, pero como María y José vivieron como esposos, entonces ella ya no fue virgen y eso sí lo dice la Biblia».

Respondamos a esto en el siguiente número.

7.- La palabra "hasta" significa que no pasó nada.

Pues no. Resulta que tampoco en ninguna parte la Sagrada Escritura dice que María y José hayan vivido conyugalmente. Lo más cercano y el único pasaje bíblico que usan para pretender afirmar eso, es cuando dice que José no la «conoció hasta que nació Jesús» (Mt 1,25). Y como la palabra 'conocer' también se usaba para hablar de las relaciones matrimoniales entonces los protestantes dicen: «Ya ven, o sea que antes no y después sí hubo algo, porque dice que no la conoció 'hasta' que nació Jesús».

Conociendo un poco de la Biblia es fácil de responder a esto. En primer lugar sí es cierto que la palabra 'conocer' tenía ese significado, pero el error es que la palabra "hasta" no quiere decir que después sí pasó algo, ni en el español de nuestro tiempo, ni en las lenguas bíblicas.

Por ejemplo, si alguien me pregunta a mí que si en mi ciudad de nacimiento han ocurrido terremotos, yo le puedo contestar: "hasta que yo viví allá no pasó nada". Con esto no estoy afirmando que después de que yo me vine si pasó algo y sin embargo usé la palabra 'hasta'.

Igualmente, la Biblia dice que:
"Micol, hija de Saúl, no tuvo hijos hasta el día de su muerte"

2 Sam 6,23

¿Acaso tuvo los hijos después de muerta? Claro que no, y se usó la palabra 'hasta'. Sin duda que muchos hermanos separados tienen demasiada imaginación.

8.- La prueba de la Historia.

La Iglesia siempre ha enseñado la Virginidad perpetua de María. Esta es una prueba más para los hermanos protestantes que mucho tiempo después inventaron lo de los supuestos hijos:

a) San Ignacio de Antioquía da testimonio de esto:
«El príncipe de este mundo ignoró la **Virginidad** de María y su parto, así como la muerte del Señor: Tres misterios resonantes que se realizaron en el silencio de Dios». **Año 110~**.

b) La liturgia de la Iglesia celebra a María como la 'Aeiparthenos', la 'siempre-virgen'." desde los primeros siglos.

c) María 'fue Virgen al concebir a su Hijo, Virgen durante el embarazo, Virgen en el parto, Virgen después del parto, Virgen siempre' San Agustín **Año 450~**

d) Esto lo ha reafirmado el magisterio de la Iglesia en muchas ocasiones proclamando la virginidad perpetua de

María (Concilio IV de Letrán, en el **1215**). Y modernamente el Concilio Vaticano II.

9.- Un detalle lógico de la Historia.

Si María hubiera tenido más hijos, sería lógico que estos se hubieran casado y tenido hijos. Estos últimos hubieran sido nietos de María. Para el año 60 ya debería de haber algunos de ellos.

Pues resulta que **nunca** en ese tiempo, ni a los más herejes se les ocurrió decir eso. Claro que tan grande barbaridad NUNCA se atrevieron a decirla porque rápidamente hubieran salido a preguntarle ¿y tú de dónde saliste? Entre ellos se conocían y rápidamente los hubieran desmentido.

Al no haber otros hijos tampoco hubo nietos. A menos que los hubieran clonado... Por eso en dos mil años de historia, y con la Biblia en la mano, siempre hemos creído y dicho la siempre Virgen María.

P.D. Hasta Martín Lutero, ya siendo protestante, le llamaba así en su catecismo: La Siempre Virgen María.

Sobre esto te recomiendo leer un libro muy especial que está ayudando a mucha gente y que se llama "**Testimonios:** ***Pastores y líderes cristianos se convierten a la fe católica***". Además de los testimonios trae el credo en la biblia y frases de Lutero, que ya siendo protestante, habla bien de la virgen, de la Eucaristía etc. está verdaderamente impactante.

Capítulo 2

¿PUEDE MARÍA INTERCEDER POR NOSOTROS?

Pregunta:

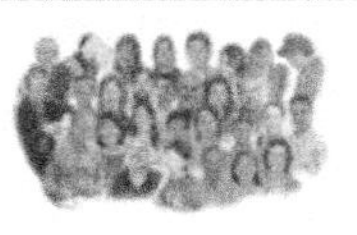

Me gustaría saber en qué parte de la Biblia se dice que María intercede entre Dios y los hombres, les pido un solo fundamento bíblico. Dios les guíe. Les pido su opinión para poder argumentar **este** asunto. Gracias. Saludos Martimor.

Respuesta:

La parte donde en la Biblia se dice que María intercede entre Dios y los hombres, está en el Evangelio de Juan capítulo 2 versículos del 1-11.

1.- El primer milagro de Jesús fue por la Intercesión de la Virgen María.

Expliquemos detenidamente este pasaje para ver lo que sucedió:

«Tres días después se celebraba una boda en Caná de Galilea y estaba allí la madre de Jesús.

Fue invitado también a la boda Jesús con sus discípulos. Y, como faltaba vino, porque se había acabado el vino de la boda, le dice a Jesús su madre: «No tienen vino.»

Jesús le responde: «¿Qué tengo yo contigo, mujer? Todavía no ha llegado mi hora.»

Dice su madre a los sirvientes: «Hagan lo que él les había allí seis tinajas de piedra, puestas para las purificaciones de los judíos, de dos o tres medidas cada una. Les dice Jesús: «Llenen las tinajas de agua.» Y las llenaron hasta arriba.

... Dice el mayordomo: «Todos sirven primero el vino bueno y cuando ya están bebidos, el inferior. Pero tú has guardado el vino bueno hasta ahora.»

Así, en Caná de Galilea, dio Jesús comienzo a sus señales. Y manifestó su gloria, y creyeron en él sus discípulos».

Jn 2,1-11

María intercede ante Dios por los hombres. Expliquémoslo:

*Allí **María ve** que hay **Una necesidad** "Y, como faltaba vino, porque se había acabado el vino de la boda, le **dice** su Madre(María) **a Jesús**: "No tienen vino." Jn 2,3

*Jesús le contesta "¿Qué tengo yo contigo, mujer? Todavía no ha llegado mi hora." Jn 2,4

* Esta respuesta es porque María obviamente está pidiéndole **A Jesús que es Dios** (Jn 1,1; Jn 5,23; Jn 20,28), que haga algo por esa necesidad que allí había.

* Entonces eso es **Interceder**, y si lo hizo a favor de las personas que celebraban ese momento entonces intercedió **Por esos hombres**. Jn 2,6

De esta manera una persona que desee conocer un pasaje bíblico donde María intercede ante Dios por los hombres le bastará leer este pasaje bíblico donde se unen estos cuatro aspectos:

1) María
2) Intercediendo
3) Ante Dios
4) Por los hombres.

2.- Si intercedió estando en la tierra, con mayor razón lo hará estando plenamente unida a Dios en el cielo.

Por supuesto, si María intercedió aquí en la tierra, con mayor razón lo hará ahora al estar plenamente unida a Dios, pues dice el Apóstol Pablo que el amor nunca pasará.

Si por amor María intercedió aquí, ahora allá lo podrá hacer mucho más.

"El amor nunca pasará. Desaparecerán las profecías. Cesarán las lenguas. Desaparecerá la ciencia.
1 Cor 13,8

Además, si Jesucristo escuchó y respondió a la oración del malhechor por un momento de fe cuando estaba en la cruz (Lc 23,42), con mayor razón escuchará a su madre (Lc 2,16) que hizo en perfección la voluntad de Dios y dijo: "he aquí la esclava del
Señor. Hágase en mi según tu Palabra" Lc 1,38

Si por un minuto de fe escuchó y respondió al malhechor, ¿Qué no hará Jesús por su madre que tuvo una vida de fe y obediencia?

En el libro del apocalipsis podemos leer como se ofrecen las oraciones de los santos que están en el cielo. Ap 5,8; Ap 8,3-4. Similar, pero de mayor poder será la de la virgen María.

Recuerde al Apóstol Santiago hablando sobre la intercesión:

"La oración del justo tiene mucho poder"
Stgo 5,16

Así de fuerte será la oración e intercesión de María.

P.D. Te recomiendo un nuevo y excelente libro que escribí llamado: "Como rezar el Rosario: 7 formas. Puedes ordenarlo en el 480-598-4320.

Capítulo 3

LA INMACULADA CONCEPCIÓN DE MARÍA Y MADRE DE DIOS

Pregunta:

Hola, Hace unos meses atrás escuché al diácono diciendo que María fue concebida sin pecado original y luego dijo que ella nació sin pecado.

Yo siempre pensé que cuando se decía de la Virgen sin pecado concebida se refería a Jesús.

¿Qué razones podemos dar para explicar esto a católicos y no católicos? Ah... y ¿Por qué le decimos 'Madre de Dios?

Respuesta:

Es un hecho que Dios nos creó con diferentes maneras de ser a cada uno y también nos llama a un diferente ministerio o servicio a Él y a nuestro prójimo.

En este caso La Santísima Virgen María fue creada ex profeso (y sólo ella) para ser la progenitora del Hijo de Dios, con todas las consecuencias que esto traería.

Una de las maravillosas y principales consecuencias es la que veremos en este tema y te ayudará a dar razones de lo que creemos.

La Inmaculada Concepción De María

Cuando usamos este título lo que queremos decir es que la Virgen María fue concebida sin el pecado original. Los motivos por los que estamos seguros de esta gran verdad son los siguientes:

1.- Razón principal.

Jesucristo, el Salvador prometido (Gen 2,15; Is 11,2), por necesidad tendría que venir a nosotros mediante un acto purísimo, libre de todo defecto o pecado (Fil 2,6-7), para que esto fuera así tendría que nacer en una mujer totalmente pura desde el punto de vista sobrenatural y moral.

Digamos entonces que Dios, como muestra de su honor y poder nos trajo a la Virgen María engendrada y nacida totalmente libre de defecto, que significa libre del menor vestigio del pecado original, que es lo único que podría mancharla. Esto fue posible por los Méritos de Jesucristo.

Pongamos un ejemplo para explicarlo más sencillamente: Cuando a una persona la llevan a la cárcel, puede ir después el abogado y pagando una fianza o cantidad de dinero logra sacarlo de allí. La persona estuvo dentro y tal vez hizo` algo malo para merecer eso, sin embargo, gracias a la fianza logró salir.

Pero también puede darse el caso de que otra persona vaya a ser llevada a la cárcel y el abogado ponga antes «un amparo» y logre que esta persona NO entre y no pise nunca la cárcel.

Algo similar a este segundo caso pasó con la Santísima Virgen María que normalmente, igual que todos los seres humanos, merecería nacer con el pecado original, pero por los méritos de Jesucristo al ser ella escogida para ser su madre y haberlo aceptado, gracias a los méritos de Jesús-como el amparo ella fue liberada por Dios para que el Hijo de Dios que es perfecto y santo naciera de una mujer que hubiera sido concebida sin la mancha del Pecado Original.

2.- Razón bíblica.

Lo anterior nos sirve para profundizar el texto bíblico de Lc.1,28. La palabra griega empleada por el códice es Kejaritomene = Agraciadísima. A su vez esta palabra viene de una palabra hebrea como "Kedesh"= piadoso, o "santo" en alguno de sus superlativos ó grado máximo y "Gratia plena" (del texto latino).

Llegó el Ángel hasta ella y le dijo:

"Alégrate, llena de gracia, el Señor está contigo".
Lc 1,28

Traducido literalmente dice "Plenitud de gracia", o en el Ave María en español que dice: "Llena eres de gracia" (Perfección sobrenatural en grado tal que ningún ser humano puede tenerla excepto Jesucristo que es Hombre-Dios).

Lo que la Biblia y sus autores nos quisieron decir con esa palabra es algo tremendo. Ella es: "La Santísima Virgen María". Por lo tanto, ***si ella era la "Santísima" y Jesucristo no podía nacer con pecado(heb 4,15), entonces ella tenía que haber nacido sin ninguna mancha de pecado***.

Otro ejemplo está en Jueces 6,12 que dice: "Y el ángel de Yahvé se le apareció y le dijo: "Shalóm lac, gibor hehayil"

(Texto hebreo que significa: "Super-valientísimo". Y el personaje mencionado, llamándose Gedeón, el ángel (enviado por Dios [v.11] le llama "valiente en grado máximo".

Similarmente, pero en mayor grado, en Lc,1,28 el ángel enviado por Dios le llamó a María así: "Poseedora de gracias en grado máximo", tanto en cantidad como en calidad; y una de ellas sería el nacer inmaculada.

Esto ilumina Gn 3,15 donde la enemistad entre la serpiente y la mujer significa una lucha, esto es: El Maligno que es "suma de maldad" luchando contra "suma de santidad" que es María, madre del Salvador.

Eso es lo que la Biblia nos quiso decir. Por eso María tendría que nacer sin la mancha del Pecado Original.

3.- Razón eclesial.

Nuestra fe no está basada solamente en lo que está escrito en la Biblia, sino también en la Iglesia que es el pilar y columna de la Verdad (1 Tim 3,15). Por eso Jesús no mandó escribir ni él escribió nada.

En el orden del tiempo la Iglesia es antes que la Biblia. Por este motivo veamos aquí la voz de la autoridad de la Iglesia Católica sobre este tema:

El 8 de Diciembre de 1854, el Papa Pío IX definió como dogma la "Inmaculada Concepción de María" en su Bula "Inefabilis Deus".

4.- ¿Por qué decimos que María es Madre de Dios?

Esto, seguramente que muchos hermanos separados no lo aceptarán, pero veamos lo que la Biblia, la razón y la Historia nos dice sobre este regalo y seguramente que usted estará de acuerdo en que como católicos tenemos esta bendición especial. Acompáñame en este estudio para fortalecernos en la fe.

a) Razón principal:

***Si Jesús es Dios y María es madre de Jesús, entonces María es Madre de Dios.**

La "Encarnación" significa que en un instante dado se unió la segunda persona de la Trinidad, el verbo, en el hijo engendrado por La virgen María.

Como fue instantánea y esencial, María en ese momento empezó a ser madre de Jesús: hombre-Dios.

Nosotros, cuando le damos ese título desde hace siglos no estamos pensando que sea Madre de Dios Padre. ¡No! **Lo que hemos creído siempre es que María está totalmente unida a su Hijo y si él es Dios hecho hombre, entonces María es Madre de Dios**.

Por el hecho de la unión estrechísima entre las tres divinas personas, la maternidad de María no es ajena a Dios uno y trino. Por tanto, merece el título de "**Madre de Dios**"

Algunas citas que nos hablan claramente que Jesús es Dios son: Jn 20,28; Jn 1,1; Jn 5,23; Rom 9,5

> Muchos protestantes no distinguen eso y por eso rechazan algo tan sencillo de comprender. Si María es Madre de Jesús y Jesús es Dios, en ese sentido Mará es madre de Dios.

b) Isabel la reconoce como Madre de Dios

Veamos lo sucedido cuando Isabel, prima de María, le dice:

"*...de donde a mí que la madre de* ***mi Señor*** *venga a mí...*" Lc 1,43

El término "Señor" en la Biblia es un título que se le da solamente a "Dios". Por lo tanto Isabel llena del Espíritu Santo la reconoció así: como la madre de Dios. Por eso luego le dice: "¡*Dichosa tú por haber creído que* ***se cumplirían las promesas del Señor***!" Lc 1,45 Si Jesucristo no había nacido Isabel ahora se refiere a Dios Padre como Señor. Eso quiere decir que al llamarla madre de mi Señor, en su idioma y cultura la reconoce como madre de Dios.

c) Un poco más adelante, en el año 450, un gran santo lo dirá de esta manera:

"Se le reconoce y se le venera **como verdadera Madre de Dios**... más aún, es verdaderamente Madre de los miembros (de la Iglesia) porque colaboró con su amor a que nacieran en la Iglesia los creyentes..."

San Agustín

d) Hasta Martín Lutero siendo protestante dijo: "*Las grandes cosas que Dios ha hecho en María se reducen a ser la* ***madre de Dios****...*" Año 1544

Al reconocerla a ella como Madre de Dios, estamos reafirmando que Jesús es Dios y eso deberían de agradecerlo los protestantes.

Agradezcamos a Dios el maravilloso regalo de enviarnos a su Hijo Jesucristo por medio de la Inmaculada concepción de María. Madre de Dios y madre nuestra.

Capítulo 4

LA ASUNCIÓN DE MARÍA AL CIELO

Pregunta:

¿Por qué los católicos creen que María ascendió al cielo si en la Biblia se menciona que cuando uno muere se acaba todo?

Yo voy a la Iglesia adventista y no estoy de **acuerdo** con eso. ¿Pueden contestar a mi **pregunta**?

Respuesta:

Claro que sí. Como católicos creemos firmemente que Nuestra Madre María fue asunta o levantada hacia el cielo. Es decir que fue llevada a la presencia de Dios en cuerpo y alma.

Sin embargo, hoy en día hay mucha gente que dice ser "cristiana" y no cree lo mismo. Más aún, nos preguntan y nos dicen como tú, que eso no es cierto. ¿Qué por qué lo creemos?

Este tema está dedicado a explicar eso y lo hemos preparado para ti para que conozcas algo de nuestro fundamento y al mismo tiempo que los católicos que lo lean, amen más a la Virgen y sepan cómo defender su fe (1 Pe 3,15).

A.- Razones Bíblicas:

En primer lugar, profundicemos en la Sagrada Escritura para ver lo que la Palabra de Dios nos enseña acerca de esto.

Los cuatro puntos bíblicos principales son los siguientes:

1.- Dios, no es un Dios de muertos, sino de vivos.

Hay algunos hermanos separados que no creen como nosotros porque según ellos cuando uno se muere se acaba todo y no pasa nada hasta que Jesús vuelva.

Eso es falso porque la misma Biblia nos dice claramente que Dios no es un Dios de muertos sino de vivos. Veamos algunas citas bíblicas que nos confirman esto:

"Yo soy el Dios de Abraham, el Dios de Isaac y el Dios de Jacob Dios no es un Dios de muertos, sino de vivos" Mt 22,32

"Me siento apremiado por las dos partes: por una parte, deseo partir y estar con Cristo, lo cual, ciertamente, es con mucho lo mejor"
Fil 1,23

"...Se les aparecieron Elías y Moisés, los cuales conversaban con Jesús."
Mc 9,1-4

Si Abraham, Isaac, Jacob, Elías y Moisés estaban vivos junto a Dios con mayor razón María, la sierva y Madre de Dios, también lo iba a estar.

2.- Si al malhechor «por un minuto de fe» Jesucristo se lo llevó al paraíso, con más razón se llevaría a su madre para estar junto a él.

"...Y le decía: "Jesús, acuérdate de mí cuando vengas con tu Reino." Jesús le dijo: "Yo te aseguro: hoy estarás conmigo en el Paraíso." Lc 23, 39-43

Así sucedió, querido hermano, uno de los malhechores tuvo fe de último momento y se arrepintió. Un minuto le bastó y en su gran misericordia Jesucristo le dijo que ese mismo día iba a estar con él en el Paraíso. Algunos dicen que era tan "buen ladrón" que se robó el cielo en un minuto.

Entonces, si a ese malhechor Jesús se lo llevó junto a él, con mayor razón se iba a llevar a su santa madre María, que era mujer llena de Fe, para que estuviera junto a él por toda la eternidad.

Qué increíble que muchos hermanos protestantes no hayan descubierto esto.

3.- Ascendiendo al cielo en cuerpo y Alma.

"Después nosotros, los que vivamos, los que quedemos, seremos arrebatados en nubes, junto con ellos, al encuentro del Señor en los aires. Y así estaremos siempre con el Señor".

1 Tes 4,17

«Les decía también: «Yo os aseguro que entre los aquí presentes hay algunos que no gustarán la muerte hasta que vean venir con poder el Reino de Dios.»

Mc 9,1

Estos versículos indican que los cristianos viviendo en gracia de Dios y presencien la venida física de Jesucristo en los últimos tiempos, no morirán la muerte terrenal sino que pasarán directamente al cielo en cuerpo y alma para toda la eternidad.

Y dicho esto, fue levantado en presencia de ellos, y una nube le ocultó a sus ojos. Hech 1,9.

Este otro nos enseña que Jesucristo ascendió en cuerpo y alma al cielo.

4.- Composición de Textos

Uniendo las ideas contenidas en los versículos anteriores y aplicándolos a María diremos que el hecho histórico fue así:

«Al final de su vida, la Virgen María pasó a la otra a través de un hecho que no puede llamarse muerte como la conocemos universalmente, para cumplir con 1 Tes 4,17. Su persona fue excepcional para cumplir con Lc 1,28. Y vive en el cielo en cuerpo y alma para cumplir con Lc 1,28 y Hech 1,9».

A eso le llama la Iglesia "La asunción de María a los cielos". Si el profeta Elías fue arrebatado hacia el cielo 2 Rey 2,911 Con mayor razón será con María, madre de Jesucristo. "Apareció en el cielo una señal grandiosa: una mujer, vestida del sol, con la luna bajo sus pies y una corona de doce estrellas sobre su cabeza. " (Ap 12, 1) El apóstol san Juan ve a María en el cielo y así se afirma en todas las biblias del mundo.

B.- Razones lógicas.

El objetivo principal de Dios sobre la humanidad es su felicidad y salvación. Eso se gana por el arrepentimiento de nuestras faltas y nuestra obediencia como fruto de nuestra fe.

Para el tema que estamos hablando las gracias que nos toca tratar son " el arrebato", "la resurrección antes del final de los tiempos" y "el vivir en cuerpo y alma en el cielo antes de la resurrección universal". Las personas poseedoras de eso e identificadas en la Biblia son: Jesucristo y una cantidad no conocida de gente especificada en 1 Tes 4,17.

La Virgen María, por ser "vaso de elección" y la "Llena de Gracia" Lc 1,28 participó con Jesucristo en su muerte, resurrección y ascensión al cielo al que la Biblia llama "arrebato".

Es de necesidad que Ella también la tuviera, pues muchos la tendrán cuando Jesucristo venga por segunda vez. Entre la asunción de María y los cristianos que seamos "arrebatados" en los últimos tiempos no hay diferencia esencial sino solamente de tiempo. Sin duda que Jesucristo se llevaría a su madre para estar junto a Él.

C.- Razones históricas

Esta enseñanza acerca de la virgen María y su asunción al cielo no es un invento del siglo pasado como lo dicen algunos protestantes. ¡No!

1.- El primer testimonio de la fe en la Asunción de la Virgen aparece en los relatos titulados «Transitus Mariae», cuyo núcleo originario se remonta a los **siglos II-III**. Se trata de representaciones populares, a veces noveladas, pero que en este caso reflejan una intuición de fe del pueblo de Dios.

Apenas eran los primero siglos, pero ya el pueblo de Dios empezaba a vislumbrar esta bendita verdad.

2.- De acuerdo con los especialistas este hecho de la Asunción de María" es mencionado en los sermones de San Andrés de Creta, San Modesto de Jerusalén y otros. En occidente, San Gregorio de Tours (De gloria mart., I, IV) es el primero que lo menciona.

3.- San Juan Damasceno, en el **siglo VII**, escribió: "convenía que aquella que en el parto había conservado íntegra su virginidad, conservase sin ninguna corrupción su cuerpo después de la muerte; convenía que aquella que había llevado en su seno al Creador, hecho niño, **habitara en la morada celeste**; convenía que la Esposa de Dios entrara en la casa celestial... (Homilía en la dormición de la Virgen: PG 96,742).

* Fue definido como dogma, o verdad de fe revelada, por su Santidad Pío XII el 8 de Diciembre de 1950 diciendo:

> "Al no tener ningún pecado y a no estar sujeta a la corrupción del sepulcro, María fue elevada a cielo en cuerpo y alma, a terminar su paso por este mundo..."

Capítulo 5

EL ROSARIO: ¿ES BIBLICO O SOLO UNA TRADICIÓN DE HOMBRES?

Pregunta:

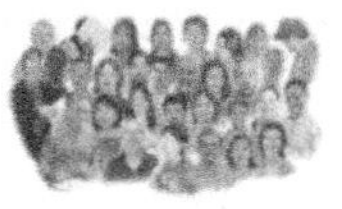

¿Por qué nosotros rezamos el Rosario y repetimos oraciones, si en la Biblia Jesús prohibió que repitiéramos palabras al orar?

Un protestante me dijo que estaba muy mal **rezarlo**. ¿Qué podría contestarle?

Respuesta:

1.- Jesucristo nos puso el ejemplo de rezar así.

Es falso que la Biblia prohíba repetir palabras en la oración. Cuando en el Evangelio de San Mateo Jesús dice que no se hable tanto en la oración, en *ese mismo versículo aclara que se refiere a los paganos que creen que por hacer tanta palabrería van a ser escuchados*.

El rechazo no es a "repetir palabras" sino al hacerlo sin sentido interior y profundo como lo haría un pagano.

Si alguien te dijo eso, sería muy bueno que le dijeras que el mismo Señor Jesucristo nos puso el ejemplo al rezar '**repitiendo palabras**'. Esto fue lo que sucedió. Era uno de los momentos más importantes en la vida de Nuestro Señor Jesucristo, pues él sabía que había llegado la hora de entregarse para salvación del hombre.

Es la oración del Huerto de Getsemaní. ¿Cómo fue su oración? Veamos lo que la Biblia nos dice:

"Se alejó de nuevo a orar, repitiendo las mismas palabras" Mc 14,39

Si Jesucristo oró "repitiendo las mismas palabras" entonces también nosotros lo podemos hacer. A menos que el protestante diga que también Jesucristo hizo mal al hacerlo así. Aunque usted no lo crea, algunos serán capaces de decir eso con tal de no reconocer su error.

Así que cuando los cristianos protestantes dicen que ellos oran y nosotros rezamos es un invento. Orar y rezar es lo mismo, por eso dice que Jesús oró repitiendo lo mismo.

2.- Los Salmos tienen oraciones repetitivas.

Al parecer muchos hermanos protestantes no han leído atentamente la palabra de Dios, pues en ella encontramos que varios salmos de la Biblia son oraciones que tienen partes que se van repitiendo cada dos o tres versículos. Eso era algo muy común en la Biblia. Por ejemplo:

El salmo 29 Repite: "Voz de Yahvé".
El salmo 46 Repite: "Con nosotros Yahvé rey...".
El salmo 80 Repite: "Oh Dios haznos volver".

3.- El Rosario es una oración 100% bíblica.

*En el Rosario "repetimos palabras" así como Jesús lo hizo. Mc 14,39

*El Padre Nuestro está en la Biblia. Mt 6,9-13

*Gran parte del Ave María está en la Biblia. Lc 1,28-55: Jn 2,1-11

*El Gloria (Alabanza trinitaria) está en la Biblia 2 Cor 13,13-14

*Si alabamos a María cumplimos la profecía de Lc 1,48 «Todas las generaciones te llamarán bienaventurada»

*Los 'misterios' del Rosario en su mayoría son pasajes bíblicos:

Misterios gozosos:

Primer misterio: La Encarnación del Hijo de Dios Lc 1,26-38
Segundo misterio: La Visita de María a Isabel Lc 1,39-45
Tercer misterio: El nacimiento de Jesús Lc 2,1-7
Cuarto misterio: La Presentación del niño Jesús Lc 2,22-34
Quinto misterio: Perdido y hallado en el templo Lc 2,41ss

Misterios Dolorosos:

Primer misterio: La oración de Jesús en el Huerto Mc 14,32-38
Segundo misterio: La Flagelación de Jesús Mc 15,15
Tercer misterio: La Coronación de espinas Mc 15,16-19
Cuarto misterio: Jesús con la Cruz a cuestas Mc 15,21-22
Quinto misterio: Crucifixión y muerte de Jesús Jn 19,18-30

Misterios gloriosos:

Primer misterio: La resurrección de Jesucristo Mt 28,1-6
Segundo misterio: La Ascensión de Jesús Mc 16,19-20
Tercer misterio: La Venida del Espíritu Santo Hech 2,1-4
Cuarto misterio: La Asunción de María Cant 6,10
Quinto misterio: La coronación de María Ap 12,1ss

Misterios luminosos(de luz):

Primer misterio: El Bautismo de Jesús Mt 1,9-10
Segundo misterio: Las Bodas de Cana Jn 2,1-11
Tercer misterio: La Predicación del Reino Mc1,15
Cuarto misterio: La Transfiguración Mc 9,2-8
Quinto misterio: La Institución de la Eucaristía Lc 22,19

Aunque a muchos no les guste, sí hay algo bíblico, eso es el Rosario.

Además, ¿acaso a una esposa le molestará que su marido le diga una y otra vez: "te quiero mucho" "te quiero mucho" "te quiero... por supuesto que no, sino todo lo contrario.

De igual manera el Rosario es un "ramillete de rosas" para María, pidiendo su intercesión y glorificando a Nuestro Señor Jesucristo.

El Rosario gira alrededor de la persona de Jesucristo. Reza el Rosario. Te lo recomiendo. Si no sabes rezarlo, te recomiendo buscar el libro "Como Rezar el Rosario 7 formas".

Capítulo 6

CINCO RAZONES BÍBLICAS PARA ALABAR A LA VIRGEN MARIA

Pregunta:

¿Por qué los católicos alaban a maría? Ella fue una mujer como cualquier otra y no hay ninguna cita bíblica donde se diga que haya que alabarla o venerarla. Eso es idolatría y está en contra de la Biblia.
Dios es un Dios celoso y quiere que lo alabemos solo a él. Quiero una respuesta pero que sea con la Biblia, no con tradiciones de hombres, ni inventos del Papa. ¿Dónde en la Sagrada Escritura se habla de venerar a la Virgen? Me conformo con una sola cita bíblica que me envíen. *Un cristiano*

Saludos y gracias por escribirnos.

Primero te comento y aclaro que tú y otros hermanos que ahora se hacen llamar cristianos, en realidad son los mismos protestantes de siempre, pero al auto nombrarse así se han equivocado de nuevo. Los primeros cristianos que existieron y quienes recibimos el evangelio completo somos nosotros. Nosotros somos cristianos católicos o como decía san Paciano obispo de Barcelona(375 D.C.): "*Cristiano es mi nombre, y católico mi apellido. El primero me denomina, mientras que el otro me instituye específicamente.... Cuando somos llamados católicos, es por esta forma, que nuestro pueblo se mantiene alejado de cualquier nombre herético.*" Primera Carta a Simproniano

O sea, que si somos realistas con la historia, nosotros somos cristianos católicos y ustedes cristianos protestantes o cristianos evangélicos.

En segundo lugar, entiendo muy bien tu pregunta pues constantemente muchas personas que no son católicas nos dicen tales cosas como las que nos dices en tu email.

Pues bien, te envío algunas cosas y no solamente una cita bíblica, sino cinco mi estimado hermano. **Son cinco razones bíblicas para alabar a la virgen María** que te fortalecerán en la fe.

Respuestas:

Es un placer el poder escribirte en este mes de mayo dedicado a la Virgen Santísima, pues por tus comentarios y preguntas seguramente que no eres católico. En realidad, lo que dices es el fiel reflejo de lo que piensan muchos protestantes y evangélicos. Así que te envío la respuesta y que Dios siga bendiciendo tu vida y la Virgen interceda ante Jesucristo para fortalecer tu salud espiritual.

Con mucha alegría te comparto cinco razones bíblicas del porque amamos a la Virgen. A nuestro alrededor tenemos familiares, amigos y desconocidos que nos atacan diciendo lo mismo, que nosotros estamos mal por amar y venerar a la Virgen. Afirman incluso que la Biblia no dice nada de eso. Es por ese motivo que te comparto este tema, pues debemos 'dar razones en base a la Escritura' (1 Pe 3,15) del porque de nuestro amor a María. Así nazca en ti el amor y veneración hacia ella para ser un auténtico y pleno cristiano. Vayamos a la Sagrada Escritura:

1.- Como católicos tenemos un regalo especial de parte de Jesucristo que quiso dejarnos a su Madre santísima como Madre Nuestra.

El evangelio de Juan nos dice sobre eso lo siguiente:

"Jesús, viendo a su madre y junto a ella al discípulo a quien amaba, dice a su madre: «Mujer, ahí tienes a tu hijo.» Luego dice al discípulo: «Ahí tienes a tu madre.» Y desde aquella hora ***el discípulo la recibió en su casa****.*

Jn 19,26-27

Si lees atentamente el pasaje anterior notarás que Jesucristo dice a su discípulo: "Ahí tienes a tu madre". No es a cualquier persona sino al "discípulo" al que le dijo esas palabras. Es el auténtico discípulo de Cristo quien al igual que el apóstol Juan hoy acepta a María como "Madre". En 'Juan' encontramos el modelo de todo discípulo que acepta este regalo de Jesús. En la Cruz, en esos últimos momentos, cuando Él sabe que va a partir, es cuando Nuestro Señor delante de todos deja como testamento espiritual para todo discípulo cristiano un regalo especial: "Ahí tienes a tu madre". Bendita seas María, Madre de la Iglesia, Madre mía y Madre nuestra.

Un momento después notamos la actitud del discípulo. Juan, sin vacilar, escribe lo que ese día él mismo había hecho: "El discípulo se la llevó a su casa". Como no recordarlo y ponerlo dentro de la Buena Nueva que estaba escribiendo en su Evangelio. El mismo lo dijo: "Este es el discípulo que da testimonio de estas cosas y que las ha escrito, y nosotros sabemos que su testimonio es verdadero". Jn 21,24

Juan era el más joven de todos los apóstoles y lo escribe porque para él, eso era un motivo de alegría y gozo que no podía callar. Que fácil hubiera sido para él no escribir eso años después.

Los que hoy se hacen llamar cristianos, sabatistas o testigos de Jehová no existieron hasta hace pocos siglos, pero supongamos que existiera una máquina del tiempo y los lleváramos a ese día de la crucifixión y Jesucristo les dijera llévate a María a tu casa como tu madre... todos habrían dicho quejándose: "Ah no, que se la lleven otros; yo por qué; es una mujer cualquiera... pues eso es lo que dicen actualmente. En cambio un católico, igual que san Juan el apóstol, gustoso de inmediato la aceptaría. Yo la acepto de inmediato, y tu hermanito 'cristiano evangélico', ¿Lo harás?

Si él hubiera tenido las ideas de algunos protestantes actuales nunca hubiera escrito eso. Pero no sucedió así, pues para Juan el tener a María como madre no era motivo de vergüenza ni de quitar méritos a Jesucristo. Para él eso fue algo tan grande y valioso que no olvido ponerlo en su Evangelio.

Juan había escrito: "Hay además otras muchas cosas que hizo Jesús. Si se escribieran una por una, pienso que ni todo el mundo bastaría para contener los libros que se escribieran". Jn 21,25

Si al terminar su Evangelio él claramente afirmó que muchas cosas que Jesucristo había hecho no las había escrito, eso quería decir que solamente escribió lo que realmente era importante. No iba a desperdiciar su mensaje con cosas sin importancia. Solamente puso aquello que merecía ser mencionado, aunque tendría que dejar sin escribir muchas cosas que el mismo Jesús había hecho. Pues bien, unas de esas palabras tan valiosas fueron:

"Jesús, viendo a su madre y junto a ella al discípulo a quien amaba, dice a su madre: «Mujer, ahí tienes a tu hijo.» Luego dice al discípulo: «Ahí tienes a tu madre.» Y desde aquella hora el discípulo la acogió en su casa."

Jn 19,26-27

Es por eso que hoy, igual que ese día, el verdadero discípulo de Cristo hace lo mismo que Juan, se "lleva a María a su casa". Bendita seas madre santa, porque podemos tener la misma alegría de Juan de poder llevarte y tenerte en nuestra casa.

Además, si la Biblia enseña que hay que "honra a tu Padre y a tu Madre" Lc 18,20 Eso es lo que seguramente hizo Juan y nos puso con ello el ejemplo de Honrar a María. Con esa actitud Juan fue un buen católico.

Al parecer muchos hermanos separados ya olvidaron lo que dice el libro de Levítico:

"Moisés y los ancianos de Israel dieron al pueblo esta orden: «Guardad todos los mandamientos que yo os prescribo hoy. Maldito quien desprecie a su padre o a su madre. - Y todo el pueblo dirá: Amén".

Dt 27, 1.16

De nuestra parte como católicos y como hijos suyos, también le honramos y amamos(Lc 18,20).

Gracias Apóstol Juan por darnos el ejemplo de amor a la Virgen como una madre espiritual del verdadero discípulo de Jesucristo. Esta es la *primera razón bíb*lica por la cual nosotros también lo hacemos así.

2.- El Ángel, enviado por Dios, le dice: "Alégrate, llena de Gracia, el Señor está contigo. Bendita tu entre las mujeres".

"Al sexto mes fue enviado por Dios el ángel Gabriel a una ciudad de Galilea, llamada Nazareth, a una virgen desposada con un hombre llamado José, de la casa de David; el nombre de la virgen era María. Y entrando, le dijo: «*Alégrate, llena de gracia, el Señor está contigo.* ***Bendita tú entre las mujeres***» Lc 1,26-28.

Que maravillosa es la Palabra de Dios al mostrarnos esto con tanta claridad. La Biblia nos dice que el Ángel es un enviado de Dios, pues la palabra 'Ángel' en español significa mensajero. Si era enviado por Dios no podía equivocarse de ninguna manera y sus palabras a la Virgen María son tal y como hoy nosotros le llamamos:

"Alégrate, llena de gracia, el Señor está contigo. Bendita tu entre las mujeres"

En las Biblias de versiones protestantes dice exactamente lo mismo. Bendito seas "Ángel" de Dios que no tuviste ningún problema en decir estas palabras y reconocer la grandeza de Dios en esta santa mujer. Cuando hoy en día hay muchos que dicen ser cristianos y le preguntan al católico que porque alabamos a la Virgen hacen eso porque al parecer no están leyendo atentamente la Biblia o no la quieren aceptar. Bendecir a la Virgen María es algo que nos puso como ejemplo el mensajero de Dios.

Imagine lo siguiente por unos segundos: Si Dios hubiera enviado ese día a una católico a darle el anuncio a la Virgen, esta persona hubiera hecho lo mismo que el Ángel, hubiera saludado a María y la hubiera alabado diciéndole "Bendita tú entre las mujeres". En cambio, *si en ese día hubiera enviado a una persona con ideas protestantes* ni hubiera hecho lo mismo ni siquiera algo parecido. Hubiera dicho algo así como: "*Hola mujer como cualquier otra, no te alegres pues tú necesitas ser salvada, eres solamente un objeto, como un vaso que Dios quiere usar; Adiós mujer*". Gracias a Dios que no escogió a una persona con esas ideas, sino que envió a uno de sus mensajeros=ángeles y por él conocemos la buena noticia que dio: ""Alégrate, llena de gracia, el Señor está contigo. Bendita tu entre las mujeres"

Esta es la segunda razón bíblica de nuestro amor a la Virgen, simplemente seguimos el ejemplo que nos dio el Ángel enviado por Dios. Por si fuera poco, como el ángel no trae un mensaje propio pues solamente es el portador del mensaje, eso significa que es Dios mismo quien le quiere saludar así: "**Bendita tú entre las mujeres" María santísima**. Entonces hermano no católico, ¿Con qué derecho quieres reclamarnos a nosotros lo que Dios mismo ha querido hacer? Reclámale eso a Dios, si es que te crees con derecho a hacerlo.

3.- El niño, quien será Juan el Bautista, salta de gozo y al mismo tiempo, su prima Isabel queda llena del Espíritu Santo.

Que detalles tan hermosos y fuertes nos dice la Sagrada Escritura al describir la reacción de quien recibe a la Virgen en su casa:

"*Y sucedió que, en cuanto oyó Isabel* ***el saludo de María****, saltó de gozo el niño en su seno, e Isabel quedó llena de Espíritu Santo*"

Lc 1,41

Digámoslo actualizado. Si hoy en día viniera la Virgen María y se parará en la puerta de la casa de un evangélico ¿Qué es lo que este haría? Si permanece firme en sus creencias diría a sus hijos: "Niños sigan jugando con su nientiendo o Nintendo, es una persona cualquiera la que está allá afuera; Es una mujer que no merece ningún a alabanza ni honor especial, simplemente es la madre de Jesús a la que la Biblia le llama 'mujer'. Él mismo seguiría en sus quehaceres ordinarios y nada más.

Verdad que es bastante diferente es lo que paso en Isabel e incluso en un bebe que ni conciencia tenía todavía.

Ese bebe, al que pondrían el nombre de Juan, no solo salto de gozo, sino que también quedó lleno del Espíritu Santo. Eso lo había profetizado el Ángel:

"*Porque será grande ante el Señor; no beberá vino ni licor; estará lleno de Espíritu Santo ya desde el seno de su madre*" Lc 1,15

¿Qué fue lo que paso ese día para que Isabel y el más grande de los profetas(Lc 7,28;Mt 11,9) **quedaran llenos del Espíritu Santo**? ¿Cuál fue la razón para tan grande manifestación de Dios? Leamos de nuevo la Biblia:

"Y *sucedió que, en cuanto oyó Isabel el saludo de María, saltó de gozo el niño en su seno, e Isabel quedó llena de Espíritu Santo.*"

Lc 1,41

Todo fue por la presencia y el "**saludo de María**". Por eso como católicos recibimos con gozo esa misma bendición. María nos lleva hacia una vida más llena del Espíritu Santo. Lo que pasó fue que "**Él bebe salta de gozo y su prima Isabel se llenó del Espíritu de Dios**". Que increíble que muchos hermanos separados no alcancen a descubrir esto que está tan claro en todas las Biblias del mundo.

Sigamos de nuevo el método ya usado. Cierre sus ojos e Imagíneselo unos segundos en su mente. Va entrando María y con su sola presencia provoca, que Isabel se llene del Espíritu Santo. Al mismo tiempo ese gozo es tal en Isabel que no solamente ella se llena de Dios sino que el bebe que lleva en su vientre "*Salta de gozo*". Se imagina a Juan lleno de gozo y del Espíritu Santo por la presencia de María en casa de su mamá Isabel.

Más expresivo ya no podía ser el evangelista San Lucas al narrarnos que fue lo que ese día sucedió: "**Gozo y presencia del Espíritu Santo es lo que provoca la santísima Virgen María**".

Esta es la <u>*tercera razón bíblica*</u> del porque amamos y veneramos a la Virgen. Simplemente, que como católicos y cristianos verdaderos, aceptamos la Palabra de Dios tal cual es. Por eso al igual que ese bebe, saltamos de gozo y al aceptar a María en nuestras vidas entra Jesucristo y derrama su Espíritu sobre nosotros para llenarnos de su presencia. *Sin duda que el bebe Juan e Isabel son como el católico de hoy que se goza ante la presencia de María.* Ah, y eso que el bebe todavía no había nacido eh...

4.- Isabel, llena del Espíritu Santo, alaba y bendice a la Virgen María.

"...e Isabel quedó llena de Espíritu Santo; y exclamando con gran voz, dijo **Bendita tú entre las mujeres** y bendito el fruto de tu seno" Lc 1,42 Ni explicación hace falta pero solamente reforcemos que fue Isabel, llena del Espíritu de Dios, quien fue la primera que uso las palabras con las que los católicos alabamos a la Virgen.

Si hoy alguien dice que estamos mal al bendecir a la Virgen en realidad está atacando al mismo Espíritu Santo, pues fue Él quien impulsó a Isabel a bendecir a la santísima Madre de Jesús y madre Nuestra. Igualmente si hoy alguien dice: ¿Dónde en la Biblia se habla de alabar a la Virgen? Lo respetamos y le sugerimos que lea un poco más la Biblia pues eso está escrito en Lc 1,42 desde hace más de dos mil años y es increíble que hoy haya personas que dicen ser cristianos y que desconocen este pasaje de la Sagrada Escritura.

Hoy con gozo, con el Espíritu de Dios impulsándonos y con la Biblia en la mano decimos igual que Isabel cuando se llenó del Espíritu Santo: "Bendita tú entre las mujeres y bendito el fruto de tu vientre Jesús".

Ah... y eso que nosotros no lo hacemos como Isabel lo hizo, pues ella lo hizo gritando: "y exclamando con gran voz" Lc 1,42 Esta es la <u>*cuarta razón bíblica*</u> por la que nosotros como auténticos cristianos, alabamos a la Virgen siguiendo el ejemplo de Isabel llena del Espíritu Santo el cual nos guía a la verdad plena. (Jn 16,13)

5.- Santa María profetizó que todas las generaciones le llamarían "Bienaventurada".

Eso es lo que dice en todas las Biblias incluyendo las que usan los protestantes: "Por eso desde ahora **todas las generaciones me llamarán bienaventurada**". Lc 1,48

Los católicos al alabarla y llamarle así cumplimos esta profecía bíblica. **Hay otros, que no son católicos, que no la cumplen.** ***Los respetamos, pero respetamos y amamos más a la Palabra de Dios.*** Si en la Escritura dice: "Desde ahora todas las generaciones me llamarán bienaventurada" Entonces preguntémonos: ¿Qué Iglesia en el transcurso de la historia ha venerado a María? ¿Quién en estos dos mil años ha cumplido esta profecía bíblica? La respuesta es: ¿Los Mormones? ¿Los Testigos de Jehová? ¿Los evangélicos protestantes que ahora se autonombran cristianos? Ninguno de ellos, pues ni siquiera existían y cuando aparecieron en vez de cumplir esta profecía se pusieron a contradecirla.

La respuesta correcta sobre quien cumple esta profecía bíblica es la Iglesia Católica. Somos nosotros quienes por gracia de Dios siempre la hemos llamado "Bienaventurada" sabiendo que de esta manera glorificamos el nombre de Dios pues es Dios mismo quien llamó a la santísima Virgen María y la llenó de su gracia(Lc 1,28).

Por estas cinco razones bíblicas te amamos, alabamos y bendecimos Santa Madre de Dios María santísima.

Dios te siga bendiciendo y te ilumine para aceptar la enseñanza de la Palabra de Dios y el amor de María como madre espiritual.

IV Parte

EL PAPA

Capítulo 1

¿FUE EL APÓSTOL PEDRO EL PRIMER PAPA?

Pregunta:

Sr. Martín. Mi pregunta es sobre el Papa. Mi amigo evangélico me dice que eso no está en la Biblia, que es un invento. Pueden ayudarme a explicar: ¿Por qué los católicos creemos que la Biblia y la historia si hablan acerca del Papa?

Respuesta:

Con gusto te comparto la respuesta a tu pregunta, seguramente tu amigo te dice eso por falta de conocimiento de la Palabra de Dios.

1.- San Pedro el primer Papa.

Al estudiar la Sagrada Escritura encontramos mucha evidencia bíblica de que entre los doce Apóstoles no todos tenían la misma autoridad. Hubo uno de ellos al que desde el principio Jesús le fue dejando un papel principal de responsabilidad, ***se trató del Apóstol Pedro***. Cualquier persona que estudie con seriedad la Palabra de Dios se dará cuenta de eso.

A este hecho de ser el primero en responsabilidad de entre lo doce apóstoles le llamamos "la primacía de Pedro" o comúnmente el Papa. Esto porque en griego 'Papas' es Padre. Vayamos directamente a la Biblia y dejemos que ella por sí misma nos muestre cómo San Pedro fue el primer Papa:

"Tú eres Simón, hijo de Juan, pero te llamarás Kefas"(que quiere decir Piedra)
Jn 1,42

Este hombre se llamaba Simón, pero cuando Jesús lo ve por primera vez le cambia el nombre y le dice que en adelante se llamará **Kefas=Piedra.**

Eso se debe a que para ellos el nombre significaba algo importante en su vida o la misión que desempeñaría.

Desde el principio, Jesucristo ya veía lo que el apóstol iba a ser en la Iglesia: una Piedra o base principal. A ningún otro apóstol le puso ese nombre. Jesús sería la Piedra angular y Pedro será la Piedra por voluntad del mismo Jesucristo.

"Tú eres Pedro(o sea Piedra), y sobre esta Piedra edificaré Mi Iglesia; los poderes de la muerte jamás la podrán vencer. A ti te daré las llaves del Reino de los cielos; lo que tú ates en la tierra, quedará atado en el cielo, y lo que desates en la tierra quedará desatado en el cielo" Mt 16,18

Aquí vemos cómo después de un tiempo y delante de los otros Apóstoles, cuando Pedro reconoce que Jesús es el Mesías, solamente a Él le dice que le dará las llaves del Reino. Se trataba de una forma simbólica(Is 22:22) pero muy clara acerca de cómo a él le estaba dando más autoridad que a cualquier otro de sus discípulos. Avancemos más:

" ¡Simón, Simón! Mira que Satanás ha pedido permiso para sacudirlos a ustedes como trigo que se limpia, pero yo he rogado por ti para que tu fe no se venga abajo. Y tú, cuando hayas vuelto tendrás que fortalecer a tus hermanos"
Lc 22,31

Ahora la Biblia nos muestra con toda claridad cómo Jesús valora a este Apóstol de una manera diferente a los demás. Satanás quería mover a TODOS. Sin embargo, Jesús en vez de pedir por todos como era lo lógico, solamente pidió por el Apóstol Pedro (Simón).

Más aun, agrega que él tendrá que fortalecer a sus hermanos al volver. Esa es precisamente la función del Papa, continuar la misión de Pedro de fortalecernos en nuestra fe. **"Volvió y los encontró dormidos. Y dijo a Pedro: «¿Duermes? ¿De modo que no pudiste permanecer despierto una hora?»**

Mc 14,37

Qué tremendo. Era uno de los momentos más difíciles en la vida de Jesús, se aparta a orar y les dice a los tres apóstoles que lo acompañan que oren.

Regresa Jesús y los encuentra dormidos a los tres, pero en vez de llamarle la atención a los tres solamente se dirige a PEDRO y le recrimina el que se haya quedado dormido. ¿Por qué Jesús no corrige a los otros apóstoles si también ellos estaban dormidos?

La respuesta es obvia. Cuando en cualquier grupo u organización algo no funciona se busca primero al encargado, responsable, jefe o cabeza de dicha organización. Jesús lo tenía muy claro en su mente y por eso fue directamente con Él.

Pedro también lo sabía y por eso aceptó su responsabilidad. Yo en broma digo que lo bueno es que Pedro no fue mexicano, porque si no rápidamente hubiera contestado: "No duermo, dormimos kimosabi, porque somos varios los dormidos". Pero no fue así y Pedro aceptó su responsabilidad.

Con lo visto hasta aquí bastaría para comprobar cómo no todos los apóstoles tenían la misma autoridad. Había un primado de Pedro. Él fue el primer Papa o cabeza visible de entre los apóstoles.

Pero vayamos una vez más a la Biblia para confirmar esto y veamos a Jesús, delante de los otros apóstoles, diciéndole solamente al Apóstol Pedro:

"Simón, Hijo de Juan, ¿me amas más que éstos? Contestó: Sí. Señor, tú sabes que te quiero. Jesús le dijo: apacienta mis corderos... apacienta mis ovejas... apacienta mis ovejas."

Jn 21,15-18

Es el último evangelio, en el último capítulo y durante los últimos momentos que Jesús compartía con los Apóstoles. Fue en esos momentos, sabiendo que los iba a dejar y habiéndoles prometido que les enviaría el Espíritu Santo, aun así, sabe que tiene que dejar a alguien como pastor visible y confirma a Pedro diciéndole que apaciente sus ovejas y corderos. Jesús había dicho que él era el Buen Pastor, y ahora que él no va a estar físicamente, le deja esta responsabilidad a Pedro.

Al hombre que le había negado tres veces, y al que incluso le había dicho: "apártate de mí Satanás"; cuando no quiso aceptar el sufrimiento de su maestro, a ese hombre, aun así, Jesucristo le confirma delante de los otros apóstoles como el hombre que tomaría esa responsabilidad.

Sin duda que Pedro era el Pastor visible(El Papa) que Jesús quiso dejarnos.

2.-Un detalle bíblico que no olvidaron: Pedro en primer lugar.

Es sumamente interesante notar el detalle bíblico que tuvieron todos los escritores del Nuevo Testamento para con el Apóstol Pedro. Resulta que los libros del Nuevo Testamento se escribieron muchos años después de la Ascensión de Jesús, sin embargo, a pesar de eso, todos los escritores a la hora de mencionar a dos, tres o más Apóstoles, **siempre pusieron en primer lugar a Pedro.**

Dónde quiera que usted busque siempre encontrará ese orden. Es un tremendo detalle que no debemos de pasar por alto. Ellos escribieron: «Pedro y Juan», «Pedro, Santiago y Juan», «Pedro y los once». Aunque ya habian pasado 20, 40 o 60 años cuando se escribieron las cartas y los Evangelios, ellos a propósito no olvidaron el detalle de poner siempre en primer lugar a Pedro.

Pudieron haber puesto Juan y Pedro, pero nunca lo hicieron. Sin duda que cuando ellos lo pusieron, más que pensar en lo que había pasado, estaban pensando en enseñar que de entre todos los apóstoles, Pedro ocupaba el primer lugar.

La única vez que ponen el nombre de Santiago antes del de Pedro es en la carta a los Gálatas capítulo uno, y eso fue porque resaltan el papel de Santiago como obispo de ese lugar. Fuera de eso, ***nunca*** en el Nuevo Testamento cambiaron el orden al nombrar a los Apóstoles: Siempre pusieron en primer lugar a Pedro.

Al parecer muchos hermanos protestantes no quieren ver esta tremenda realidad.

3.- Hechos de los Apóstoles y Hechos de Pedro.

El primer libro después de los Evangelios es el de Hechos de los apóstoles. Es donde se narra el desarrollo de la comunidad y la manifestación del Espíritu Santo en la vida de la Iglesia. Sin embargo, un estudio detallado de los primeros capítulos de ese libro, nos comprobará que la Iglesia, en la práctica, vio a Pedro como cabeza visible de la Iglesia.

Si las sectas religiosas lo dudan, déle usted un vistazo a lo siguiente:

a) ¿Quién fue el que se puso de pie para buscar al Apóstol que iba a sustituir a Judas?

√ PEDRO Hechos 1,15

b) ¿Quién fue el primero en predicar cuando se llenaron del Espíritu Santo?

√ PEDRO Hech 2,14.38

c) ¿Quién fue el primero en realizar un milagro después de Pentecostés?

√ PEDRO Hech 3,6

d) ¿A quién metieron primero a la cárcel después del Pentecostés?

√ PEDRO Hech 4,1-8 Hasta eso le tocó inaugurar...

e) ¿Quién fue el primero en imponer un castigo disciplinario en la Iglesia?

√ PEDRO Hech 5,1-10

Por supuesto que si pusieron a Pedro en primer lugar fue porque ellos estaban 100% convencidos, igual que nosotros, que él era el primer Papa o pastor universal.

Las sectas, al no aceptar este regalo que Jesucristo nos quiso dejar, han terminado dividiéndose cada vez más y alejándose del verdadero Evangelio que nos dejó Nuestro Señor.

Sin duda que los Hechos de los Apóstoles son en sus primeros capítulos, los Hechos del Espíritu Santo, manifestándose por medio del Apóstol San Pedro.

4.- El Papa durante los primeros siglos.

Por todo lo anterior, desde los primeros siglos de la Iglesia, cuando había algún problema o cuestión que definir, era el obispo de Roma quien tomaba la decisión final:

* Así lo hizo el Papa Clemente I en el año 90 cuando escribió a los Corintios en una disputa interna.

* Similar lo hizo el Papa Víctor I en el año 190, para aclarar la situación sobre cuándo celebrar la Pascua.

* Es por eso conocida la frase del siglo V de San Agustín diciendo "Roma ha hablado, la causa está definida".

Era lógico. Los Papas siguientes eran sucesores de Pedro y por lo mismo tendrían la misma autoridad.

5.- La Sucesión apostólica: 266 obispos de Roma.

Esa es la realidad. Desde Pedro hasta el Papa actual siempre ha habido un obispo de Roma. Se murió Pedro y siguió Lino, después Anacleto, luego Clemente, vendría Evaristo, etc.
266 obispos de Roma(Papa), desde Pedro hasta Francisco.

Esto no lo decimos nosotros los católicos solamente. Usted mismo puede ir a cualquier biblioteca o buscar en Internet y encontrará lo mismo. Puede buscar: Lino, Anacleto, Clemente, etc. y en la mayoría de los lugares encontrará que ellos fueron los primeros obispos de Roma. Los sucesores del Apóstol Pedro y, por lo mismo, los primeros Papas.

Así que estimado amigo, por eso estamos seguros de nuestra fe y de lo que creemos.

Te recomiendo compartir este tema con tu amigo evangélico para que lo ayudes en el conocimiento de la Biblia y pueda disfrutar ese regalo que Jesús dejó para su Iglesia. El Papa: el primado de Pedro.

Capítulo 2

¿RIQUEZAS DEL PAPA Y DEL VATICANO?

Pregunta:

Me preguntan: ¿Por qué el Papa y el Vaticano tienen muchas riquezas? Que eso deberían de venderlo y ayudar a los pobres. También me dicen que los católicos somos engañados al mandarle dinero al Papa. Que él tiene pinturas, esculturas, joyas, acciones en empresas, la tiara de oro, etc. ¿Es todo eso cierto? ¿Qué puedo contestarles?

Respuesta:

Gracias por escribirnos y te responderé comentándote algunas cosas que seguramente no sabes y que te ayudarán a ti y a otros a que tengan esos mismos comentarios, a ser más objetivos y conocer realmente qué hay sobre todo eso.

1.- ¿El oro o el Loro del Vaticano?

Estas fueron las palabras muy acertadas de monseñor Sebastiani, quien fuera prefecto para Asuntos Económicos de la Santa Sede. La razón de esta expresión es que muchos hablan de una supuesta riqueza sin ninguna base sobre ello. Quien fantasea con inmensas riquezas, tesoros escondidos, se equivoca de plano. Como el «loro» algunos hablan sin sentido.

No hay tal riqueza y abundancia de dinero. ***De hecho, hasta 1992 había un fuerte déficit.*** Era más lo que salía que lo que entraba. En el Vaticano no existe una maquinita de hacer dólares, por lo tanto, depende en gran parte de los donativos, que a fuerza de ser sinceros, los católicos somos los que menos damos de entre todas las Iglesias.

Si no me cree solamente es cuestión de preguntar ¿Quién en todo un año puso un billete de $50 ó $20 Dlls? y se va a llevar una tremenda sorpresa al descubrir que muchas veces ni los más comprometidos lo han hecho. Y eso en todo un año, eh...

Alguien dirá que las canastas de la colecta van llenas. Sí. Las canastas en las colectas van llenas, pero de billetes de un dólar. Por eso en las parroquias tienen que hacer actividades, rifas, venta de hamburguesas. Muchas veces no hay ni suficiente para la misma parroquia, menos para enviar al Vaticano.

Lo más común que pasa a la hora de la colecta, que es uno de los momentos de ayuda, es que el católico mete la mano en la bolsa del pantalón o en el bolso, luego la mete más abajo, sigue metiendo la mano más abajo... ¿Sabe qué está buscando? Las monedas o el billete de un dólar. Incluso algunas personas cuando ponen uno de $5 hasta el cambio piden.

Así que contrario a lo que dicen muchos protestantes, más que el «oro» del Vaticano habría que hablar del «Loro» que inventó eso.

En la gran mayoría de las parroquias católicas no existe un diezmo de 10% semanal obligatorio como con los protestantes. Es más bien una ayuda gracias a la madurez en la fe. Ojalá y aprendiéramos a dar más de lo que el Señor nos ha regalado.

2.- Lo que existe es un «Patrimonio», no propiedades personales del Papa.

Por otro lado, cuando muchas sectas hablan de las joyas, pinturas y esculturas valiosas y dicen que el Papa debe de vender eso, están tremendamente equivocados.

Eso no es del Papa y por eso no lo puede vender. El no es el dueño. Todos los países tienen algo similar y se le llama **Patrimonio cultural**.

No es el presidente el dueño, sino todo el país. Todos los países lo tienen. Una prueba muy concreta de esto es el hecho del por qué el presidente de Estados Unidos un poco después de la tragedia terrorista en Nueva York estuvo pidiendo a la gente y a los niños que ayudaran a la Cruz Roja.

¿Qué no hubiera sido más fácil vender unas cuantas cosas de los museos que hay en el país? Pero no, no lo hizo, ni lo hará, porque, aunque él sea el presidente él no puede disponer de eso ni en los momentos de grandes tragedias porque él no es el dueño. ***Se llama patrimonio cultural, patrimonio histórico, patrimonio de la nación, etc.***

Exactamente igual pasa en otros países. Algo muy similar pasa con las obras de arte y otras cosas valiosas que están en el Vaticano. El Papa no las puede vender porque él no es el dueño. De hecho, sí están allí, después de cientos de años, es precisamente porque ningún Papa es dueño de eso, sino que es ***Patrimonio*** de la Iglesia y de la humanidad.

Así que mis queridos hermanos separados que afirman que el Papa debe de vender eso, creo que andan «picando fuera del hoyo» o sea que: «andan bien equivocados».

3.- ¿A dónde va a parar el dinero del Vaticano?

Esto hay que decirlo claramente, porque las sectas han hecho creer al católico «despistado» que el dinero que entra a la parroquia se envía al Vaticano para enriquecerlo lo cual es completamente falso.

Son contadas las ocasiones que se envía dinero al Vaticano o al Papa por concepto de colectas de las parroquias. Además, se sabe para qué son realizadas. Algunas de las principales son las siguientes:

a) El «Domund» por las misiones en Octubre.
b) El «Viernes Santo» destinado a sostener y apoyar a los lugares sagrados de Jerusalén.
c) El «Óbolo» de San Pedro que el Papa destina a diferentes necesidades pastorales y de promoción humana.

Por ejemplo, el Papa Juan Pablo II destinó durante 1998 a través del Consejo Pontificio «Cor Unum» ayudas por un total de 21 millones 500 mil dólares, destinadas a aliviar los sufrimientos de países afectados por las calamidades naturales (Guatemala, Nicaragua, El Salvador, Honduras etc.), así como a apoyar programas eclesiales para la promoción humana (Ruanda, El Congo...).

Lo que pasa es que en la Iglesia Católica, cuando se da toda esa ayuda no se anda publicando por televisión al estilo de algunas sectas, sino que como dijo Jesucristo: que no sepa tu mano izquierda lo que hace la derecha (Mt 6,3).

Fuera de esas contadas ocasiones y de ayuda de las diócesis o de donativos, no se envía dinero ni al Papa ni al Vaticano. Un cuento chino inventado por el odio de las sectas hacia la Iglesia Católica.

4.- Lo que usa el Papa no es la Tiara, sino la Mitra.

Esta es otra de las grandes mentiras que las sectas gritan por todos lados. Afirman que el Papa usa una corona de oro llamada «Tiara».

Por supuesto que esto es completamente falso. La «Tiara» ya no se usa en la Iglesia. El último Papa que la usó fue Juan XXIII y como era algo personal, la vendió precisamente para ayudar a los pobres.

Es por eso que el protestante tiene que hacer «dibujitos» del Papa con la tiara, porque como no existe, no puede tomar fotografías.

Lo que el Papa y los obispos usan es la Mitra, que no es de oro con perlas preciosas. Dice el protestante: pero yo la he visto que brilla... recuerde hermano lo que dice el dicho:

«No todo lo que brilla es oro».

Hace tiempo estaba yo en la oficina después de participar en un programa de radio y me llamó un hermano separado. Me dijo que él sí tenía una foto del Papa actual con la corona(tiara). Yo le dije entonces que me diera su dirección para ir a verla y sacar una copia. Su respuesta fue: ahhh... y me colgó.

Como no existe, no podrá nunca tener esa foto. Cuentos nada más.

Además, el Papa a medida que va pasando el tiempo van siendo más y más sencillos en todos los aspectos. Basta recordar todas las cosas que ha hecho el Papa Francisco que son todo lo contrario a la ostentosidad de los pastores evangélicos con su teología de la prosperidad.

5.- Ser astutos como serpientes y mansos como palomas

Sin duda que éste es uno de los mandamientos de Jesucristo que más hemos olvidado y que es urgente aplicar a este y otros temas de apologética. Note usted en primer lugar que no es un consejo, sino una orden:

«Sean astutos como serpientes»

Mt 10,16

En muchas ocasiones durante los cursos les pregunto a las personas que quién durante todo el año le ha pedido «paz» a Dios y la gran mayoría levanta la mano. Enseguida, les pregunto que quién le ha pedido ser «astuto como serpiente» y nadie levanta la mano.

Qué tremendo problema. El católico pide *paz* y no pide *astucia*. Llega un «listillo» y le dice: Así que quieres paz, pues entonces toma tu «pas, pas, pas» y lo engaña con cualquier cuento.

En este tema de las supuestas riquezas es precisamente lo que ha pasado. Por falta de espíritu crítico y astucia, se han inventado un sin fin de cuentos en torno al Papa y el Vaticano. La tiara, el oro, las acciones, los bancos, etc.

Hoy en día, para vivir con la libertad de los hijos de Dios, es un requisito «ser astutos como serpientes y mansos como palomas».

Con esto muchas cosas se resolverían.

Termino recomendándote tener un folleto llamado: «Una Nueva Apologética». Te servirá en abundancia para saber cómo dialogar con personas que no sean católicas. Este libro incluye una tarjeta con más de 100 citas bíblicas para dar respuesta a las preguntas más comunes a los ataques de los hermanos separados. Puedes obtenerlo en el 480-598-4320 o en www.defiendetufe.com

---

Bendiciones y sigue avanzando en la fe.

Capítulo 3

EL 666 DEL APOCALIPSIS

Pregunta:

Saludos. Yo solamente quisiera saber por qué mi amigo me dice que el Papa es el Anticristo, que tiene el sello y el número de la Bestia del Apocalipsis y que es el 666. Quisiera saber: ¿Por qué lo afirman y **qué** podríamos responder?

Respuesta:

Por tu pregunta es muy probable que tu amigo sea de una secta religiosa llamada «Adventistas del séptimo día» o «sabatistas». Explicaremos algo para que puedas «Dar razones de tu esperanza» a todos aquellos que te la piden (1 Pe 3,15).

La persona que promovió eso de que el Papa era el 666 del apocalipsis fue una Sra. llamada Ellen Gould White. Ella fue la fundadora de los «sabatistas» y cuando otras sectas dicen algo parecido normalmente es porque se lo copiaron a ella que a su vez lo tomó de un ministro luterano.

Primero veamos el supuesto argumento que ellos siguen para llegar a esa descabellada idea:

Leen Ap 13,18 donde se habla que la Bestia del Apocalipsis tiene un número que es el 666.

Después, dicen que como el Papa era el «representante del Hijo de Dios», según lo católicos, entonces eso en latín se dice: Vicarius Filii Dei. Después le agregó que como el Papa vive en Roma entonces había que darle valor en números romanos al título que le puso al Papa y lo que resultó fue lo siguiente:

V= 5	F= 0	D=500
I= 1	I= 1	E=0
C= 100	L= 50	I= 1
A= 0	I= 1	**501**
R= 0	I= 1	
I= 1	**53**	
U= 5		
S= 0		
112		

112
+ 53
501
666

* La «U» y la «V» eran la misma letra en los primeros siglos de nuestra era.

Inmediatamente dicen: «ya ven, al Papa(Vicarius Filii Dei) le sale el 666. Por lo tanto él es el anticristo y la Bestia del Apocalipsis».

Suena bien, pero esto es totalmente ***Falso***.

Todo lo anterior que expliqué, según la versión de las sectas, es más falso que un billete de 57 Centavos.

Veamos cinco razones para comprobar su falsedad:

1.- A la que promovió que el Papa era el 666, también le sale el número 666.

Un sacerdote católico se puso a investigar quién había inventado que el Papa era el 666 y descubrió que la primera en decirlo fue Ellen Gould White. Entonces él dijo: «Hagamos lo mismo que ella hizo de darle valores a las letras en números romanos, pero pongamos ahora el nombre de ella». Mire usted el resultado de ELLEN GOULD WHITE:

E=0	**G**=0	**V**=5
L=50	**O**=0	**V**=5
L=50	**U**=5	**H**=0
E=0	**L**=50	**I**= 1
N=0	**D**=500	**T**=0
100	**555**	**E**=0
		11

100
+ 555
11
666

Sorpresas que da la vida, ¿No cree usted...? Resulta entonces que a Doña «Ellen», la que promovió que el Papa era el 666, también le sale ese número.

Quiere decir esto, ¿Qué entonces ella es la Bestia del Apocalipsis?

Tampoco. Si fuéramos tramposos como ella, en este momento estaríamos diciéndole a usted que ella si lo es, pero no sería cierto. La verdad es que a ella también le sale ese número porque **es un juego**. A mucha gente también le sale ese número. Por eso hay quienes se lo ponen a un artista o a un presidente. Simplemente es jugar con los números y si le sale a usted o a otra persona no hay por qué preocuparse.

Esta fue la primera trampa que ella hizo que logró confundir a católicos ingenuos e incluso a los mismos protestantes, pues ellos le copiaron el error y manipulación.

2.- El título correcto que se usa para el Papa es «Vicarius Christi».

Esta es la segunda razón que nos demuestra la falsedad de la afirmación de Doña Ellen G. White. El título que ella usó y los sabatistas repiten de «Vicarius Filii Dei» no se usa en la Iglesia Católica. Se le podría llamar así al Papa, pero no lo hacemos. Solamente haciendo eso pudieron arreglarlo para que saliera 666.

Si ella hubiera usado el nombre que más usamos en latín para el Papa, hubiera puesto «Vicarius Christi», lo cual era lo más normal. Pero no, la razón por la que no usó este título es porque no le salía 666.

3.- Tampoco el título «Vicarius Filii Dei» da 666. Manipuló los números.

Así es mi estimado hermano. Esta es otra trampa con el título que algunos han inventado. Recordemos lo que se hizo con la primera palabra:

V=5
I=1 La trampa está en las letras
C=100 IU porque cualquier persona que sepa
A=0 los números romanos sabe que IU ó
R=0 IV no es 1+5 como ellos lo hizo. La IV
I=1 es =4 y lo dejaron en 5 para lograr el
U=5 666.
S=0

112

Qué tramposos. Ni modo. No **todo** es sinceridad en las sectas como muchos lo creen.

Esto a primera vista es difícil de detectar porque ellos siempre que explican esto ponen las letras en forma vertical. Si las pusieran en forma horizontal, que es como escribimos, más fácil se notaría la trampa.

4.- Lo más probable es que el 666 sea CÉSAR NERÓN.

La cuarta razón por la que estamos seguros de que eso del 666 no tiene nada que ver con el Papa es que según los especialistas en Sagradas Escrituras(Exégetas), es muy probable que cuando el apóstol san Juan usó este número, era haciendo referencia a César Nerón porque aplicando los números hebreos a ese nombre también nos da 666.

Así como los números romanos están basados en letras y cada número equivale a una letra determinada, en hebreo pasa algo similar, pues los valores numéricos están basados en letras con un valor propio que ellos le atribuyeron.

Veámoslo:

cesar neron = qsr nrwn

Español	**Letra hebrea**	**Valor numérico**	**Nombre**
q	ק	100	qor
s	ס	60	samekh
r	ר	200	reš
n	נ	50	nun
r	ר	200	reš
w	ו	6	waw
n	נ	50	nun
		666	

**Note que en hebreo las vocales no se escribían.*

Cuando San Juan escribió el libro del Apocalipsis, que es donde viene este número, fue en un tiempo de persecuciones.

El Imperio Romano fue un feroz perseguidor del cristianismo hasta el año 313 cuando se dio libertad de culto. Uno de los perseguidores fue precisamente César Nerón. De allí que se considere que el 666 se refiera a él.

5.- Este libro que escribió San Juan está escrito en un género literario llamado apocalíptico que contiene muchos símbolos especiales.

La última razón del por qué de la confusión de las sectas sobre este tema, es que dan una pésima interpretación al pasaje de Ap. 13,17 donde se habla del 666. Allí lo único que dice es eso: 666.

Pero como se escribió con un estilo de escritura que contiene mucha simbología, llegan las sectas y Doña Ellen y sacan la barbaridad de que es el Papa.

No. Este género literario apocalíptico se usó del siglo II antes de Cristo al siglo II después de Cristo. Hay que saber el significado de las claves de los colores, números, animales etc. para darle una correcta interpretación.

Por ejemplo:

7=Perfección Cordero=Jesús
12=Plenitud Cuernos=Poder
6=imperfección

De esta manera, cuando en el Apocalipsis dice que «El Cordero tiene siete cuernos», en realidad nos quiere decir que «Jesús tiene perfección de poder».

Eso es por el significado de las palabras y números en ese lenguaje apocalíptico. En cambio, si hoy en día le dicen a una persona que tiene «siete cuernos» no se va a poner feliz, ¿verdad?...

Hoy en día «cuernos» no significa "poder" sino «no poder» o algo anda mal, porque lo están engañando. Si con un «cuerno» se molestaría, imagínese decirle que tiene siete.

Algo similar pasa con los sabatistas, testigos de Jehová, mormones y otras sectas que mal interpretan el Apocalipsis.

San Juan usó ese género literario porque estaban en una persecución y el enemigo no entendía nada si lo llegaban a leer.

Entonces, San Juan les enviaba todo un mensaje de esperanza y consolación, pero en «clave», que solamente ellos entendían.

Así que eso del 666 no tiene nada que ver con el Papa sino más bien con César Nerón.

Un truco más de las sectas que ahora podrás responder y que te ayudará a valorar más al Vicario de Cristo en la tierra: El Papa.

Si después de explicarle todo lo anterior todavía te dicen que el Papa es el anticristo, veamos la siguiente cita bíblica y tú mismo sacarás la conclusión sobre quién es el anticristo:

«Hijos míos, esta es la última hora. Habéis oído que iba a venir un Anticristo; pues bien, ya han venido muchos anticristos, por lo cual nos damos cuenta que ya es la última hora. Ellos se salieron de entre nosotros; pero no eran de los nuestros. Si hubieran sido de los nuestros, se habrían quedado con nosotros».

1 Jn 2,18-19

Ánimo hermano y Dios te bendiga.

Ah... se me olvidaba decirte que si tú estás en algún ministerio tú podrías ser el medio para que fuéramos a dar el **"curso de defensa de la fe"** a tu parroquia. Solamente llámanos por teléfono y te enviaremos la información para que tú se la puedas presentar a tu coordinador o al sacerdote y platicarle de esta posibilidad. (480) 598-4320

Espero tu llamada.

V Parte

LA BIBLIA

Capítulo 1

IMPORTANCIA Y ORIGEN DE LA SAGRADA ESCRITURA

Pregunta:

Sr. Martín: Soy católico y me gusta leer la Biblia, pero me gustaría que explicaran por qué es importante que nosotros los católicos la leamos, pues creo que hay mucha confusión y falta de un verdadero testimonio por eso. También si pueden hablar algo sobre: ¿Quién la formó y si es cierto que la Iglesia Católica prohibía leerla?

Respuesta:

Estimado Hno. Gracias por tu llamada y por este medio respondo a tus inquietudes:

A.-Construyendo con un Plano: La Biblia.

Cuando uno compra una televisión, un refrigerador, una grabadora y muchas cosas más, la gran mayoría de ellos vienen siempre con un instructivo o manual. La razón es muy sencilla, y al mismo tiempo es muy importante: Si se le quiere dar un buen uso y sacar el máximo de provecho al aparato, es totalmente indispensable leer las instrucciones. Estas son profundamente desarrolladas por el fabricante y nos va a ahorrar posibles dolores de cabeza y nos ayudará a disfrutar de nuestra compra.

¿Sé da cuenta que estamos hablando de un simple aparato eléctrico? Si esto es necesario hacerlo con un objeto, con mucha mayor razón es necesario conocer el manual que Dios nos ha dejado para llevarnos a la salvación. Esto es urgente para poder disfrutar la vida cristiana como verdaderos hijos de Dios. Hay que recuperar de una manera real el valor de la Sagrada Escritura en nuestra vida diaria, para poder llevar sus valores y mensaje a la familia, al trabajo y a todo lugar.

El católico verdadero del siglo XXI será un hombre que conozca, ame, viva y predique con profundidad la Palabra de Dios. La razón del enfriamiento, soledad, tristeza, stress y tibieza de algunas personas y de líderes, es porque no han puesto en su lugar principal a la Biblia.

¿No será esta una de las razones por las que las cosas no funcionen tan bien en la familia y en nuestra vida personal? ¿No será que estamos dejando a un lado el manual de instrucciones que el Señor nos dio? Por eso es sumamente importante que leamos y nos empapemos del manual o plano para nuestra vida: La Palabra de Dios en la Sagrada Escritura. ¿Se nos habrá olvidado que para construir una casa es necesario tener y seguir el plano?

B.- Origen y necesidad de usar el Manual.

Sobre el supuesto hecho de que la Iglesia Católica prohibía leer la Biblia en realidad hay mucho de exageración, de malentendido y de falta de conocimiento sobre ese aspecto.

Comprobemos esto:

1.- Fue la Iglesia Católica la que reunió y estableció el canon de la Biblia en el Año 382, 393 y 397. Allí se reunieron obispos con el Papa en el sínodo de Roma, el concilio de Hipona y el concilio de Cartago sucesivamente. Allí la Iglesia Católica decidió que solamente serían 27 los libros del Nuevo Testamento.

2. - Un sacerdote católico, San Jerónimo, la tradujo de las lenguas originales Hebreo, Griego y Arameo al latín que era la lengua del pueblo. Precisamente para tener un acceso más fácil a su lectura.

3.- Durante muchos siglos hasta antes de la invención de la imprenta (siglo XV), fueron los Monjes católicos los que durante siglos hicieron las copias a mano. Se da cuenta, a mano toda la Biblia.

4.- Un cardenal católico, Stephen Langton, famoso arzobispo de Canterbury (1207-1228) colabora en la división de capítulos y versículos de la Sagrada Escritura.

5.- Además, ya en el siglo VI, el mismo San Jerónimo decía:

"desconocer las Escrituras es desconocer a Cristo"

Así que en la Iglesia Católica no se prohibió leer la Biblia, pues ni siquiera había Biblia en los primeros siglos y no existió la imprenta hasta el siglo XV. Si no le hubiera interesado no hubiera hecho todo lo que mencionamos anteriormente. Resumiendo esto podemos afirmar que es la Iglesia Católica la que le da vida a la Biblia.

Lo que sucedió realmente es que no se recomendaba que se leyera si no se estaba seguro que alguien con suficiente conocimiento ayudara en su comprensión, pues se pensaba que iba a producirse confusión y sectarismo, lo cual sí pasó por una mala interpretación del texto sagrado. Hay concilios, encíclicas, teólogos y santos que durante siglos han hablado sobre la importancia del conocimiento de la Biblia.

Aquí el problema no es el valor y promoción que el magisterio de la Iglesia Católica le da a la Sagrada Escritura, ni la profundidad de los estudios que actualmente se realizan. No. Ahí todo está bien. El problema radica que en la práctica, en la pastoral, en lo concreto, muchos católicos no la tienen constantemente en sus manos. Esto es lo que hay que cambiar. Es por eso que en el documento Tertio Milennio adveniente el Papa Juan Pablo II nos dice:

"Es necesario que los cristianos, sobre todo durante este año, vuelvan con renovado interés a la Sagrada Escritura... En el texto revelado es el mismo Padre celestial que sale a nuestro encuentro amorosamente" (Cfr. No. 40 TMA)

Es cuestión de decidirnos a llenarnos de la sabiduría que viene de la Biblia y muy pronto disfrutaremos los beneficios de ello. Termino diciendo que te felicito por leer la Biblia y estudiarla en tu parroquia.

Capítulo 2

¿BASTA LA BIBLIA PARA SALVARSE?

Pregunta:

No soy católico y solamente voy a incluir una fracción pequeña de lo que podría ser un caso abierto y cerrado para establecer la autoridad de la «Sola Escritura». Allí está la autoridad de toda la verdad en la **cual** nos basamos, en la cual somos salvos. Basta la Biblia para salvarnos, no valen las tradiciones.

Respuesta:

Gracias por escribir Hermano.

Me da gusto que sigas leyendo los artículos pues hay muchos evangélicos que los leen y así van adquiriendo conocimiento y "La Verdad los hará libres". Sobre todo hay hermanos evangélicos que en este momento estarán dando gracias por el artículo de la semana pasada sobre el diezmo, donde ya aprendieron que eso del 10% semanal en dinero es una tradición de hombres que muchos protestantes han usado para exigir de parte de Dios lo que Dios nunca pidió para Él.

Respecto a lo de la "SOLA SCRIPTURA" envíame fundamentos, pues las citas bíblicas que me das nunca hablan de eso, sino solamente de la importancia de la Biblia. Te comentaré aquí algunas cosas para que veas la diferencia y por qué del error de muchos evangélicos acerca de este tema.

1.- Importancia de la Biblia es diferente a «Sólo Basta la Biblia».

De antemano te comento que en lo que me envías no hay nada de la "SOLA ESCRITURA" sino solamente se habla de la autoridad y valor de ella. Mira Leo, tú me dices que el tema es la "sola" escritura y pones citas donde se habla de la importancia de la Biblia. Discúlpame, pero creo que no has entendido lo que significa la expresión "sola escritura" y ese es un error muy común entre algunos protestantes.

Una cosa es hablar de la importancia de la Biblia y otra muy diferente es hablar de que sólo basta la Biblia.

Si se usa el adjetivo "sola" es porque no solamente se va a hablar de la importancia de la Palabra, sino de que la Sagrada Escritura es el único medio por el cual Dios nos puede hablar. Eso es lo que significa esa expresión y eso es lo que los reformadores protestantes creyeron y enseñaron.

Los adjetivos son aquellos términos que sirven para calificar al sustantivo. Por ejemplo, en la oración: "los carros azules son mejores", azul es el adjetivo y define una de las características posibles del carro, que en este caso es el color. Si se fuera a hablar de ello el tema no sería hablar sobre los carros sino sobre los carros de ese color que es muy diferente.

Te digo esto porque mencionas el tema de la «SOLA ESCRITURA» y no me mencionaste nada de eso en lo que me enviaste, sino que pusiste citas donde se habla del valor de la escritura y en eso estamos de acuerdo, es decir que hay que darle valor a la Palabra. Cuando dice "escrito está" "has leído en la Escritura" "predica la Palabra" "las Escrituras hacen sabio"... son expresiones que claramente nos hablan de la importancia de la Biblia pero no dicen NADA de que solamente en ellas está todo sobre la fe.

Al final de tu e-mail con una tranquilidad pones que allí está la autoridad solamente pero... y eso de donde lo sacaste porque de la Biblia no fue.

Mira, Hermano Leo, ojalá que alcances a distinguir entre el carro y los colores de los carros, porque si no es así, eso me confirma el por qué hay tanta ignorancia y confusión en muchas sectas religiosas.

Esto ya no es cuestión de mala interpretación bíblica sino de no comprender bien ni la gramática del lenguaje.

2.- En la Biblia no existen las palabras «Sola Escritura».

De hecho esa idea de que todo tiene que estar en la Biblia y si no es falso no tiene valor, es un grandísimo error, pues en la Sagrada Escritura nunca dice que solamente lo Escrito en ella tiene valor.

Esa frase en realidad es una «tradición» que tienen muchos protestantes, pero no tiene ningún fundamento en la Palabra de Dios.

La razón por la que no existen esas palabras ni esa idea en la Biblia es porque ellos nunca pensaron así. Tanto los judíos como los cristianos tenían como fuente de predicación no solamente la Escritura sino también la Tradición. Eso lo puedes comprobar escuchando al Apóstol San Pablo:

«Así, pues, hermanos, manténganse firmes y conserven las tradiciones que han aprendido de nosotros, de viva voz o por carta».

2 Tes 2,15

3.- Jesús mandó predicar, no a escribir.

Así es hermano. Contrario a lo que hoy en día dicen muchas sectas que afirman que todo debe estar en la Biblia y que solamente en ella Dios nos habla, Nuestro Señor Jesucristo NUNCA mandó a escribir a ninguno de sus Apóstoles.

Los mando a Predicar, no a escribir:
Y les dijo: **«Vayan por todo el mundo y proclamen la Buena Nueva a toda la creación».**

Mc 16,15

Y eso fue exactamente lo que ellos hicieron durante muchos años. Dedicarse a predicar la Buena Nueva. Por cierto, el mismo Jesucristo NUNCA escribió nada.

Les importó tan poco el escribir que no fue hasta el año 55 cuando se empezaron a escribir las primeras cartas del Nuevo Testamento. La primera carta a los Tesalonicenses fue cerca de ese año. Pasaron cerca de 20 años sin que la Iglesia no tuviera nada escrito del Nuevo Testamento.

4.- La Tradición: base de la predicación.

Su base para extender el Evangelio era la Tradición. Es decir, el mensaje que Jesús predicó, los Apóstoles oyeron y estos a su vez transmitieron. Eso es la Tradición. Por eso encontramos al Apóstol Pablo una vez más diciendo:

«y todo cuanto me has oído en presencia de muchos testigos confíalo a hombres, que sean capaces, a su vez, de instruir a otros».

2 Tim 2,2

El los al hacer esto estaban formando la Tradición Apostólica. Nunca se les ocurrió, ni les pasó por la mente la idea de las sectas actuales que dicen que todo debe estar en la Biblia.

5.- El Pilar y columna de la Verdad es la IGLESIA no la Biblia.

Es increíble que hoy en día haya muchas personas que leen la Biblia constantemente y a pesar de eso continúen pensando que la Base y pilar de la fe sea la Biblia. Mira, estimado Leo, si revisas atentamente la Sagrada Escritura te darás cuenta que esa afirmación es totalmente equivocada. Pues la misma Biblia nos dice claramente que es la Iglesia:

«Pero si tardo, para que sepas cómo hay que

portarse en la casa de Dios, que es la Iglesia de Dios vivo, pilar y columna de la verdad».
I Tim 3,15

Como te darás cuenta hay muchos hermanos separados confundidos en este aspecto. Ojalá y tú lo alcances a comprender.

6.- Jesús no condenó la Tradición apostólica sino algunas tradiciones de los judíos.

Por último, te comento que cuando en el Evangelio de Marcos, Jesús condenó las tradiciones por supuesto que no se estaba refiriendo a la Tradición Apostólica, pues en ese momento ni siquiera existía.

Si lees atentamente el capítulo siete notarás que la condenación es específicamente a «algunas» tradiciones de los judíos que las ponían por encima de la Palabra de Dios.

Ese pasaje de la Biblia no tiene nada que ver con la Tradición Apostólica que hemos explicado.

7.- La Tradición como explicitación de la fe.

Los Apóstoles al escribir, solamente pusieron lo esencial. Más desarrollado estaría en la Tradición. San Juan mismo nos lo dice:

«Hay además otras muchas cosas que hizo Jesús. Si se escribieran una por una, pienso que ni todo el mundo bastaría para contener los libros que se escribieran». Jn 21,25

Así que nada de que todo está en la Biblia.

8.- El verdadero orden a Seguir.
Poniendo las cosas en orden sería de la siguiente manera:

Este es el verdadero orden de cómo sucedieron las cosas. La idea de que «todo está en la Biblia» no tiene fundamento bíblico, ni histórico.

Eso es una «tradición» de hombres que tienen los protestantes.

Dios te ama y ora por nosotros que nosotros lo estaremos haciendo por ti.

Si tienes familiares o amigos que ya no son católicos y que constantemente te atacan o cuestionan sobre tu fe, entonces **inscríbete hoy mismo a la Escuela de apologética online DASM.** Es lo mejor que existe si quieres aprender en serio a defender tu fe. Certificados por obispos.

!Inscríbete e inicia ya mismo! Única en todo el mundo. **La formación es 100% por Internet y estudias cualquier día y a cualquier hora.** A tu propio ritmo. **10 Niveles.** Para inscribirte en estos cursos llámanos en este momento al al 480-598-4320 o por Internet en www.defiendetufe.com

Capítulo 3

¿LE FALTAN LIBROS A LA BIBLIA O LE SOBRAN?

Pregunta:

Sr. Zavala. ¿Yo quiero saber si es cierto que a la Biblia católica le sobran libros, o es al revés, que a la Biblia de los hermanos le faltan? Si me puede contestar se lo agradecería pues en el trabajo hay **compañeros** protestantes que me dicen que nosotros tenemos libros de sobra.

Respuesta:

Saludos y respondo a tu inquietud. La Biblia está dividida en dos partes principales: Antiguo Testamento y Nuevo Testamento. Cada una de estas partes son una serie de libros, de ahí su nombre de Biblia que en griego es «Biblos» y significa=libros o conjunto de libros. A esta «lista de libros inspirados por Dios» se le llama: "canon bíblico".

En el Nuevo Testamento tanto los católicos como los protestantes tenemos 27 libros, en eso no hay desacuerdo. Pero en el Antiguo Testamento sí es diferente, pues los católicos tenemos 46 libros y los hermanos protestantes tienen 39. La diferencia son 7 libros a los cuales se les llama deuterocanónicos (Tobías, Judit, Baruc, Sabiduría, Eclesiástico y 1 y 2 de Macabeos).
¿Por qué? He aquí la respuesta.

1.- El Antiguo Testamento en tiempos de Cristo.

Cuando Jesucristo inicia su ministerio público obviamente no existía nada del Nuevo sino solamente del Antiguo
Testamento, y de éste había dos cánones o listas que eran usadas. La primera lista con 47 libros era la llamada versión

de los 70 o canon Alejandrino. El otro canon tenía menos libros pues era de 39 y se le conocía como canon hebreo o palestinense. Las dos se usaban, pues no existía una sola lista cerrada que todos debieran de seguir. Hasta este momento si alguno optaba por usar una lista u otra era relativamente poco importante.

2.- Los Apóstoles y sus discípulos usaron estos siete libros.

Como la versión de los setenta estaba escrita en griego y era ampliamente conocida, los Apóstoles de Jesús usaron también estos libros al citar pasajes del Antiguo Testamento, incluyendo los siete que hoy en día algunos protestantes no aceptan y que los católicos sí para seguir el ejemplo de los Apóstoles.

Aproximadamente dos terceras partes de las citas que los Apóstoles mencionaron están tomadas del canon alejandrino, es decir, de la lista que incluye estos siete libros deuterocanónicos.

Por lo tanto un primer comentario importante que hacer es que si los apóstoles y sus discípulos los usaron seguramente es porque ellos los veían como libros sagrados y por eso, años después, cuando se escribe el Nuevo Testamento que fue hecho casi totalmente en griego, no dudaron en usar esos siete libros y en dejarlos con referencias de haberlos usado.

Un ejemplo clarísimo está en Hebreos 11 que nos anima a seguir el testimonio de los héroes del Antiguo Testamento:

"... las mujeres recibieron a sus muertos por la resurrección. Algunos fueron torturados, rehusando aceptar ser liberados, para poder levantarse nuevamente a una vida mejor"

Heb 11,35

Si buscamos donde está eso en la Biblia en ninguna parte del Antiguo Testamento Protestante se encontrará, desde el principio hasta el final, desde el Génesis hasta

Malaquías no hay alguien siendo torturado y rehusando aceptar ser liberado, por su esperanza de una mejor resurrección.

Si quiere encontrar eso que se menciona en la carta a los hebreos, tiene que mirar en el Antiguo Testamento de una Biblia Católica - en los libros deuterocanónicos que nosotros tenemos y que ellos quitaron de la Biblia.

La historia donde se nos narra esa situación se encuentra en 2 Macabeos capítulo 7.

Entonces, no es a los católicos a los que nos sobran libros, sino a nuestros hermanos separados a los que les faltan. De hecho muchos de ellos no saben por qué o cuando les quitaron esos libros a sus Biblias.

También en Hech 7,43 Esteban habla del «dios Refán», eso está tomado de la versión griega de los setenta que contiene los deuterocanónicos, pues en la otra versión que no los tiene se le llama «dios Quiyun»(Am 5,26).

Así que si Esteban usó la palabra «Refán» es porque para ellos era normal la versión de «los setenta» que contiene los 7 libros que los protestantes rechazan y nosotros al igual que Esteban si los aceptamos.

3.-La Iglesia Católica fue la que estableció el canon bíblico (lista de libros inspirados).

Otra razón del porqué en la Iglesia Católica se usan estos libros en la Biblia es porque se quiere ser fiel a la lista que se aprobó en un principio por el cristianismo. Pongamos un ejemplo para que sea más sencillo:

Si tenemos un libro X y una persona nos dice que le faltan páginas y otra nos dice que le sobran, una forma muy segura de saber quién tiene la razón es buscando al autor del libro y el libro original, de esa manera saldremos de dudas al comparar lo que nos dicen con lo que fue originalmente.

En el caso de la Sagrada Escritura: ¿Quién? y ¿Cuándo? se tomó la decisión de definir qué libros deberíamos de tener en la Biblia.

Encontrémoslo en la historia: El canon de la Escritura, Antiguo y Nuevo Testamento, empezó a ser definido en el Concilio de Roma en el año 382, bajo la autoridad del Papa Dámaso I. Después se confirmó en el Concilio de Hipona en el 393 y en el Concilio de Cartago en el 397. Es importante hacer notar que todos estos cánones eran idénticos a la moderna Biblia Católica, y todos ellos incluían los deuterocanónicos.

Así que si alguien dice que son más o menos hay que recurrir a la Iglesia Católica, que fue la única de las actuales que decidió cuántos y cuáles libros eran reconocidos como Palabra de Dios. **Ella los reunió, ella los aprobó.**

Yo digo que los protestantes cada noche deberían en su oración de dar gracias a la Iglesia Católica, pues si ellos la tienen, es gracias a esta Iglesia.

4.- Los judíos se quedaron con el canon corto y los cristianos con el largo.

Mirando hacia lo que los judíos decidieron encontramos que ellos aproximadamente en el año 90-100 también establecieron su canon o lista del Antiguo Testamento y se quedaron con el canon corto, principalmente porque para ellos si no estaba escrito en hebreo no tendría el mismo valor y con esto hicieron a un lado la lista más larga y, por supuesto, cualquier otro libro escrito en griego como lo fue el Nuevo Testamento.

Entonces los judíos se quedaron sin esos siete libros y los cristianos sí los incluyeron. ¿Si somos cristianos a quién vamos a obedecer? Por supuesto que a los responsables cristianos de aquellos tiempos.

Esta es otra razón por la que en la Biblia Católica sí son incluidos, por ser fieles al cristianismo primitivo. Incluso, hay algunos judíos como los de Etiopía que siguieron con el canon largo que incluye los siete libros que tenemos.

Recuerde que todos los puntos que estamos explicando los puede confirmar por usted mismo buscando libros y enciclopedias que hablen sobre este tema.

5 . - La Iglesia Primitiva también usó los deuterocanónicos.

Para comprobar esto citaremos al estudioso protestante Sr. J. Kelly que dice: "Debería observarse que el Antiguo Testamento entonces admitido como autorizado en la Iglesia era algo mayor y comprendía más que el [Antiguo Testamento Protestante]... Siempre incluía, aunque con varios grados de reconocimiento, los llamados libros deuterocanónicos.

La razón para esto era que el Antiguo Testamento que pasó en primera instancia a las manos de los cristianos era la traducción griega conocida como versión de los setenta; la mayoría de las citas bíblicas que se encuentran en el Nuevo Testamento se basan en ella más que en la Hebrea. En los primeros dos siglos, la Iglesia parece haber aceptado como inspirados todos, o la mayoría, de estos libros adicionales, y haberlos tratados como Escritura sin más cuestión."

Recuerde que esto lo dijo un profesor protestante que reconoce que si se usaron desde el principio. Entonces, si la Iglesia los usó en los primeros siglos con mayor razón nosotros los usaremos hoy en día.

Un último detalle importante es que durante muchos siglos la Biblia protestante también tenía estos siete libros. Incluso Lutero, Zwinglio y Calvino los tuvieron en sus Biblias al menos como un apéndice.

Fue apenas en el año 1835 la primera vez que la imprimieron sin ellos. De hecho, hoy en día gracias a la investigación, al ecumenismo y al amor a la verdad hay cada vez más protestantes serios que están volviendo a incluirlos en sus nuevas ediciones bíblicas.

Capítulo 4

¿CÓMO INTERPRETAR LA BIBLIA?

Pregunta:

¿Por qué hay tantas Iglesias y sectas con diferentes creencias si la Palabra de Dios es la misma para todos? ¿No deberíamos de creer lo mismo si se está leyendo la misma Biblia? No entiendo por qué es tan diferente la forma de pensar de una Iglesia a otra. Me gustaría que me explicaran sobre: ¿Cómo leer e interpretar la Biblia y cómo estar seguro de si lo que yo pienso está bien o no? Gracias. Ah ¿Es bueno cerrar la Biblia y leerla al «azar» en donde caiga?

Respuesta:

Te comento que la razón principal por la cual en las sectas cada uno interpreta la Biblia a su modo personal es debido a que ellos creen en la «libre interpretación» bíblica.

Martín Lutero, reformador protestante, fue quien dijo que cada persona era libre y capaz de interpretar la Biblia por sí mismo. Que no era necesario la ayuda e intervención de la Iglesia, sacerdotes, ni nadie. Según él, bastaría que cada persona orara y pidiera el Espíritu Santo para poder interpretarla.

Las «sectas actuales» son como «nietas» de Lutero y al seguir con esa misma idea los resultados son pésimos, pues unos niegan la Divinidad de Cristo; otros el celibato; aparecen otros rechazando a la Virgen María; unos más aceptan la homosexualidad practicada como algo bueno y hasta surgen otros diciendo que María no recibió la visita de un Ángel sino de un extraterrestre.

Una verdadera Babel religiosa que ni el mismo Lutero se iba a imaginar. Y todos leyendo la misma Biblia y queriendo sacar de ella sus propias creencias.

Es por esto que si queremos evitar esa confusión y leer la Biblia e interpretar la correctamente para recibir sus bendiciones, debemos de tener «bases y criterios» para interpretarla correctamente, pues hay pasajes difíciles de entender (Hech 8,3031; 2 Pe 3,16; 2 Pe 1,20).

Te comento a continuación los **5 «criterios fundamentales»** para el correcto conocimiento y provecho de la Sagrada Escritura.

1.- Orar y pedir el Espíritu Santo.

Si queremos que la Palabra de Dios ilumine nuestra mente y nuestro corazón y nos ayude en nuestro camino de santidad y salvación, sin duda que necesitamos pedir al Espíritu Santo para que nos guíe y nos dé el entendimiento necesario. Pedirlo cada vez que leas la Palabra no es lo único, sino lo primero que hay que hacer (Jn 14,16.26).

2.- Estudiar bien el Texto.

El segundo paso es saber que en varias ocasiones encontraremos pasajes difíciles de entender o que nos parecerán alejados de lo que creemos. ¿Qué hacer? Nosotros no pensamos como las sectas religiosas que hay que tomar toda la Biblia al «pie de la letra», pues eso es un tremendo error llamado «fundamentalismo».

En esos casos debemos de tomar una actitud de discípulo y buscar la forma de estudiar más el texto y para eso podemos:

a) Buscar un diccionario bíblico católico que nos facilite el significado de las palabras.

b) Leer los comentarios que se encuentran en la parte inferior del pasaje bíblico que estemos leyendo. Todas las Biblias católicas normalmente cuentan con estos comentarios que nos guían hacia una correcta interpretación.

c) Pedir orientación. Puedes buscar a un catequista, religiosa, diácono o sacerdote para que te puedan apoyar en tu duda o inquietud. Al tener ellos un mayor conocimiento y experiencia te facilitarán una mejor comprensión de la Palabra de Dios.

d) Buscar comentarios bíblicos para profundizar sobre el estudio de la Palabra (Géneros literarios; lenguas bíblicas etc)

3.- Armando el Rompecabezas.

Este es el tercer criterio importante a seguir. La Biblia no es un catecismo. Por lo tanto, no encontrarás un tema que se encuentre completo y terminado en una o dos páginas y de una forma continua.

No. Normalmente hay que buscar en diferentes libros, tanto del Antiguo Testamento como del Nuevo. Es como si fueras a armar un rompecabezas. Si una persona compra un rompecabezas de la Bella y la Bestia de mil piezas y solamente coloca 500 ¿Qué es lo que va a ver? Tal vez, solamente vea la Bella, a lo mejor sólo la Bestia o hasta se vea media bestia... si lo quiere ver bien, tendrá que poner todas las piezas.

Pongamos el caso de los protestantes evangélicos que afirman que la Biblia enseña que no debemos de llamarle «padre» a nadie en la tierra, que estamos mal los católicos al decirle así al sacerdote y para pretender fundamentarse leen el siguiente pasaje:

«No llamen a nadie "Padre" en la tierra, porque uno solo es su Padre: el del cielo».

Mt 23,9

Al decir esto, sí están leyendo la Biblia, pero el error está en que no están leyendo otros pasajes bíblicos que también hablan sobre eso y que aclaran el sentido correcto de esa frase.

Leámoslo y demostremos que esa afirmación es un error. Pues en la misma Biblia vienen casos en el que se le llama PADRE a un hombre:

En sentido físico:
«Honra a tu Padre y a tu madre» Lc 18,20

En sentido espiritual:
«Padre Abraham, manda a Lázaro...» Lc 16,24

Entonces, no es malo llamarle Padre al sacerdote, sino todo lo contrario, puesto que es por medio de él que nosotros nacemos en lo espiritual mediante el bautismo. Es como un padre espiritual al igual que San Pablo lo decía:

«Hijitos míos por quienes sufro de nuevo hasta no ver a Cristo formado en ustedes»
Gal 4,19

Esto lo entendimos al poner las otras piezas (citas bíblicas) de ese tema. Por eso, buscar los textos paralelos que hablen del mismo tema para comprenderlo mejor es un criterio importante a seguir que las sectas muchas veces no hacen.

4.- El Texto, fuera de Contexto, sirve de puro Pretexto.

Hace tiempo en un programa de televisión estaba un homosexual diciendo que era bueno ser así y que el mismo Jesús enseñó eso. Yo pensé: -de dónde éste va a sacar esa barbaridad- Entonces el homosexual toma la Biblia entre sus manos y dice: Miren aquí está, Jesús dijo: «Ámense los unos a los otros»... y nosotros nos amamos. Vaya forma de interpretar la Biblia a su conveniencia e ideología.

Con razón el dicho dice: **El texto, fuera de Contexto, sirve de puro pretexto.**

Es entonces el contexto, literal e histórico, el tercer criterio a usar para una correcta interpretación. El contexto literal es leer antes y después de la cita bíblica que se esté estudiando. Por ejemplo, de Jn 14,8 el contexto literal serán los versículos anteriores y posteriores: Jn 14,1-7 y Jn 14,9 y siguientes.

El contexto histórico son las circunstancias que rodean al texto en aquel tiempo. ¿Quién lo dijo? ¿A quién se le estaba hablando? ¿Por qué lo estaba diciendo? ¿Qué querían decir en su tiempo esas palabras? etc.

En el caso que mencionamos «ámense los unos a los otros» por supuesto que Jesús no estaba hablando de la homosexualidad; por el contexto, sabemos que se está hablando de que una de las características principales del ser su discípulo, es el amor. Esto es muy diferente.

5.- Tres «Pilares que sostienen la Biblia».

Veamos ahora el último y más importante criterio para interpretar correctamente la Biblia. Son tres pilares fundamentales que, como un tripie, si se le quieta alguno, se cae por falta de equilibrio.

a) La Iglesia

No es una persona en forma individual y aislada de la comunidad de fe la que tiene la correcta interpretación de la Palabra, sino la Iglesia:

La Iglesia **Católica** reunió y estableció el canon de la Biblia. Año 393 y 397. Concilio de Hipona y de Cartago.

Un sacerdote **católico** la tradujo de las lenguas originales al latín. San Jerónimo.

Monjes **católicos** durante siglos hicieron las copias a mano de toda la Biblia.

Un cardenal **católico** colabora en la división de capítulos y versículos. Stephen Langdon.

Por algo ya San Pablo desde el principio dijo:
La Iglesia es «Pilar y Columna de la verdad»
1 Tim 3,15

Las sectas evangélicas que aceptan la Biblia pero rechazan la Iglesia Católica, se parecen a la persona que quiere naranjas pero que corta el árbol de naranjo. Si no hay árbol, no hay naranjas, ni jugo, ni nada.
Digámoslo así: Ni Iglesia sin Biblia, Ni Biblia sin la Iglesia.

b) La Tradición Apostólica

La Iglesia Católica no fue solamente quien le dio vida a la Biblia, sino que durante más de dos mil años, ha sido su guardián ó custodio. Padres de la Iglesia, santos y concilios nos han ido transmitiendo la belleza de la Palabra. Uniéndonos a la gran Tradición Apostólica (2 Tes 2,15) es como ponemos otro pilar para entender bien la Sagrada Escritura.

Es mirar nuestras raíces de fe para ver cómo es que ellos la han entendido, pues Jesucristo es el mismo «hoy, ayer y siempre» (Heb 13,8).

La Tradición no agrega ni inventa nada, sino que enriquece, actualiza y hace más clara la verdad contenida en la Palabra de Dios. Tal es el caso de la Asunción de María o de la infalibilidad del Papa.

c) El Magisterio de la Iglesia

Este es el último e indispensable pilar a poner. Son los obispos en comunión entre ellos y con el Papa quienes como auténticos maestros en la fe nos darán la correcta interpretación de la Biblia.

Como lo dijo el mismo Jesucristo acerca de los apóstoles:
«El que los rechaza a ustedes a mí me rechaza»
Lc 10,16

Los obispos son sucesores de los Apóstoles y por lo tanto el magisterio para guiarnos en la interpretación de la Biblia.

Sin duda que quienes se fueron a las sectas con todas las barbaridades que creen; que van cambiando o hasta inventando, están pagando el precio de haber abandonado la Iglesia que Cristo fundó y que formó la Biblia: La Católica.

Dale gracias a Dios hermano y siga estos consejos que le di para leer la Biblia en «clave católica».

P.D. Sobre lo que me dice si es bueno leerla en «dónde caiga» no te lo recomiendo, porque un hermano así lo hacía hasta que un día le toco el pasaje que dice: «... y Judas se ahorcó» A partir de allí nunca lo volvió a hacer así.

Ese no es el camino ordinario por el que Dios nos habla. Mejor busca un excelente libro que te ayudará a leerla que se llama: "***Cómo leer la biblia con Provecho***".

Capítulo 5

BIBLIA ECUMÉNICA: ¿«UN CABALLO DE TROYA»?

Pregunta:

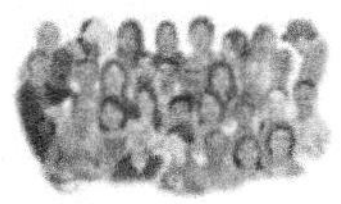

Quisiera que explicaran si es buena la Biblia que tengo, pues unas personas me dijeron que buscara otra, ya que la mía no tiene casi explicaciones y que tenía algunos detalles que no estaban bien, puesto que era una Biblia ecuménica. ¿Qué es eso de Biblia ecuménica y es bueno o malo el tenerla?

Respuesta:

Gracias por tu pregunta, pues muchas veces durante los cursos que impartimos aparece la misma inquietud.

En primer lugar, hay que decir que se le llama «Biblia ecuménica» o «versión ecuménica» porque es una Biblia hecha con la colaboración de protestantes que practicaban el ecumenismo o búsqueda de la unidad entre los cristianos. Además, ellos iban a incluir los libros deuterocanónicos que normalmente ellos no usan y sería un trabajo supervisado por especialistas bíblicos católicos(exégetas). Esto inició aproximadamente en 1976. Su objetivo fue buscar por este medio un acercamiento mutuo que favoreciera la unidad.

Todo eso en teoría se oye bastante bien, pero la realidad es que en la práctica, hoy en día, esa «versión ecuménica» **es un auténtico «caballo de Troya»**, que provoca más confusión entre los católicos y favorece el crecimiento de las sectas. Lo peor del caso es que muchos no se han dado cuenta de esto y es urgente que los obispos tomen cartas en el asunto como algunos ya lo han hecho. También cada sacerdote, y nosotros como laicos, debemos hacer algo para que estas versiones no se sigan promoviendo hasta que no se revise y corrija lo que te mencionaré a continuación. No olvidemos que unas gotitas de veneno en un pastel pueden hacer mucho daño.

Te comento ahora algunas cosas de las que he platicado con líderes, sacerdotes y obispos para hacer notar que hay muchos aspectos que hacen que esa Biblia no sea nada recomendable entre los católicos. Sus nombres más comunes son: Dios habla hoy; Dios llega al hombre; Versión Popular; Santa Biblia; DHH; Biblia de oración; la biblia de estudio; la biblia Dios habla hoy; Amigos por siempre; amigos de Jesús; Biblia bilingue traducción en lenguaje actual; Compubiblia... más las que se le acumulen pues constantemente siguen sacando más versiones y variantes que ninguna autoridad católica va revisando, o lo peor, la firman y recomiendan sin verdaderamente revisarlas lo cual lo comprobarás en unos minutos.

Seguramente que lo que te voy a mencionar servirá para hacer conciencia sobre este problema y que la autoridad eclesial competente tome cartas en el asunto. Si no, al menos cada uno de nosotros debe de hacerlo.

Como han hecho tantas versiones y siguen haciendo nuevas, es importante que lo que aquí leas lo verifique en varias de ellas, pues en unas están presentes algunas cosas que leerás y lo demás lo hallarás en otras versiones.

1.- ¿Ecuménica para promoverla entre todos o solamente entre los católicos?

Originalmente se pensó que el hecho de que fuera una versión ecuménica serviría como un acercamiento entre todos los cristianos, católicos y no católicos. El resultado, treinta y cinco años después, es que los protestantes (Sociedades bíblicas unidas) las hacen, venden y distribuyen a «los católicos» mientras que ellos en su inmensa mayoría ni la usan ni la promueven, sino que siguen usando la Reina-Valera. ¡Increíble!

Basta que le preguntes a cualquier hermano evangélico que biblia usa y comprobarás que ni el 1% usa la versión ecuménica.

¿Qué listos verdad?... haciendo dinero a costa de la Iglesia católica. ¿Dónde quedó lo ecuménico y el objetivo de favorecer la unidad? Nada. Simplemente para ellos es un buen pretexto para vender Biblias «ecuménicas» en parroquias católicas y sacar más dinero para ellos. Así como el «caballo de Troya» fue introducido, pensando que era un regalo, lo que pasó fue que metieron a su enemigo en casa y pagaron las consecuencias.

Igual sucede en la Iglesia Católica. Los siguientes puntos nos confirmarán esto.

2.- Biblias protestantes, pero con el mismo nombre de la versión ecuménica.

Esto si que es el colmo. En varios lugares y países las mismas sociedades bíblicas protestantes (SBU y ABS) que hacen y venden la versión «ecuménica» han sacado y distribuido una Biblia que es exactamente igual a esa, pero sin los libros deuterocanónicos (Tobías, Judith, Baruc, Sabiduría, Eclesiástico y 1 y 2 de Macabeos).

El resultado es una gran confusión entre los católicos, pues ellos creen que están comprando una Biblia católica porque se llama igual que la ecuménica y resulta que en realidad están comprando una Biblia protestante 100% en todos sus aspectos: Sin Deuterocanónicos, con el nombre Jehová y sin ningún comentario explicativo al puro estilo protestante.

Hemos encontrado catequistas, predicadores y servidores católicos que usan esa versión y cuando les pedimos que lean algún pasaje bíblico de esos libros se dan cuenta que su Biblia no los tiene. Peor aún, tienen tiempo con ella y ni cuenta se habían dado.

Me dicen que como la compraron en su parroquia nunca se iban a imaginar que en la Iglesia Católica les iban a vender una Biblia protestante. Hace poco una persona sorprendida me dijo que un sacerdote se la había regalado, por eso ni la revisó.

¡Qué tremendo! Ni el encargado de catequesis, ni la religiosa, ni el mismo sacerdote se había dado cuenta que ellos habían comprado Biblias protestantes para venderlas a los católicos pensando que eran versiones ecuménicas.

En una parroquia en la que fui a dar un curso pasó lo mismo, cuando hablé con el párroco me dijo que él mismo las había ordenado pensando que como se llamaban igual: «Dios habla Hoy» había pedido una gran cantidad.

Ni modo. La falta de astucia y visión tiene su precio.

3.- Son biblias católicas... al estilo protestante: Sin comentario alguno.

Es increíble que algo tan importante algunos líderes nuestros lo dejen pasar como si nada.

Si en todas las biblias realmente católicas existe siempre comentarios a pie de página y en las introducciones es porque siempre hemos considerado de un alto valor esto, ya que sirve para precisar muchas cosas a la hora de interpretarla y de ponerla en práctica en nuestra vida diaria. Entonces, **porque se promueven estas biblias si la gran mayoría de estas versiones no traen absolutamente nada de comentarios**.

Que le costaba, a quien la autorizó, el pedir que se incluyeran comentarios al igual que se hace en todas las biblias católicas que son hechas por católicos.

Si algún líder católico dice: "eso no importa" ... Bueno, y si no importa entonces porque en todo el mundo siempre ponemos la paráfrasis o comentarios bíblicos en muchas partes de la misma y lo hacen todas las biblias hechas por católicos: Biblia Jerusalén; Biblia Latinoamericana; Biblia Nacar-Colunga; Biblia del Peregrino.

¿Por qué la gran mayoría de estas biblias en sus diferentes versiones no traen ningún comentario y todas las biblias católicas si lo traen?

La Respuesta es sencilla:

Porque para nosotros **como católicos** es parte de nuestra fe el comprender las Escrituras en sintonía con la Iglesia. Estas notas explicativas que están en la parte inferior son comentarios, explicaciones e indicaciones que nos sirven de apoyo para enriquecer y comprender mejor la Palabra de Dios.

En cambio, la biblia protestante, nunca trae comentarios porque eso es precisamente lo que creen y parte de su doctrina. Ellos afirman que cada quien es libre de interpretar la biblia a su modo y que no hace falta ningún comentario ni nada parecido pues el Espíritu Santo les revela y les da entendimiento. Esa es una de las causas de que haya miles de sectas e iglesias protestantes o cristianos evangélicos como hoy se hacen llamar.

Los comentarios en la biblia, sean de tipo pastoral o más científico nos ayudan a no caer en los mismos errores de interpretación de los protestantes; nos sirven para vivir en plenitud la palabra de Dios y, al mismo tiempo, nos permiten estar unidos al magisterio de la iglesia en los pasajes difíciles de interpretar.

Por eso, fue y es un tremendo error, el permitir y autorizar que se imprimieran; se vendan y se promuevan estas versiones entre nosotros los católicos. Tanta riqueza espiritual y de exégesis bíblica tirada al abandonar ponerlos para quedar bien con ellos o por simple falta de visión de quien la autoriza y promueve.

¿Si eso es ser ecuménico, por qué ellos no lo hacen también a la inversa e incluyen comentarios en sus biblias?

¡Nunca lo harán verdad! Es que ellos si cuidan su doctrina y nosotros... bien gracias. Eso no es ecumenismo, eso es indiferentismo.

4.- «Versiones ecuménicas»: ¿Sin comentarios o con comentarios protestantes?

Algo peor, es que en algunas pocas de ellas, cuando ponen algún breve comentario, descaradamente lo hacen al mas puro estilo protestante. Ejemplo:

«No vivieron como esposos hasta que ella dio a luz a su Hijo».

Mt 1,25

La traducción de ese pasaje está bien, pero le ponen un asterisco o número para decir que al pie de la página hay una nota explicativa que dice: * «Su Hijo: ***algunos manuscritos dicen su primer hijo***

Pero no vivieron como esposos has-
que ella dio a luz a su hijo,[2] al que
sé puso por nombre Jesús.[f]

[2] *Su hijo*: algunos mss. dicen: *su primer hijo*
en el oriente. [4] *El Mesías*: véase *Glosario*

».

Ese comentario lo ponen como diciendo *si hubo un "primer hijo", entonces hubo más...* consecuencia: María no es Virgen.

¿Acaso eso es lo que creemos los católicos?

¿En qué manuscrito dice «su primer hijo»?

¿Es este un comentario aprobado por el CELAM y por biblistas católicos?

¿Por qué ese comentario que ponen a pie de página, ni siquiera su misma Biblia protestante lo trae?

Si es algo confirmado y aprobado ¿Por qué ninguna biblia católica lo pone?

Sin duda que se trata de filtrar de una forma muy sutil sus creencias. Por eso, es un auténtico «caballo de Troya» que les ha dado buenos resultados.

De por sí, esas versiones, al estilo de los protestantes, no tienen casi ningún comentario y cuando los ponen son para decir doctrinas en contra de nuestra fe. Para aumentar la confusión, ese comentario viene en unas de sus versiones y en otras no.

Y pensar que eso se está vendiendo en parroquias, movimientos y librerías católicas de todo el continente.

Me decía en una ocasión un sacerdote: «es que como ellos nos las dejaban muy baratas...» Como dice el dicho: «lo barato, sale caro».

5.- Los anexos y apéndices: ¿Doctrina Católica o protestante?

Muchas de les Biblias «ecuménicas» que se venden hoy en día, tienen al final de la misma una serie de anexos o apéndices que supuestamente facilitarán la lectura y comprensión de la Biblia.

Pues bien, en ellos, una vez más, dejan mostrar claramente sus creencias protestantes de una forma muy sutil pero claramente definidas. Veamos algunos ejemplos:

a) Ejemplos en el Glosario: Si usted revisa qué es lo que significa el «Bautismo» dirá que sin la fe personal no se puede bautizar. Muy mal. Los niños no tienen fe personal y sin embargo se bautizan.

y el arrepentimiento. El bautismo
cristiano exige además un requisito
que le da carácter único: la fe en
Cristo como redentor y como Señor

En «seres alados» no ponen las citas bíblicas cuando Dios mandó hacer imágenes de querubines Ex 25,18 ¿Casualidad o reflejo de su doctrina protestante?

En «Maná» ponen que Jesús dijo que ***eso era una representación***. Nosotros creemos que es el cuerpo y la sangre de Cristo y no una mera representación.

105.41). Jesús señaló que el maná lo

representaba a él como pan que había descendido del cielo (Jn 6,48-51)

Pura doctrina protestante y vendiéndose en parroquias y movimientos con el nombre de biblia católicas. Ah.. y con el pretexto de que el CELAM lo autorizó nadie dice nada.

¿Acaso los católicos creemos eso que ellos ponen o más bien es una interpretación que ellos dan como fiel reflejo de su doctrina protestante?

Además, en el Glosario no ponen las palabras: María, fracción del pan, reconciliación, domingo, obras, etc. ya se imaginará usted por qué no las ponen.

b) Pasajes famosos de la Biblia.

Este es otro apéndice muy común en las versiones ecuménicas.

En pasajes famosos de la Biblia **no encontrará**:

* El anuncio del Ángel a María Lc 1,26-38
* La Alabanza de Isabel a María Lc 1,40-45
* A Jesús dándole el poder a los Apóstoles de perdonar los pecados Jn 20,22-23

* A Jesús dejando a Pedro como Pastor Jn 21,15-17

No ponen lo anterior que es algo esencial en nuestra identidad como católicos y sí ponen el canto de Débora o el bautismo de Lidia, que es algo de poca importancia comparado con lo anterior. Qué increíble que estas versiones «ecuménicas» se vendan en librerías católicas y se promuevan en parroquias.

c) Apéndice: ¿Qué dice la Biblia sobre el perdón de Dios?

Por supuesto, como ya lo estará pensando usted, en ese apéndice NUNCA ponen las citas bíblicas que nos hablan de que el camino ordinario para recibirlo es a través del sacramento de la confesión por medio del sacerdote.

No pusieron: Jn 20,22-23; ni Hech 19,18; ni 2 Cor 5,1820.

Sin duda que los apéndices son una forma más de querer promover sus creencias protestantes al estilo del "caballo de Troya"', es decir, sutilmente con trucos y engaños. El católico confía en que como está autorizada por alguien en la iglesia católica no habrá problemas y no analiza nada de lo anterior. Pregunto yo: ¿Quienes fueron los supuestos biblistas católicos que revisaron y autorizaron todo lo anterior que hemos comentado? ¿Cómo fue posible que el cardenal firmara y autorizara con todos estos aspectos que hemos mostrado?

6.- Ecuménica y aprobada por el CELAM: ¿Cuándo y Qué versión fue aprobada?

Una de las causas principales del por qué se ha extendido por muchos países esa Biblia con los errores ya mencionados, es debido a que líderes y sacerdotes ven la aprobación del CELAM (Consejo Episcopal Latinoamericano) y piensan:

«No hay problema pues es una versión aprobada».

De esta manera se han abierto las puertas de parroquias, librerías, radios, movimientos y ministerios católicos etc., para promover esas versiones.

Claro. Los protestantes sin eso no hubieran podido entrar al «mundo católico». Si usted toma una Biblia Dios Habla hoy; Dios Llega al Hombre o Versión Popular, tendrá la aprobación del CELAM, pero revise tres, cuatro o más de esas versiones y se dará cuenta de que la aprobación que normalmente tienen es del año 1978 o 1979.

Ellos han seguido haciendo más versiones y simplemente le copian y pegan la aprobación que consiguieron hace más de TREINTA AÑOS.

¿Quién está revisando actualmente las otras versiones y ediciones que han hecho?

¿Por qué ***la mayoría de esas versiones***, supuestamente ecuménicas, no tienen una aprobación actual de parte de la Iglesia Católica?

¿Dónde quedó la participación de biblistas católicos en sus nuevas versiones?

Personalmente me he puesto a investigar eso y el colmo es que ellos ponen la aprobación del CELAM para una determinada versión y descaradamente ellos venden otra versión diferente a la aprobada. poner foto

Es muy común encontrar Biblias completas «Versión popular» y la aprobación dice que es solamente para el Nuevo Testamento. poner foto

Muy listos, ¿eh?... tomaron la aprobación del Nuevo Testamento y le pegan esa página a una Biblia completa de otra versión que ellos hicieron.

También se puede encontrar la «Dios llega al hombre» y en la aprobación dice que es para la versión aprobada de la «Dios habla hoy».

Y como nadie dice nada, ni se revisa... ellos siguen felices de la vida, manejando versiones y aprobaciones a su antojo y vendiéndolas a incautos católicos.

¿Sabrán en el CELAM el manejo que hacen las sociedades bíblicas protestantes de sus cartas de aprobación?

¿Acaso han olvidado algunos obispos que **ellos y no el CELAM** son lo que tienen la autoridad en su diócesis y el estatus de las conferencias episcopales ha sido definido claramente en el Motu Proprio Apostolos Suos del Papa san Juan Pablo II?

Como dice un dicho: Camarón que se duerme...

Algo similar lo están haciendo ahora con la biblia en audio hecha por protestantes y el encargado 'católico' internacional con un auténtico indiferentismo la promueve como si fuera lo mejor. La promueven y venden en parroquias católicas e incluso usando ahora la 'lectio divina' como un pretexto para usar la versión protestante.

Sin duda que una urgencia de nuestro tiempo es el darse cuenta de una vez por todas que no todo lo que tiene etiqueta de «ecuménico» realmente lo es. De hecho, cuando fui a dar unas conferencias al Perú, el obispo que había sido presidente de la conferencia episcopal confirmó que ya estaban tomando cartas en el asunto para que ya no se vendieran ni promovieran esas biblias. (Dios Habla hoy; Dios Llega al Hombre; Versión Popular; Nueva versión internacional...)

La influencia de las sectas evangélicas fundamentalistas en el protestantismo, con todo y sus trampas y malas interpretaciones, va más allá de lo que muchos han alcanzado a percibir.

Es hora de que los líderes católicos (obispos, sacerdotes y laicos) tomemos acción y se quiten estas versiones para mejor promover versiones 100% católicas que las hay y muy buenas.

Gracias por compartirnos tu inquietud.

Te recomiendo por lo tanto conseguirte una Biblia 100% católica, que hay muchas, y sigue adelante como buen soldado de Jesucristo. Si quieres vivir la fe al 100% hay un muy buen libro que escribí y que debes de leer llamado: "Soy católico y que". Búscalo en tu librería católica más cercana o en internet.

Capítulo 6

¿NUEVO TESTAMENTO ECUMÉNICO? «DEL CABALLO AL DESCARO»

Pregunta:

Estoy sorprendida, pues en mi parroquia y en la radio católica que tenemos están vendiendo y promoviendo el nuevo testamento con la 'lectio divina' pero al comprarlo miré que es la versión ecuménica y me acordé de lo que había leído en uno de sus libros sobre los errores que trae. Analícela por favor pues creo que ésta versión está peor.

Estimada hermana, dice un dicho: *"El que tiene más saliva que trague más pinole"* y al parecer los hermanos cristianos evangélicos ya se dieron cuenta que pueden comer mucho más 'pinole' pues el desinterés, ingenuidad y apatía de muchos obispos y sacerdotes ha llegado a tal grado que ellos pueden poner descaradamente cualquier tontería y doctrina protestante en sus nueva versiones de la biblia, promoverlas y venderlas a católicos y nadie dirá nada. Con el pretexto de que como ya está autorizada...

Anteriormente escribí un artículo mencionando que la *Difusión y venta de la biblia ecuménica de las sociedades bíblicas unidas que contienen elementos contrarios a la fe católica era un caballo de Troya*. Ahora, al analizar en detalle el nuevo testamento con la lectio divina que sacaron y que me enviaste, te confirmo lo que me dices: "**Esta peor y es abiertamente anti católico en muchos aspectos**".

Ya no es un caballo de Troya disfrazado **sino un auténtico virus descaradamente atacando la fe**. Ojalá y ahora si los obispos y sacerdotes tomen acción ante este ataque frontal a la fe pues es su deber vigilar y custodiar la sana doctrina.

Para confirmar todo lo que encontré tome fotos y aquí mismo las coloco y así cualquiera lo pueda verificar.

Errores en el llamado nuevo testamento con el método de la lectio divina (versión 'ecuménica' sociedades bíblicas unidas**) que están promoviendo y vendiendo.**

<u>**A.- En el glosario**</u> que viene al final hay errores doctrinales muy claros y no es casualidad que todos ellos reflejan la doctrina protestante. Anexo fotos de cada punto en este nuevo testamento.

1. ***Adorar***.- En la Página 323 ponen que adorar *es mostrar admiración o respeto por algo o alguien.*

Adorar: Es demostrar admiración y respeto por algo o alguien. Cuando «adoramos» a Dios le demostramos respeto y le damos gracias de manera muy especial: por medio de una ofrenda o cantándole una canción.

Esa es una pésima explicación y reduccionismo de esta palabra. Si eso es así, entonces los católicos al mostrar respeto y admiración a la virgen, a los santos o al Papa lo estaríamos adorando. Eso es exactamente lo que dicen los protestantes fundamentalistas que no saben o no aceptan la diferencia entre adorar, venerar, respetar... Esta definición de adorar que pusieron es la misma que usan las sectas más fundamentalistas y anticatólicas que existen. Este nuevo testamento es el que están promoviendo y vendiendo en la radios, parroquias y librerías católicas e increíblemente trae la firma de aprobación de un cardenal. Pésima costumbre el no revisar lo que se aprueba confiando en la bondad de los protestantes.

2. *Bautismo*.- En la Página 323 pusieron que el bautismo es una '*ceremonia religiosa que Jesús ordenó practicar*'.

> **Bautismo**: De acuerdo al Nuevo Testamento, ésta es una ceremonia religiosa que Jesús ordenó practicar. Cada vez que una persona cree en Jesús como su salvador y acepta vivir de acuerdo a sus enseñanzas, debe ser bautizado.

De nuevo esta definición es muy pobre y de hecho 100% protestante pues para casi todos ellos el bautismo no es un sacramento ni es un nuevo nacimiento, ni el hacernos hijos de Dios, ni miembros de la iglesia. Para las sectas evangélicas actuales es simplemente una 'ceremonia' y eso es lo que pusieron en el glosario que viene al final y ésta doctrina es la que se está promoviendo entre los católicos en muchas diócesis por medio del llamado nuevo testamento con la lectio divina. Cualquier catequista con un poco de formación rápido se daría cuenta que esta definición es la típica de las sectas fundamentalistas.

3. *Infierno.*- En la Página 325 escribieron; '*Infierno:*

La Biblia enseña que al morir cada persona tiene un destino final: el cielo o el infierno'.

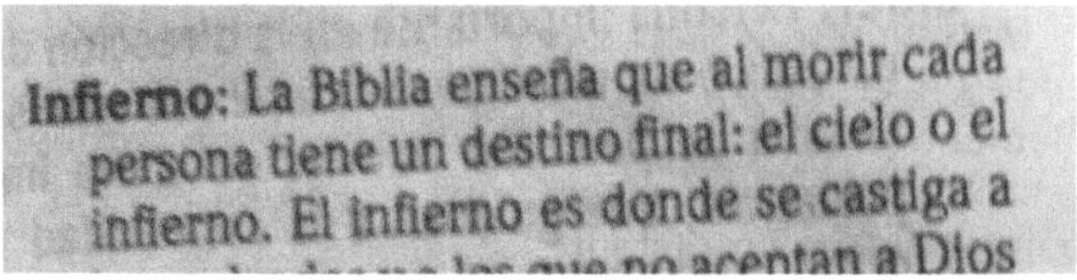

Infierno: La Biblia enseña que al morir cada persona tiene un destino final: el cielo o el infierno. El infierno es donde se castiga a

¡Que casualidad que no pusieron nada acerca del purgatorio! O más bien no lo pusieron porque ellos no creen nada sobre el purgatorio. ¿Cómo es posible que sacerdotes y obispos permitan que esto se venda como si fuera católico?

4. ***Sacrificio.*** En el glosario viene en la página 328 y 329. En cualquier vocabulario o glosario católico al poner esta palabra inmediatamente pensamos en el sacrificio de Jesucristo y en la institución de la Misa como santo sacrificio. Lc 22,19; Heb 13,10; 1 Cor 11,25 Al contrario de esto, en este glosario solo pusieron los sacrificios de animales. Léelo atentamente.

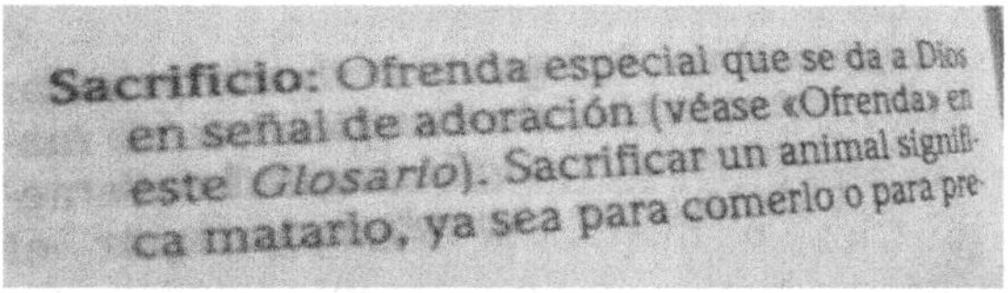

Sacrificio: Ofrenda especial que se da a Dios en señal de adoración (véase «Ofrenda» en este *Glosario*). Sacrificar un animal significa matarlo, ya sea para comerlo o para presentarlo como ofrenda a Dios. Los israelitas «sacrificaban» palomas, cabras, becerros, corderos, vacas y toros.

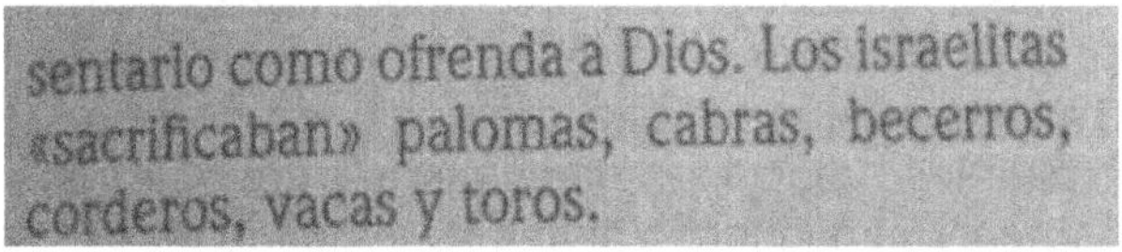

¿Otra casualidad o mejor dicho un reflejo de la teología protestante que no acepta la misa como el santo sacrificio pascual?

Maná.- Aquí es muy obvia la omisión protestante en este glosario pues pusieron lo relacionado al mana en el antiguo

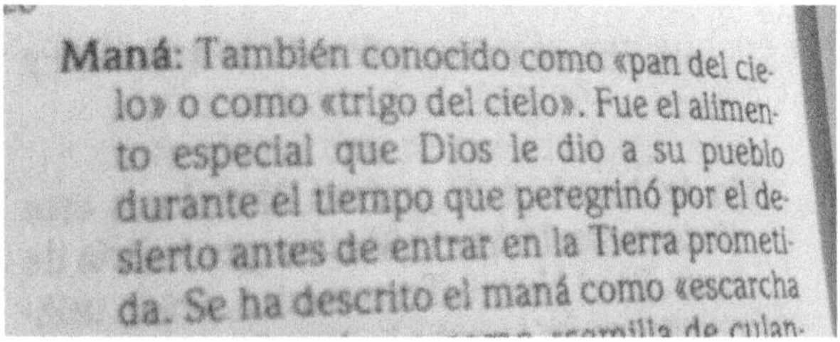

Maná: También conocido como «pan del cielo» o como «trigo del cielo». Fue el alimento especial que Dios le dio a su pueblo durante el tiempo que peregrinó por el desierto antes de entrar en la Tierra prometida. Se ha descrito el maná como «escarcha

testamento y **no dice nada** de Jesucristo hablando que Él es el verdadero maná que cae del cielo y que el que coma de él tendrá vida eterna Jn 48,54. Central en nuestra fe cristiana y sin importancia para ellos pues no creen nada de eso. **De verdad que algunos lideres nuestros han sido muy ingenuos al no revisar y aprobar este versión del nuevo testamento** que hacen los protestantes , pero que lo venden a los católicos. Es hora de corregir y dejar de promover la doctrina protestante mediante estas versiones.

5. ***Salvación.***- Página 329 habla de que 'el que recibe a Jesús como su salvador forma parte de la familia de Dios'.

Salvación: En el Nuevo Testamento, la palabra «salvar» o «salvación» se usa con el significado de rescatar a las personas del poder del mal y colocarlas bajo el cuidado de Dios. Por eso, el que recibe a Jesús como su «Salvador» forma parte de la familia de Dios.

Otra vez salen con su teología protestante. De acuerdo a la biblia 1 Cor 12,13 y al catecismo de la iglesia No. 782 es la fe y **el bautismo** lo que nos hace ingresar a la familia de Dios. No solamente se trata de *recibir*, al estilo protestante a Jesús, sino de un verdadero nacimiento e incorporación al pueblo de Dios mediante el bautismo. También olvidaron poner algo esencial en la salvación desde la perspectiva católica como lo es la obediencia u obras Stgo 2,14; Mt 7,21. Si agregan algo, que lo hagan completo.

6. ***En el glosario*** de este nuevo testamento que está promoviendo en muchos lugares vienen 78 palabras. Vienen términos como: Circuncidar, bendecir, biblia, fiesta de las enramadas, fariseo, impuro, impuesto, mirra, plaga... Sin embargo, **no vienen otras mucho más importantes** como: cena del Señor o fracción del pan que son mucho más importantes a nuestra fe pues son el centro de la vida cristiana al referirse a la Eucaristía. Sin duda que esto es un reflejo más de la mentalidad protestante que está presente en estas versiones hechas por ellos mismos para vendérselas a los católicos que ingenuamente piensan que se trata de una versión revisada por la autoridad eclesial competente.

Al parecer algunos obispos han olvidado que ellos son los pastores y encargados de cuidar las ovejas en su diócesis y que el hecho de que un obispo o cardenal en otro lugar lo apruebe no significa que haya que aceptarlo. La autoridad **en su diócesis es de él,** unido al Papa. (Can. 391. §1. Corresponde al Obispo diocesano gobernar la Iglesia particular que le está encomendada con potestad legislativa, ejecutiva y judicial, a tenor del derecho) **y no del CELAM** (motu proprio Apostolos Suos No. 20 "En los demás casos « permanece íntegra la competencia de cada Obispo diocesano y ni la Conferencia ni su presidente pueden actuar en nombre de todos los Obispos *a no ser que todos y cada uno hubieran dado su propio consentimiento* ».

B.- En la Introducción al método de la lectio divina y en los ejemplos que ponen también podemos notar aspectos que claramente muestran la doctrina protestante en una biblia hecha para los católicos. Anexo fotos señalando la página.

-Página 1

"El Espíritu Santo asiste de manera particular... Así surge la biblia cristiana a lo largo de más de diez siglos..."

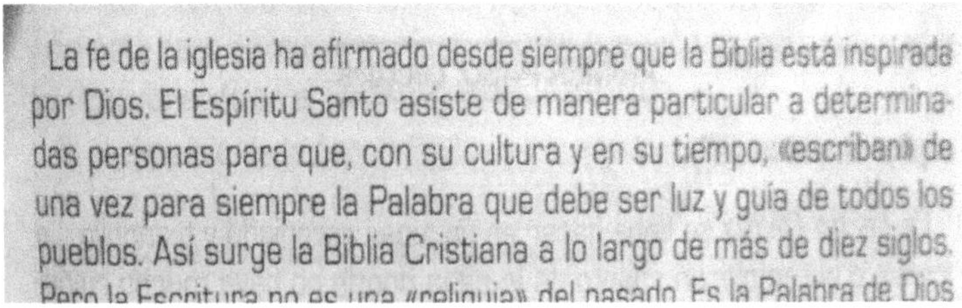

La fe de la iglesia ha afirmado desde siempre que la Biblia está inspirada por Dios. El Espíritu Santo asiste de manera particular a determinadas personas para que, con su cultura y en su tiempo, «escriban» de una vez para siempre la Palabra que debe ser luz y guía de todos los pueblos. Así surge la Biblia Cristiana a lo largo de más de diez siglos. Pero la Escritura no es una «reliquia» del pasado. Es la Palabra de Dios

Bien si se tratara de un librito protestante sobre el origen de la biblia, pero muy mal porque lo ponen en una introducción a la lectio divina y en una biblia que se supone está hecha para católicos y con la revisión de católicos.

Mal porque olvidaron poner que la biblia no es solamente fruto del Espíritu Santo sino que **la Iglesia católica** fue la que estableció el canon bíblico y la que reconoció que esos libros eran inspirados por Dios. En el 393 y en el 397 en el concilio de Hipona y el de Cartago. Ah... y no hay tal biblia cristiana sino simplemente surgió la biblia que sería lo más correcto.

Callar la verdad o decirla a medias es una técnica poco cristiana y muy tendenciosa. Además no ha sido 'desde siempre' que la iglesia ve la biblia como inspirada por Dios' como allí lo pusieron sino que fue un proceso donde el magisterio de la iglesia tuvo que intervenir y definir. Ah... y nada de que surge la biblia llamada 'cristiana' pues *todas lo son.* ¡Cuanto error y doctrina protestante en tan poco espacio!

Y pensar que **se supone que algunos peritos expertos en biblia revisaron estas versiones... ¿Lo habrán hecho en realidad o es que más bien ellos mismo tienen un relativismo eclesial o ecumenismo ingenuo contrario al magisterio de la iglesia**?

-Página 2

"El Espíritu Santo actúa en nuestros corazones para que leamos e interpretemos la biblia..."

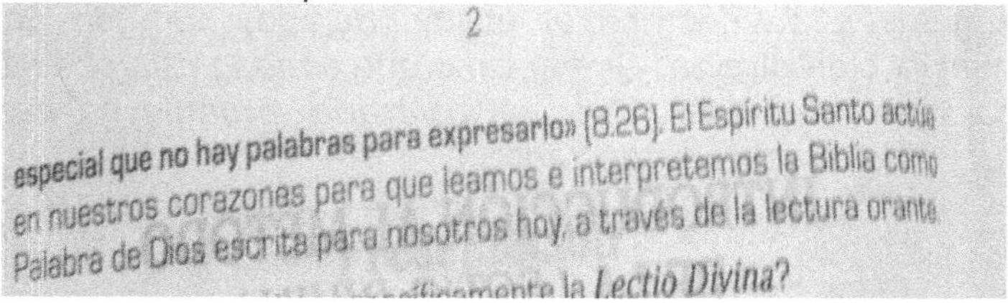

2

especial que no hay palabras para expresarlo» [8.26]. El Espíritu Santo actúa
en nuestros corazones para que leamos e interpretemos la Biblia como
Palabra de Dios escrita para nosotros hoy, a través de la lectura orante

la *Lectio Divina*?

¡Mal! El Espíritu es indispensable para hacer una lectura orante pero a la hora de interpretar **no basta con ello**. Eso lo dicen los protestantes y no nosotros los católicos que hasta en un curso básico de biblia se explica que para interpretar la biblia debemos de tener en cuenta al magisterio de la iglesia. De eso aquí no pusieron nada.

-Página 12 y 13

*Viene la lectura de Jn 2,1-11 de las bodas de Caná. Mencionas muchas veces a María en sus comentarios y "casualmente "**nunca**" ponen la palabra "virgen María". ¿Casualidad otra vez?*

-Página 14

En el segundo paso que es la meditación del pasaje dice: "¿Anuncio el misterio de Cristo a partir de la biblia? ¿Llevo a mis hermanos al encuentro del bautismo?..."

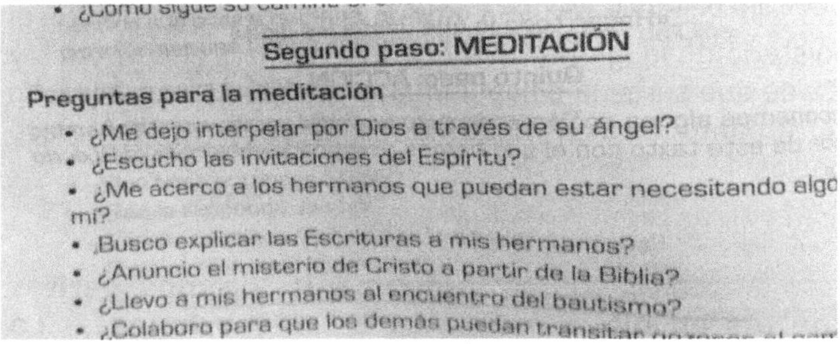

Segundo paso: MEDITACIÓN

Preguntas para la meditación

- ¿Me dejo interpelar por Dios a través de su ángel?
- ¿Escucho las invitaciones del Espíritu?
- ¿Me acerco a los hermanos que puedan estar necesitando algo de mí?
- ¿Busco explicar las Escrituras a mis hermanos?
- ¿Anuncio el misterio de Cristo a partir de la Biblia?
- ¿Llevo a mis hermanos al encuentro del bautismo?
- ¿Colaboro para que los demás puedan transitar

Ningún católico en América latina o en Estados Unidos "llevamos a las personas al encuentro del bautismo". Eso lo piensan y hacen los protestantes porque ellos creen que el bautismo de niños no vale y se la pasan detrás de los católicos queriendo 'llevar gente al bautismo para bautizarlos en su iglesia". Hay muchas cosas en esta versión del nuevo testamento que son todo un lenguaje protestante para que así más fácilmente asimilen su lenguaje y su doctrina al mismo tiempo, pero de una manera bien directa. *Que al cabo que en la iglesia católica los líderes no dicen nada, al contrario, promueven este nuevo testamento protestante.*

-Página 27

En el segundo paso que es la meditación del pasaje dice: "¿Acepto la autoridad de los 'apóstoles" en la iglesia?

enseñanzas del Apóstol.

Segundo paso: MEDITACIÓN

Preguntas para la meditación

- ¿Acepto la «autoridad» de los «apóstoles» en la iglesia? ¿Sigo sus enseñanzas?
- ¿Busco imitar a San Pablo en todo lo que él nos enseña?

¿Por qué no pusieron la autoridad del sacerdote, obispo y el Papa? Entre las iglesias evangélicas fundamentalistas, incluyendo las de Phoenix, tienen entre ellos autoridades llamadas 'apóstoles'. ¿Será otra vez casualidad o simplemente un reflejo de su teología y praxis pastoral?

De remate hay católicos que felizmente promueven esta versión del nuevo testamento como si fuera algo muy bueno. ***-Página 44***

En el primero y segundo paso hablan de "malvados que confunden las verdades; comportase como animales; malas personas y fiestas de los cristianos; qué les pasará a estos malvados... " ¿**Qué católico revisó y autorizó** todo este lenguaje fundamentalista y poco cristiano?

44

- ¿Qué se recuerda sobre Sodoma y Gomorra?
- ¿Qué les pasará a los malvados que quieren confundir las verdades de la fe?
- ¿Por qué insultan y se comportan como animales?
- Estas malas personas, ¿deben participar de las fiestas de los cristianos?
- ¿Qué les pasará, en definitiva, a todos estos malvados y egoístas?

Los católicos no hablamos ni nos expresamos de esa manera de personas que no comparte o no viven la fe.

Estimado sacerdote, obispo y líder laico. **Es hora de tomar acción inmediata** y dejar de promover esta versión y poner un alto a la persona que consiguió que se aprobaran todas estas tonterías ya sea en el CELAM o en cualquier otra instancia y que lo está promoviendo.

Lo que te comento enseguida es ¡**Increíble**!

Vienen 24 ejemplos de meditación de la lectio divina y **NUNCA** en **NINGUNA** parte de ellas aparecen las palabras que son parte común de nuestra identidad católica: Misa, confesión, rosario, el Papa, sacramentos, Eucaristía, liturgia, sagrario, parroquia, catecismo, encíclicas, confirmación, obispos, magisterio, parroquia, diócesis, misal, purgatorio, comunión, justicia social, sacerdotes, santos, **católico**... **Desgraciadamente muchos pastores y líderes católicos no han visto todo esto** y muchos sin darse cuenta apoyan la promoción de este material que provoca que el católico pierda su identidad y se vaya alineando al lenguaje y doctrina protestante.

La verdad es que los protestantes fueron muy listos y esta nueva versión es simplemente un pretexto para de nuevo provocar una pérdida de la identidad de nuestra fe aprovechándose que nadie dice nada porque esta aprobado por el CELAM. Si siguen así falta poco para que pongan que el Papa es el anticristo y como está aprobado nadie dirá nada. ¡Que poco valor y discernimiento tienen algunos!

C.- En la Traducción.

-Mt 1,25 Traducen y escriben *no durmieron juntos como esposos antes de que naciera Jesús*...

22-25 Cuando José despertó, obedeció al ángel de Dios y se casó con María. Pero no durmieron juntos como esposos antes de que naciera el niño. Y cuando éste nació, José le puso por nombre Jesús.

Pésima y tendenciosa traducción pues así directamente inducen a pensar que la virgen María y San José si tuvieron relaciones conyugales.

"***Jn 6,48-67*** *Ponen todo el pasaje* pero a diferencia de otros pasajes que si comentan (Mt 2,11; Mt 24,28; en este que es el eje central de nuestra fe católica no pusieron nada de comentarios como si fuera una cosa sin importancia. Para ellos no lo es...

-Lc 2,7 Pésimo pues tradujeron "María tuvo su primer hijo" al puro estilo protestante. Primogénito en la biblia no tiene una connotación numérica sino cultual Lc 2,22 para seguir las leyes dadas en el antiguo testamento sobre la primogenitura. **Ni siquiera en la biblia Reyna-Valera que usan los protestantes traducen tan mal y a su antojo la biblia**. ¿Será que el CELAM o quien firmó esta versión no se tomaron la molestia de verdaderamente revisar la traducción que autorizaron? Y los obispos...

-Rom 10,5-18 Muy mal pues tradujeron o más bien se inventaron palabras que no vienen en las sagradas escrituras. Una y otra vez allí pusieron *la biblia dice, la biblia dice, la biblia dice, la biblia dice... una y otra vez y también hicieron lo mismo en muchos otros pasajes.* Eso está pésimo pues en realidad esta versión con esto no hizo una traducción sino una manipulación del texto para que concordará con sus ideas y teología protestante de que todo tiene que estar en la biblia. Nunca san Pablo pensó algo parecido a lo que estas sociedades bíblicas tradujeron y que en muchos lugares están promoviendo.

Sugerencias ante esta situación:

Mi opinión, de acuerdo a lo investigado por años y que aquí he detallado, es que debemos de hacer algo para que la fe católica no sea diluida y la fe de la comunidad no sea dañada con los errores presentes en la biblia Dios habla hoy; en sus diferentes versiones y en el nuevo testamento con el método de la lectio divina y en otros materiales producidos y distribuidos por las sociedades bíblicas unidas a los católicos

Sugiero es que se hagan 5 cosas.

1.- Dar a conocer este artículo por todos los medios que puedas para así concientizar a más personas. Sobre todo a nuestros líderes. Cuando las personas descubren estas trampas simplemente dejan de usar y de promover estas versiones.

2.- Detener la promoción, venta y distribución de este material entre la comunidad católica de todos los productos de las sociedades bíblicas unidas. Valoremos nuestra fe, que algunos la sostuvieron a precio de sangre.

3.- Ya que **el obispo** tiene la función de santificar, enseñar y gobernar, tal como lo expresa el catecismo de la iglesia en los números 886 al 890. El obispo de cada diócesis debe tomar autoridad y lo más pronto posible tomar esta acción.

4.- Si el obispo no lo hace, entonces **cada sacerdote o cada uno de nosotros** simplemente podemos ayudar dejando de promoverlo y explicando lo aquí comentado para que la gente se forme y sepa porque no usar estas versiones.

5.- El camino más fácil, y difícil al mismo tiempo, es que el responsable o responsables del **CELAM** que no revisaron; o que aprobaron sin revisar; o que no les importó lo que se pusiera, tomen cartas en el asunto.

Que hablen con las sociedades bíblicas unidas. **Retiren la autorización y permiso** para seguirlas vendiendo y entren en un periodo de revisión por algunos años para que se haga una seria y verdadera revisión frecuente de los textos que se venden, incluir los comentarios y corregir introducciones y anexos. Ah... y no hacer más versiones.

Ecumenismo serio ¡**Sí**! Indiferentismo o protestantismo filtrado ¡**No**!

VI Parte

LOS SACRAMENTOS

Capítulo 1

BAUTISMO DE ADULTOS Y EN UN RÍO

Pregunta:

Me gustaría que me ayudaran a explicarle a un familiar mío sobre el bautismo, porque él me dice que no debemos de bautizar a los niños sino hasta cuando estén grandes pues no tienen pecado y no tienen conciencia, ni fe.
Además, me dice que es obligatorio que sea en un río, que así lo hizo Jesús y así debemos hacerlo nosotros.

Respuesta:

Con mucho gusto te doy la respuesta a esa pregunta u objeción que mucho le hacen al católico. Veámosla:

1.- Los niños al nacer sí tienen pecado.

Esto es algo que está muy claro en la Biblia, incluso en las versiones usadas por los hermanos protestantes, en todas dice esta verdad:

"Tú ves que malo soy de nacimiento, pecador me concibió mi madre".
Salmo 51,5-7

Desde hace más de dos mil años esta frase del salmista refleja la convicción profunda de ser pecador desde antes de nacer, y si se es pecador entonces esa es una de las razones para bautizar a los niños, pues el bautismo sirve para quitar los pecados. ¿De dónde puede venir este pecado por el simple hecho de nacer?

La respuesta bíblica a esto la encontramos en la carta que San Pablo escribió a los Romanos que dice:

"Por tanto, como por un solo hombre entró el pecado en el mundo y por el pecado la muerte y así la muerte alcanzó a todos los hombres, por cuanto todos pecaron... En efecto, así como por la desobediencia de un solo hombre, todos fueron constituidos pecadores, así también por la obediencia de uno solo todos serán constituidos justos."

Rom 5,12.19

Por esto, hemos creído siempre que la miseria que oprime a los hombres en su inclinación al mal y a la muerte, no son comprensibles sin su conexión con el pecado de Adán y con el hecho de que nos ha transmitido un pecado, de ahí que lo llamemos pecado original.

Eso significa la privación de la santidad y justicia originales. Entonces bíblicamente hay un "pecado" desde el nacimiento, por eso es importante y bueno el bautismo desde pequeño. Pero, veamos otras razones que la Biblia nos da para esto.

2.- Dejen que los niños vengan a mí.

Esta frase de Nuestro Señor Jesucristo es como un indicador sobre lo que estamos hablando. Textualmente Jesús dijo:

"Dejen que los niños vengan a mí, y no se lo impidan porque de los que son como éllos es el Reino de los Cielos."

Mt19,14

Si Jesucristo quiere que los niños estén junto a él, ¿Cuál es la mejor forma de estar plenamente unido a él en este tiempo? El bautismo precisamente. Vayamos una vez más a la Palabra de Dios para conocer la respuesta a esto:

"Porque en un solo Espíritu hemos sido todos bautizados, para formar un cuerpo"

1 Cor 12,13

Según San Pablo, es mediante el bautismo que pasamos a formar parte del cuerpo de Cristo que es la Iglesia. Así, por esta segunda razón de obediencia a Jesús y amor a los niños, es que se les bautiza desde pequeños

3.- El Bautismo es necesario para entrar al Reino.

Además de lo señalado anteriormente, Jesucristo nos habla del Bautismo como algo necesario para entrar al Reino de los cielos. Esto lo encontramos en el evangelio de Juan:

"Respondió Jesús: "En verdad, en verdad te digo: el que no nazca de agua y de Espíritu no puede entrar en el Reino de Dios. Lo nacido de la carne, es carne; lo nacido del Espíritu, es espíritu".

Jn 3,5-6

Al nacer de nuestros padres nacimos de la carne, pero una cosa necesaria para entrar el Reino es nacer del Espíritu y esto es precisamente otra de las razones para bautizar al niño. Recordemos que no es un catecismo donde lo leímos, sino Jesucristo mismo en la Palabra de Dios quien lo afirmó.

4.- La promesa es para sus hijos.

Cuando se trata de ver por qué creemos en una u otra verdad, es fundamental el conocer bien las Escrituras. Al conocer las el segundo paso es creer lo que en ella encontramos y no tratar de encontrar lo que nosotros queremos ver.

Eso fue lo que una vez sucedió en un programa de televisión, donde por casualidad me topé con él. Era un pastor protestante dando un estudio bíblico y diciendo que él creía que el bautizar a los niños era algo fundamentado en la Sagrada Escritura. Él, aunque no era católico, había aceptado que era cierto, que la Biblia enseñaba el bautismo de los niños, porque encontró la siguiente evidencia de ello:

"Pedro les contestó: "Conviértanse y que cada uno de ustedes se haga bautizar en el nombre de Jesucristo, para perdón de sus pecados; y recibirán el don del Espíritu Santo; pues la Promesa es para ustedes y para sus hijos". Hech 2,38-39

Era claro. Si la promesa del Espíritu Santo es también para "sus hijos" entonces por qué privarlos de ese gran regalo a través del bautismo. No había que buscarle otra interpretación que lo que nítidamente afirmaba. Por eso, aunque él era protestante, basándose en la Biblia, el camino a seguir era el dar ese sacramento a los niños porque "la promesa de recibir el Espíritu también es para sus hijos".

5.- Basta la fe del padre para bautizar.

Estudiando un poco más la Palabra de Dios encontramos el caso del carcelero, al cual se le pidió la Fe para después bautizar a su familia.

"Le respondieron: "Ten fe en el Señor Jesús y te salvarás tú y tu casa. "Y le anunciaron la Palabra del Señor a él y a todos los de su casa. En aquella misma hora de la noche el carcelero los tomó consigo y les lavó las heridas; inmediatamente recibió el bautismo él y todos los de su casa" . Hech 16,31-33

Algo similar a eso sucede cuando en la Iglesia católica se bautiza, pues la fe se le pide a los papás y padrinos para que el niño pueda recibir los beneficios espirituales del bautismo. En realidad, esto de pedir la fe a otros no es algo extraño en la Biblia.

¿Acaso Lázaro tuvo fe cuando fue resucitado?(Jn 11); o ¿Qué fe miró en el ciego y mudo que sanó? Mt 12,22

En estos y muchos casos más, lo que miraba Jesús no era la fe del enfermo ni mucho menos del que había fallecido, era la fe de los que lo llevaban lo que él miraba. Ni la fe, ni el estar consciente fue un requisito para sanar al mudo y resucitar a Lázaro.

Con mayor razón Jesús mirará la fe de los padres y padrinos al pedir el bautismo para el pequeño (Hech 16,31-33: Lc 11,11- 13).

A quien piensa diferente podría preguntarle ¿Acaso cuando un niño está enfermo necesita estar consciente para que surta efecto la medicina? o ¿No vale la ciudadanía porque el niño no estaba consciente de lo que adquiría? ¡Claro que sirve la medicina y también la ciudadanía!

Pues si vale la ciudadanía y vale la medicina, con mayor razón vale la medicina espiritual y la ciudadanía del Reino que se adquiere mediante el bautismo.

6.- Jesús no recibió el Espíritu Santo en el Río, sino cuando salió.

Así como lo está leyendo. Vamos a ver directamente la Biblia para confirmarlo:

"Y sucedió que por aquellos días vino Jesús desde Nazaret de Galilea, y fue bautizado por Juan en el Jordán. <u>En cuanto salió del agua</u> vio que los cielos se rasgaban y que el Espíritu, en forma de paloma, bajaba a él. Mc 1,8-9

Así que bíblicamente el Espíritu Santo no lo recibió Jesús en el agua, sino fuera de ella. El agua es un signo sacramental eficaz; es un error pensar que entre más agua hay más Espíritu.

Es por eso que no es obligatorio que sea en un río, sino que puede ser con un poco de agua como signo sacramental y nada más. De hecho, los Apóstoles fueron bautizados en el Espíritu Santo en Pentecostés y estaban en una casa donde obviamente no había río (Hech 2,1-4).

7.- Hay que hacer lo que Jesús enseñó, no lo que él Hizo.

Por último, hermano, cuando alguien le comente qué debe de ser de adulto como Jesús lo hizo, habría que decirle que si él hace como Jesús, entonces después de bautizarse tiene que ir al desierto y ayunar 40 días y 40 noches como

Jesús, vestir como Jesús, ser circuncidado como Jesús y morir como Jesús.

Por eso no se trata de hacer todo lo que él hizo, sino lo que él nos enseñó a hacer.

La frase de que "hay que hacer todo como Jesús" es un viejo truco que cuando conviene lo usan y cuando no, lo hacen a un lado. Se trata más bien de vivir lo que Jesucristo nos enseñó, y ***por eso es que se bautiza a los niños***, pues hay una base bíblica.

Esperamos haber dado respuesta a su inquietud.

Capítulo 2

LA EUCARISTÍA: «PRESENCIA REAL»

Pregunta:

Hola Martín: La Iglesia Católica está mal porque dice que Cristo está presente en la Eucaristía pero eso no es cierto, solamente es un símbolo. Te aseguro que si yo llevo una hostia consagrada y la examino en un microscopio no voy a ver a Jesucristo. Además, la Biblia dice que hay un solo sacrificio y no muchos. No hacen falta misas...

Respuesta:

Saludos hermano. Por tu comentario seguramente que no eres católico. Gracias por tu e-mail y respondo a tus comentarios.

1.- Presencia Real de Jesucristo: Cuerpo y Sangre.

Cuando los católicos creemos en algo no es porque a alguien se le haya ocurrido sino porque seguramente tiene una fuerte fundamentación en la Biblia y en la Tradición apostólica.

En este caso la «presencia real de Jesucristo» en el Pan y Vino consagrado es un hecho que la Palabra de Dios nos muestra claramente. Leamos lo que Jesucristo dice:

«Yo soy el pan de la vida. Sus padres comieron el maná en el desierto y murieron; este es el pan que baja del cielo, para que quien lo coma no muera. Yo soy el pan vivo, bajado del cielo. Si uno come de este pan, vivirá para siempre; y el pan que yo le voy a dar, es mi carne por la vida del mundo.» Jn 6,48-51

Esas son las palabras de Jesús en todas las Biblias del mundo: el Pan que yo les daré ES MI CARNE. Palabras textuales de Nuestro Señor. Ante este texto bíblico que es tan claro hay muchos hermanos evangélicos y otros que dicen que no es algo real, sino que Jesucristo estaba hablando simbólicamente.

Para comprobar que esto no era nada simbólico sino algo real, lo mejor no es dar nuestra opinión, sino dejar que la Biblia hable por sí misma y nos muestre cuál fue la reacción de las personas que estaban alrededor de Jesús cuando dijo esas palabras. Veámoslo en el siguiente punto.

2.- Los tres niveles de fe: judíos, protestantes, católicos.

El primer grupo que encontramos es el de los judíos reaccionando de esta manera:

«**Discutían entre sí los judíos y decían: «¿Cómo puede éste darnos a comer su carne**?»

Jesús les dijo: «En verdad, en verdad les digo: si no comen la carne del Hijo del hombre, y no beben su sangre, no viven de verdad.

El que come mi carne y bebe mi sangre, tiene vida eterna, y yo le resucitaré el último día. Porque mi carne es verdadera comida y mi sangre verdadera bebida. El que come mi carne y bebe mi sangre, permanece en mí, y yo en él».

Jn 6,52-56

Si leyó usted atentamente, notará que la reacción de los judíos es de una gran incredulidad. Era normal, porque al oír las palabras de Jesús las entendieron literalmente como las oyeron.
Jesucristo estaba hablando de comer su carne y beber su sangre.
Es como el primer nivel de Fe ante las palabras de Jesucristo. Nada de simbólico como hoy en día lo dicen muchos.

Tan real que por eso reaccionaron así. Para que les quedara claro que era algo real, Jesús les repitió a ellos cuatro veces la necesidad de comer su carne y beber su sangre.

El segundo grupo de diferente reacción es el siguiente:

«Muchos de sus discípulos, al oírle, dijeron: «Es duro este lenguaje. ¿Quién puede escucharlo?»

Pero sabiendo Jesús en su interior que sus discípulos murmuraban por esto, les dijo: «¿Esto os escandaliza?

¿Y cuando vean al Hijo del hombre subir adonde estaba antes?...«El espíritu es el que da vida; la carne no sirve para nada. Las palabras que les he dicho son espíritu y son vida.

«Pero hay entre ustedes algunos que no creen.» Porque Jesús sabía desde el principio quiénes eran los que no creían y quién era el que lo iba a entregar. Y decía: «Por esto les he dicho que nadie puede venir a mí si no se lo concede el Padre.»

Desde entonces muchos de sus discípulos se volvieron atrás y dejaron de seguirle. Jn 6,60-66

Qué tremendo es lo que nos dice la Biblia. ***Muchos de sus discípulos*** inmediatamente reaccionan diciendo que no, que esas palabras que Jesús había dicho sobre comer su carne y beber su sangre era «muy duras». Claro. Era algo real.

Nota mi querido hermano que este segundo grupo no era de judíos sino de discípulos de Jesús. Es decir, eran creyentes que habían aceptado antes las palabras de Jesús; creyentes que amaban a Dios y reconocían a Jesús como el Mesías; creyentes que ya habían oído antes de las promesas y exigencias del Reino; creyentes... sí, creyentes pero hasta un cierto nivel.

Para esos «discípulos» todo iba bien hasta que oyeron a Jesucristo hablar sobre «comer su carne y beber su sangre». Discípulos, pero a partir de ese momento, nos dice la Biblia en el verso 66, «***se volvieron atrás y dejaron de seguirle***».

Si es tremenda su reacción de rechazo a esas palabras de Jesús, más tremenda es la reacción de Jesucristo cuando ve que muchos de sus discípulos deciden abandonarlo por esas palabras. Léalo usted en su propia Biblia, en cualquier idioma y en cualquier versión. ¿Sabe qué hizo Jesús?: NADA.

No hizo nada y **dejó tranquilamente que se marcharan**. Como diciendo: «Si van a estar conmigo acepten mis palabras: "es mi cuerpo y es mi sangre", por más duras que sean, si no aceptan, váyanse»... y los dejó ir.

Sin duda que esos discípulos son muy parecidos a muchos protestantes de hoy en día que aman y siguen a Jesús, pero al llegar a la presencia real, deciden no seguirle hasta ese nivel.

Pasemos rápidamente a ver **el tercer grupo** que nos muestra otro tipo de reacción y de nivel de Fe:

«Jesús dijo entonces a los doce: « ¿también ustedes quieren marcharse?» Le respondió Simón Pedro: «Señor, ¿A quién iremos? Tú tienes palabras de vida eterna, y nosotros creemos y sabemos que tú eres el Hijo de Dios.» Jn 6,67-69

Qué maravilloso e increíble es Nuestro Señor Jesucristo. Después de que se le van muchos, voltea, mira a los Apóstoles, que sin deberla ni temerla lo ven y les suelta la pregunta:
¿También ustedes quieren marcharse?

Lo hizo así porque Jesús aprovechó la ocasión para definir de una vez por todas quién iba a aceptar realmente sus palabras. Aun corriendo el riesgo de que algunos de sus apóstoles también se le fueran, lo hizo. Sus palabras: «comer mi carne y beber su sangre» eran tan reales e importantes que no se podía «negociar» con ello. Nuestro

Señor las pondrá como condición para ser un auténtico discípulo al 100%.

Además, hay que resaltar que la reacción de ellos no es en grupo, como los judíos, ni como los que lo abandonaron. No. Aunque Jesús les pregunta a los doce, la respuesta es sólo de uno, representando a los doce: **Pedro** tomó la palabra y dio un SÍ personal y eclesial: «Tú tienes palabras de vida eterna».

¿Casualidad? No. Pedro, el primer Papa, la cabeza visible de la Iglesia; el pastor que Jesús nos dejaría, acepta las palabras de Jesús tal como son.

Igualmente nosotros, católicos con una fe personal y unidos al sucesor de Pedro, tenemos el regalo de llegar al tercer nivel de fe. De ahí en adelante los católicos aceptaremos siempre las palabras de Jesús tal como son: «**Comer mi carne, beber mi sangre**».

3.- El Mandato de Jesús: Hagan esto en Memoria mía.

Veamos ahora cómo las palabras de Jesús no serían solamente para ese tiempo, sino un mandato para que los Apóstoles y sus sucesores lo hicieran por siempre:

«Tomó luego pan, y, dadas las gracias, lo partió y se los dio diciendo: Este es mi cuerpo que es entregad por ustedes; hagan esto en memoria mía.» Lc 22,19

Así que mi estimado hermano, la razón del por qué celebramos en la Iglesia Católica la Eucaristía es porque simplemente se trata de un mandato de Jesús.

4.- Actualizando el único sacrificio de Jesús en la cruz.

Además, cuando celebramos la Misa, no estamos pensando en ofrecer a Jesucristo varias veces repitiendo su sacrificio, como las sectas piensan.

No. Lo que nosotros pensamos es en «hacer presente el único e irrepetible sacrificio de Nuestro Señor». Tal como él lo dijo: «Hagan esto en memoria mía». Por eso, años después, el Apóstol Pablo dirá:

«Porque yo recibí del Señor lo que les he transmitido: que el Señor Jesús, la noche en que fue entregado, tomó pan, y después de dar gracias, lo partió y dijo: «Este es mi cuerpo que será entregado por ustedes; hagan esto en memoria mía.»

Asimismo tomó la copa diciendo: <u>«Esta copa es la sangre de la Nueva Alianza. Cuantas veces la beban, hagan esto en memoria mía.»</u>

1 Cor 11,23-25

Más que un simple recuerdo o una repetición, para el Apóstol San Pablo y para nosotros, es un «hacer presente» la alianza que con su sangre selló nuestro Señor.

De hecho los mismos protestantes también se la pasan repitiendo en su culto la frase "la sangre de Cristo tiene poder" y "nos cubrimos con su sangre...". Entonces también ellos lo estarían crucificando de nuevo. Ellos lo hacen a su estilo y nosotros lo hacemos al estilo de los apóstoles en la Biblia.

5.- Tan real, que tiene consecuencias reales.

Si al llegar a este punto todavía hubiera alguien que dude que se está hablando de «cuerpo y sangre» como algo real, veamos cuál es la conclusión del Apóstol en su discurso eucarístico:

«Por tanto, quien coma el pan o beba la copa del Señor indignamente, será reo del Cuerpo y de la Sangre del Señor. Examínese, pues, cada cual, y coma así el pan y beba de la copa.

Pues quien, sin examinar su conciencia come y bebe el Cuerpo, come y bebe su propia condenación».

1 Cor 11,28

Tan real es el «cuerpo y sangre» para el Apóstol Pablo, que recibirlo indignamente es comer su propia condenación. Cuando alguien maltrata una foto de un

artista no hay castigo, pero cuando es a la persona real sí que lo hay.
Pablo lo está diciendo así, precisamente: como algo real.

6.- Ni con Microscopio, ni con Telescopio.

Un último aspecto que te quiero comentar, es que cuando nos escribiste me decías que si tú llevabas una hostia consagrada a un microscopio no ibas a ver a Jesucristo. Te respondo que si la llevas a un microscopio allí no verás a Jesús, pero si tomas un telescopio y miras al cielo, allí tampoco verás a Dios. Te pareces a uno de los primeros astronautas que fue a la luna y en tono de burla dijo: Fui al cielo y no mire a Dios.

Definitivamente olvidaste algo fundamental: A Dios no se le ve con los ojos físicos en el microscopio ni en el telescopio. **A Dios se le encuentra con los ojos de la fe**, pues como el Apóstol Pablo dijo: «Nosotros andamos por fe y no por vista» Rom 8,24-25 y creo que en ese aspecto no andas muy bien que digamos.

Ni modo. Como muchas veces dijo Jesucristo: «Que entienda, el que pueda». De nuestra parte seguimos unidos al Apóstol Pedro aceptando el «cuerpo y la sangre de Jesucristo» y diciendo a Jesús: «Señor, tú tienes palabra de vida eterna».

Para profundizar este tema, te recomiendo el libro "**CLICK Descubre el Poder de la santa Misa**" Léelo y pon en práctica los secretos espirituales que contiene este libro acerca de la santa Eucaristía.

Capítulo 3

LA CONFESIÓN: ¿DIRECTA CON DIOS O CON EL SACERDOTE?

Pregunta:

Hola, hermano. Algunas sectas fundamentalistas nos dicen que ¿Por qué nos confesamos con el sacerdote? Que eso está mal, que es un hombre pecador, que la Biblia lo prohíbe y que es mejor confesarse directo con Dios(Como si tuvieran celular). Incluso algunos católicos piensan algo parecido.

Respuesta:

Bueno. Veamos que es lo que dice la Biblia sobre esto para no cometer esos errores titánicos que a muchos los hunde en el mar de la ignorancia, por no estudiar bien la Sagrada Escritura.

1.- Jesucristo dio este poder a los Apóstoles.

Esta es la principal razón por la que nos confesamos con el hombre de Dios. Somos discípulos de Jesucristo y lo estamos obedeciendo. Él da este poder a los hombres para que lo hagan en su nombre.

"Reciban el Espíritu Santo: A quienes ustedes perdonen sus pecados, queden perdonados, y a quienes se los retengan, queden retenidos"

Jn 20,22-23

"Todo lo que aten en la tierra, será atado en el cielo y todo lo que desaten en la tierra, será desatado en el cielo" Mt 18,18

Estos pasajes están en todas las Biblias del mundo, incluyendo las que usan los hermanos separados. Así que nada de que la Iglesia inventó este sacramento ni de que la Biblia lo prohíbe, pues quien lo instituyó, fue Jesucristo.

Nuestro Señor Jesucristo es muy claro. Aquí está hablando del "poder" de "perdonar" y de "no perdonar" los pecados. No está hablando de que nos perdonemos cuando nos ofendamos, sino que "algunos" (los apóstoles y sus sucesores) tienen el poder de perdonar los pecados. Por supuesto de Jesucristo sabía que ellos eran hombres pecadores y aun así les dio este poder. Los obispos son sucesores de los Apóstoles y los sacerdotes sus colaboradores.

Jesús no dejó celulares espirituales para confesarse directamente con Dios. Dejó sacerdotes.

Cuando las sectas usan el pasaje de Jeremías 17 para decir que es malo confiar en un hombre, cometen el error de no leer el versículo completo, pues dice: «... y que aparta su corazón de Yahvé». Eso es lo que la Biblia prohíbe. En este caso la confesión no es para apartarnos de Dios, sino al contrario, para acercarnos y unirnos más a él. Sin duda que este texto, sin el contexto, es un pretexto más de las sectas.

2.- Práctica de la Confesión en la Biblia.

Veamos ahora cómo es que en los primeros años de vida de la Iglesia es que ellos entendieron este sacramento.

"Muchos de los que habían creído venían a confesar todo lo que habían hecho"

Hech 19,18

Acabamos de leer en la Biblia este pasaje en el que dice que cuando esas personas creyeron lo que hicieron fue "ir" a confesar sus pecados. La Sagrada Escritura dice "venían", habla de desplazarse de un lugar a otro. ¿A dónde fueron?

¿Por qué tenían que ir a otro lugar y no directamente con Dios?

La respuesta es muy sencilla. Ellos iban buscando a los Apóstoles. Ahí confesaban sus faltas. Esto es lo que hacían los cristianos verdaderos de aquel tiempo y lo que los católicos seguimos haciendo en la actualidad.

Además, la Biblia nos habla sobre el confesar a otro (el sacerdote) nuestras faltas:

"**Confiésense unos a otros sus pecados**" Stgo 5,14-16

Es un mandato (imperativo). No es una opción. Tanto que dicen las sectas basarse en la Biblia y no ven con claridad estos pasajes bíblicos. La solución para entender esto es que los hermanos separados se pongan a leer la Biblia y la acepten tal como es.

3.- El error de los fariseos y de las sectas.

El Evangelio de Mateo nos descubre en el siguiente pasaje la razón por la que algunos no quieren aceptar algo tan claro en la Biblia.

"... al ver Jesús la fe de esos hombres, dijo al paralítico: Ánimo, hijo; tus pecados quedan perdonados. Algunos maestros de la Ley pensaron: Qué manera de burlarse de Dios. Pero Jesús que conocía sus pensamientos, les dijo: ¿Por qué piensan mal? ¿Qué es más fácil: decir "quedan perdonados tus pecados" o "levántate y anda"? Sepan, pues, que el Hijo del hombre tiene autoridad en la tierra para perdonar pecados. Entonces dijo al paralítico: Levántate, toma tu camilla y vete a tu casa.

Y el paralítico se levantó y se fue a su casa. La gente, al ver esto, quedó muy impresionada y alabó a Dios por haber dado tal poder a los hombres" Mt 9,1-8

Qué tremendo. La gente sencilla "alabó a Dios por haber dado tanto poder a los hombres", mi entras que los supuestos "maestros" de la Ley vieron en esto una ofensa para Dios.

Igual pasa ahora. La gente sencilla bendice a Dios por haber dado este poder de perdonar los pecados a los hombres, mientras que las sectas con sus "supuestos" maestros actuales de la Biblia gritan escandalizados que "cómo un hombre puede perdonar los pecados". Ni modo, por algo el orgullo es el pecado que Jesús condenó con más fuerza.

4.- Prueba histórica de este sacramento.

Algunos ejemplos de cómo este sacramento se ha celebrado siempre en la historia de la Iglesia son los siguientes:

"Confesarse en la Iglesia antes de recibir el cuerpo de Cristo"

La Didaje año 70

"Agua y lágrimas no faltan en la Iglesia: el agua del bautismo y las lágrimas de la penitencia (confesión)" San Ambrosio año 395

"Que nadie diga: cumplo la penitencia secretamente ante Dios. Acaso se dijo sin motivo: lo que desates en la tierra quedará desatado en el cielo"

San Agustín año 430

Resumiendo, digamos que este sacramento es un regalo que nos dejó Nuestro Señor Jesucristo, la Biblia lo enseña y la Iglesia lo ha realizado desde sus orígenes.

Acérquese a celebrarlo haciendo un buen examen de conciencia, arrepintiéndose y confesándose para disfrutar de la misericordia de Dios.

Capítulo 4

¿POR QUÉ NO SE CASAN LOS SACERDOTES?

Pregunta:

Hay muchos protestantes que nos dicen que la Biblia prohíbe que los sacerdotes se queden célibes.
Ellos me dicen que la Biblia enseña que deben de ser casados; que si no se casan **y** no tienen familia entonces no es posible que ellos nos orienten y por eso tienen problemas.
¿Cómo podría contestarles con la Biblia sobre todo eso?

Respuesta:

Hay protestantes y católicos despistados que dicen eso porque no conocen la Biblia. Si en realidad la estudiaran con seriedad, conocerían algunas de las cosas que a continuación te comparto:

1) La Biblia no dice que se casen, sino que «hayan sido casados» una sola vez.

Cuando los hermanos separados afirman que la Biblia dice que los sacerdotes deben de ser casados es totalmente falso. Si leemos atentamente los pasajes bíblicos que hablan de eso, notaremos que no dice que se casen, sino algo diferente:

«El candidato debe ser intachable, casado 'una sola vez'...»

Ti 1,6

«Es necesario que el obispo sea intachable, casado "una sola vez" sobrio, sensato...»
1 Tim 3,2

«Los Diáconos, sean casados "una sola vez" y eduquen bien a sus hijos...»
1 Tim 3,12

Como tú mismo te habrás dado cuenta, en las tres citas bíblicas se repiten las palabras «una sola vez». Tendríamos que preguntarnos por qué les dice que solamente una vez, si se supone que todo cristiano solamente se puede casar una vez. ¿Acaso los obispos eran casados una vez y los que no lo eran podían tener varias esposas? **Por supuesto que no**.

La razón por lo que dice eso es que cuando en aquellos tiempos se convertían a Jesucristo muchas de las personas antes habían tenido varias mujeres e hijos. Al aceptar el Evangelio no podían continuar en esa situación. Tenían que tener Una Sola Esposa y cuidar de sus hijos.

Es por eso que cuando en la Biblia se dice casados «una sola vez» es para RESALTAR que si querían ser diáconos, presbíteros u obispos no podían serlo si antes de ser cristianos habían tenido varias esposas e hijos con ellas.

En cambio, al estar casado «una sola vez» no habría el problema del cuidado y atención más que de su esposa e hijos. **Es decir, no dice que se case, sino que antes de ser cristianos que hayan sido casados «una sola vez»**.

Algo similar sucede hoy en día cuando un pastor protestante casado se convierte al catolicismo. En este caso se le permite que sea sacerdote y siga casado, pues eso fue antes de su conversión y ordenación.

Al parecer muchas sectas entienden la Biblia a su modo, sin leer con atención la Palabra de Dios.

2.- San Pablo no se casó por amor al Reino.

Un ejemplo mostrando que la Biblia no prohíbe el quedarse célibe o soltero por amor a Dios, nos lo da San Pablo.

Él, que fue uno de los grandes evangelizadores y del cual conservamos varias cartas en la Biblia, **no se casó**. Y no tuvo ningún problema de sexualidad, ni de pedofilia, como algunos hoy en día lo andan diciendo acerca de los que se quedan célibes.

Qué increíble es que muchos hermanos separados no mencionen esto, pues está muy claro en todas las Biblias. Veámoslo:

"Mi deseo sería que todos los hombres fueran como yo; mas cada cual tiene de Dios su gracia particular: unos de una manera, otros de otra.

No obstante, digo a los célibes y a las viudas: Bien les está quedarse como yo."

1 Cor 7,7-9

Los sacerdotes, obispos, religiosos siguen precisamente el ejemplo de San Pablo que por amor a Jesucristo permanecen sin casarse.

Un error muy común entre los protestantes es que cuando leen el capítulo cuatro de la carta a Timoteo dicen: «Ya ves. El prohibir casarse es doctrina diabólica». **Esto es falso**, porque allí de lo que se está hablando no es del celibato. Allí se está hablando de doctrinas que existían en aquel tiempo en la que algunos grupos, como los maniqueos, pensaban que todo lo relacionado con el cuerpo era malo. Por eso para ellos era malo el casarse. Es una condenación hacia esos grupos y su doctrina.

En cambio, San Pablo habla de «no casarse» no porque sea algo malo, sino porque es una opción de Amor a Dios.

Además, ¿Por qué entre las sectas no hay personas que se queden solteras por amor a Dios si es algo muy claro en la Biblia?

3.- Corintios y el capítulo sobre el Celibato.

No solamente San Pablo se quedó sin casarse, sino que en una de sus cartas, la primera a los Corintios, se expresa amplia y bellamente sobre eso y lo recomienda como una forma de mayor entrega a nuestro Señor Jesucristo.

En una ocasión viajaba un sacerdote por barco y en cierto momento se acercó un pastor protestante y le dijo que si él era un sacerdote católico, quería decirle que él debía de casarse, que estaba mal si no lo hacía y que en qué parte de la Biblia se hablaba de no casarse.

El sacerdote solamente le dijo: «lee el ***capítulo siete de la primera carta a los Corintios*** y luego platicamos». Comenta que continuó el viaje y el pastor nunca regresó. Como se dice en México: «No regresó, ni por el cambio...»

Algunos de los versos principales son:

10 En cuanto a los casados, les ordeno, no yo sino el Señor: que la mujer no se separe del marido,

11 mas en el caso de separarse, **que no vuelva a casarse**, o que se reconcilie con su marido, y que el marido no despida a su mujer.

25 Acerca de la virginidad no tengo mandato del Señor. Doy, no obstante, un consejo, como quien, por la misericordia de Dios, es digno de crédito.

26 Por tanto, pienso que **es cosa buena**, a causa de la necesidad presente, **quedarse el hombre así**.

27 ¿Estás unido a una mujer? No busques la separación. ¿No estás unido a mujer? **No la busques**.

32 **El que no está casado se preocupa de las cosas del Señor**, de cómo agradar al Señor.

38 Por tanto, el que se casa con su novia, hace bien. Y **el que no se casa, mejor**.

Con razón el pastor protestante ya nunca regresó a preguntar de nuevo sobre el tema del celibato.

4.- En la Iglesia Católica en Oriente hay «casados y «solteros».

Esto es algo que hay que saber. En la Iglesia Católica desde el principio hubo ministros solteros y casados.

Al mismo tiempo, desde el principio se fue valorando en alto grado a la persona que se quedaba soltera o célibe por amor al Reino. Al pasar los siglos, en la Iglesia Católica de rito latino: España, Italia, Francia, América... se fue quedando el celibato como una norma eclesiástica para todos los candidatos.

En cambio, en la Iglesia Católica en oriente (Rusia, Grecia, Constantinopla...) siguieron ambos, solteros y también casados, pero la regla común era que los obispos tenían que permanecer célibes.

Todo esto es debido a que el «celibato sacerdotal» no es una «ley» de carácter obligatorio para toda la Iglesia, sino más bien es una «disciplina eclesiástica» que surge de cumplir el consejo del Apóstol Pablo y sobretodo de Nuestro Señor Jesucristo.

5.- El Celibato es un consejo evangélico que Jesucristo dejó y los sacerdotes libremente deciden vivirlo.

Sin duda que hay muchos hermanos de sectas que no están leyendo la Sagrada Escritura con atención, pues en la Palabra de Dios encontramos al mismo Jesucristo hablando sobre el valor de permanecer célibe.

Estaba un día hablando Jesús con sus discípulos acerca del divorcio y el matrimonio. Les decía que no estaba permitido el divorcio y que Moisés lo había permitido por la dureza de corazón. Entonces los discípulos dicen: «Mejor es no casarse». Es en ese momento cuando Jesús dejará uno de los grandes tesoros de la vida espiritual y pastoral de la Iglesia. Les dice:

«No todos entienden esto, sino aquellos a quienes se les ha concedido. Porque hay eunucos que nacieron así del seno materno, y hay otros que no se casan por amor al Reino de los Cielos. Que entienda el que pueda.» Mt 19,11-12

Es un "don" que hay que recibir y hay que entender. Al parecer, en las sectas, ni lo reciben, ni lo entienden.

Bendito sea Dios que en la Iglesia Católica hay quienes «reciben» ese don y lo «entienden». Gracias a su vida espiritual, a su preparación y a su experiencia de tratar a cientos de familias, ellos pueden orientarnos en nuestra vida familiar.

Capítulo 5

SACERDOCIO FEMENINO, JERARQUÍA Y PRIMADO DE PEDRO

Pregunta:

Hola a todos desde España.
Tuve una charla con la madrina de mi mujer, que se encarga de la formación bíblica en mi parroquia. Muy servicial, muy buena persona y doctorada en teología. Pero, ay Señor... Dice que: 1.- No hay impedimento bíblico para que haya mujeres sacerdotisas: que en la Biblia sale "la apóstol Junia", y que si Junia era apóstol como San Pablo es que tenía su mismo cargo.

2.- También dice que: la Iglesia jerárquica la fueron **inventando** los hombres. Y que el sacerdocio (de curas consagrados) también es un invento humano.

3.- Además, dice que: lo de "Tú eres Pedro y sobre **esta** piedra edificaré mi Iglesia" es un añadido de la **comunidad** de Roma, y sólo de ellos, y que está claro que si Je sús dijo algo parecido lo habría dicho en arameo, así que se habría perdido el juego de palabras "Pedro-piedra". Esto demuestra que es un invento humano lo del Papado.

¿Alguien puede ayudarme a rebatir los tres temas anteriores?

Respuesta:

Hermano Pablo. Lo que nos comentas sobre la "experta en teología" es una muestra más de los pésimos resultados de una mala formación teológica y de un relativismo teológico donde cada quien se cree a si mismo el magisterio de la Iglesia, al mismo tiempo que lo niega en la autoridad eclesial competente.

Algunos comentarios a tus inquietudes son los siguientes:

1.- Nunca hubo la Apóstol Junia y la palabra «apóstol» también tiene un sentido genérico.

Andrónico y Junías son solamente apóstoles en un sentido amplio (Rom 16,7) no en un sentido pleno y especial de esa palabra. Se les llamó así en un sentido genérico a quienes fueron enviados a predicar el mensaje del Evangelio.

Para confirmar esto basta leer Hech 14,4 donde se menciona a Bernabé también como un apóstol o también 2 Cor 12,12 dónde se habla de las características de un apóstol.

Además, ¿De dónde deduce ella que "Junias" o "Junia" era una mujer? Acaso porque termina en "a" o en otras versiones en "as" pensó que era del género femenino.

Tal vez piensa que la Biblia se escribió en español. Vaya forma de entender la Biblia, en español y sobretodo de tener mucha imaginación.

Si revisamos algunos comentarios bíblicos sobre este pasaje encontraremos que los exégetas (especialistas en Biblia) dan por hecho que se trata de un "hombre" y no solamente especialistas católicos en Biblia, sino hasta los mismos protestantes están de acuerdo en que Andrónico y Junias eran hombres y, además, no eran realmente apóstoles en un sentido pleno sino genérico.

A Pablo sí se le atribuye el sentido especial de la palabra "Apóstol" al igual que a los doce.

Otro punto importante es que si ella afirma que "no hay impedimento bíblico" esa afirmación aparte de ser un error, su idea más bien parece hecha por un protestante para el que la autoridad única es la Biblia y no la Iglesia.

¿Qué no le habrán enseñado a ella que mucho antes de la Biblia fue la Iglesia la que existió? Que no es la Biblia sino la Iglesia la que es:

"Pilar y columna de la Verdad" 1 Tim 3,15.

Tal vez esas ideas erróneas las aprendió estudiando en algún instituto teológico ecuménico o con algún teólogo católico pseudo ecuménico, pero de la biblia no obtuvo.

Por otra parte, más que un impedimento para la ordenación de las mujeres se trata de una obediencia y fidelidad a la voluntad explícita de Jesús que quiso que fuera de esa manera. Al mismo tiempo, hay una fidelidad a la tradición de la Iglesia que así lo entendió y así lo vivió no ordenando mujeres al sacerdocio.

2- La Jerarquía de la Iglesia en la Biblia.

Sobre lo que afirma que la Iglesia jerárquica la fue inventando los hombres. Y que el sacerdocio de curas también es un invento humano, te comento lo siguiente:

Me pregunto: ¿Dónde habrá estudiado esa hermana para tener esas ideas? Más bien parece que va al culto protestante, lee el Atalaya o novelas de mala calidad.

Claro que Jesucristo sí estableció una jerarquía básica desde su tiempo. Por eso:

b) Instituyó a los apóstoles dándoles poder para predicar y anunciar el evangelio Mc 3,13-15; Mt 28,18-20; Mc 16,15

c) Para celebrar la Eucaristía Lc 22,19.

d) Para perdonar los pecados Jn 20,22-23.

¿Acaso eran todos iguales y dio a todos esos poderes?

Por supuesto que no. Desde el principio, en la comunidad se fue poco a poco estableciendo una cierta estructura jerárquica que con el paso del tiempo se iría precisando:

"Y así los puso Dios en la iglesia, primeramente los apóstoles; en segundo lugar los profetas; en tercer lugar los maestros; luego, los milagros; luego, el don de las curaciones, de asistencia, de gobierno, diversidad de lenguas. ¿Acaso todos son apóstoles? o ¿todos profetas? ¿Todos maestros? ¿Todos con poder de milagros? ¿Todos con carisma de curaciones? ¿Hablan lenguas todos? ¿Interpretan todos?"

1 Cor 12,28-30

Claro que hay una diversidad de dones y ministerios, por eso al mismo tiempo, también lo hay de jerarquía.

3- El Primado de Pedro en la Biblia.

Respecto a lo que ella dice que la frase: "Tú eres Pedro y sobre esta piedra edificaré mi Iglesia" es un añadido de la comunidad de Roma... Expliquemos algo más.

La verdad es que para ser la persona más entendida de la parroquia no está mal... **está pésimo**. En dónde aprendió o quién dijo esa barbaridad de que esa expresión es un añadido de la comunidad de Roma únicamente.

Mira, Hermano Pablo, eso ni al más sectario protestante se lo he escuchado decir. La verdad es que si le preguntas en qué se basa no tendrá ningún fundamento bíblico ni extra bíblico para poder sostener su creencia.

Además, no era ningún juego de palabras "Pedro-Piedra" porque no fue un nombre propio de Pedro lo que Jesús le dijo a Simón sino KEFAS (***en Arameo***) que quiere decir PIEDRA. Eso está en el evangelio de San Juan capítulo uno verso cuarenta y dos.

«Tú eres Simón, hijo de Juan, pero te llamarás Kefas"(que quiere decir Piedra)».

Jn 1,42

Jesús, desde el principio estaba marcando la función que tendría este apóstol dentro de la Iglesia.

Incluso, hay muchos otros pasajes bíblicos que muestran que Jesús le dio más autoridad a Pedro de entre los doce apóstoles (Cfr. Jn 1,42; Mt 16,18; Lc 22,31; Jn 21,15-17).

Así que, ánimo Pablo y gracias por enviarnos tu correo electrónico, estamos para servirte para cuando necesites otra información.

Sin duda alguna que vivimos un tiempo donde es urgente renovar en todos los niveles (Institutos, seminarios, colegios, movimientos, etc.) una nueva apologética para fortalecer la identidad del católico hacia adentro y hacia afuera del ámbito eclesial.

Si deseas prepararte más sobre estos temas te recomiendo el libro "**Soldado de Cristo: De la Nueva Era a la fe católica**". El impactante testimonio de Priscilla de la Cruz y enseñanza que existe acerca de como responder a la astrología; esoterismo, Ouija, Brujería, Chakras, Feng Shui, ateísmo, energías, Tarot, carta astral y mucho más.

Puedes conseguirlos llamando al Tel. (480) 598-4320 y por internet en www.defiendetufe.com

VII Parte

RELIGIONES, IGLESIAS, SECTAS Y COMPAÑÍA

Capítulo 1

ORTODOXOS Y EL PAPA

Pregunta:

He encontrado algo muy extraño en la Internet. ¿Qué opinas acerca de la iglesia ortodoxa? ¿Sabías que hay una en México? ¿Cuáles son las diferencias principales? Me gustaría saber tu opinión después de visitarla.

Respuesta:

Sí sabía que en México y en otros países de América Latina hay Iglesias Ortodoxas. Igualmente, aquí en los Estados Unidos. Por su parecido, se puede prestar a confusión y la respuesta nos ayudará a comprender mejor nuestras diferencias.

1.- Cisma y desinformación.

He visitado otras páginas de ellos pero no había visto la que me enviaste. La he estudiado y esencialmente es lo mismo que ellos dicen por diferentes medios.

En realidad, aunque hay mucho diálogo y ecumenismo con ellos, en el fondo tienen las mismas actitudes de los protestantes queriendo justificar su separación de la Iglesia Católica.

La separación o cisma con ellos fue en el año 1054. Ellos son La Iglesia que tiene más elementos en común con el catolicismo: La sucesión apostólica, celebración válida de la Eucaristía; Amor a la Virgen y otros(Cfr. Unitatis redintegratio No.
14)

Desafortunadamente, noté que cuando hablan de la Iglesia Católica hay un exagerada desinformación, ignorancia y manipulación de datos bíblicos, patrísticos e históricos en temas como el del Papa, la infalibilidad, el purgatorio, el celibato, el bautismo etc.

Al estarlo leyendo me parecía estar escuchando los mismos pseudo-argumentos protestantes sin un verdadero fundamento e incluso como si la página la hubieran hecho hace 20 años, pues no refleja la enseñanza católica post-conciliar.

2.- Ortodoxos y el Papa.

Por poner un ejemplo de esto, cuando hablan del Papa dicen que nos basamos solamente en Mt 16,18, lo cual es mentira pues hay muchos textos bíblicos que confirman que Pedro tenía más autoridad entre los apóstoles, por ejemplo en:

***Jn 1,42** Jesús le cambia el nombre de Simón a Kefas que quiere decir Piedra, para darle una misión.

***Jn 21,15** Jesús deja como pastor a Pedro, diciéndole «apacienta mis ovejas». No se le dijo a los otros apóstoles.

* **Lc 22,31** Jesús estando con los 12 apóstoles y diciéndoles que Satanás los iba a sacudir, **oró** solamente por Pedro.

*En todo el Nuevo Testamento siempre ponen en primer lugar el nombre de Pedro cuando se habla de 2 ó 3 apóstoles. Solamente hay una cita donde cambian el orden, fuera de ahí siempre ponen a Pedro en primer lugar.

***En Hechos 1,2,3,4,5** Pedro es el primero en ponerse de pie, en ponerse a predicar, en realizar el primer milagro, en poner el primer castigo, en ir a la cárcel. Siempre Pedro va primero.

* **En Gálatas capítulo 1,18** nos dice que cuando el apóstol Pablo quiere saber si andaba bien, va a consultar a los apóstoles y su encuentro fue con Pedro.

* **En el huerto de Getsemaní**, según el evangelio de Marcos capítulo 14, cuando están dormidos, Jesús regresó y le llamó la atención **solamente a Pedro**.

*

Y así, hay muchas otras citas bíblicas y datos históricos que fundamentan nuestra fe y que nos confirma que el apóstol Pedro fue el primer Papa. Razones que los ortodoxos no mencionan en ese y en otros temas.

Ni modo, el separarse de la comunión plena con el Vicario de Cristo tiene sus consecuencias. Pensé que los ortodoxos serían más serios que muchas sectas fundamentalistas pero parece que en muchos lugares de este continente van adquiriendo el mismo estilo poco objetivo de muchas de ellas.

En fin, por eso es necesario formarnos más y promover la fe verdadera que Jesucristo nos dejó.

Gracias por enviarnos tu pregunta, pues la respuesta nos ayudó a comprender mejor el mundo de las divisiones en el cristianismo, y ver qué podemos hacer para fortalecer la fe verdadera y plena que Jesucristo nos dejó.

Si estás sirviendo o colaborando en algún ministerio de la parroquia, te recomiendo un libro que te ayudará mucho a ser un buen servidor de Dios. El libro que te recomiendo se llama: «FORMACION DE SERVIDORES: Como ser un Cristiano: Con Coraje» y lo puedes solicitar en tu librería católica más cercana o en la nuestra (480) 598-4320.

Capítulo 2

ISLAM, TERRORISMO Y FUNDAMENTALISMO

Pregunta:

Me gustaría que me ayudaran a entender lo de los musulmanes; el terrorismo y el fundamentalismo. Con lo que pasó en Francia y ha pasado en otros países.

Respuesta:

Claro que sí podemos compartirte algunas cosas sumamente importantes sobre este aspecto, pues hay mucho que decir sobre el islam.

Desafortunadamente hay cosas que no se oyen mucho y es necesario que digamos 'la verdad en la caridad' como nos lo enseña nuestra fe.

1.- El Islam

Su fundador fue Mahoma quien nació en el año 570 de nuestra era en la Meca en Arabia. Al empezar a predicar su fe él y sus seguidores fueron perseguidos y se trasladaron a Medina, otra ciudad en el norte de Arabia. Sus creencias principales son cinco:

1) El credo que ellos tienen donde Mahoma es el ejemplo a seguir.
2) La obligación de rezar cinco veces al día.
3) El ayuno durante el mes santo de Ramadán.
4) Dar anualmente el 2.5 % de sus ahorros (Zakkat).
5) Ir al menos una vez en la vida de peregrinación a la Meca (Hayy).

Islam es una palabra árabe que significa paz, sumisión y aceptación. En teoría se oye bien, pero en la práctica es algo muy diferente. Ellos consideran al Corán como su libro Sagrado.

2.- El Islam, Arabia y Mahoma el fundador.

El Islam hace su aparición en la Arabia del siglo VII. Mahoma, fue un miembro de la tribu de coraix, un camellero en situación holgada; tras su matrimonio con una viuda rica, dice recibir el Corán, primero en una visión de conjunto y luego en detalle y por entregas, (años 612-632 de nuestra era), mediante la recitación que provienen del mismo arcángel Gabriel. **Ni modo. Uno más con visiones creyendo ser elegido por Dios** al mismo estilo que el fundador de los mormones.

En él hay muchas referencias de la influencia cristiana. Pero sobretodo es más importante en él y en el Corán la influencia judía. En los oasis del sur de Arabia había colonias judías, con rabinos y escuelas, y también cristianos, como en el oasis de Najran. Incluso en La Meca se nos habla de la presencia de esclavos, monjes y mercaderes cristianos. Uno de estos últimos, que leía hebreo, era primo de Jadiya, esposa de Mahoma.

Este personaje, Waraqa ben Nawfal, conocía la Biblia. Un primo de Mahoma se hará cristiano al emigrar a Etiopía, en vida de éste. **Las narraciones bíblicas eran conocidas como para que los adversarios de Mahoma contestasen a su nueva religión: "Son ya cuentos viejos".**

Algunos directamente lo criticarán porque copió partes de la Biblia al puro estilo de algunas sectas cristianas protestantes.

En efecto, la doctrina del Corán se parece más a un judaísmo barnizado con elementos cristianos que al cristianismo de los Evangelios y la gran Iglesia.

De hecho, al principio, Mahoma decía que estaba de acuerdo con esos cristianos de la Meca.

3.- La Meca: Su lugar sagrado.

Era un importante centro comercial, intermedio entre los caminos de la India, Siria y Egipto. Rica ciudad, manifestaba grandes diferencias sociales que contrastaban con la sencillez patriarcal de los clanes nómadas.

En el santuario cúbico de la Meca había toda clase de figuras sagradas, en número de 360, como días tiene el año lunar. La Kaaba, además de la piedra negra que sobrevive, reunía toda una mezcla del mundo antiguo.

Una piedra blanca, "marwa", en Tabala, al sur de La Meca, rivalizaba con la piedra negra, siendo también islamizada con una mezquita. Este lugar, "la Meca", será uno de sus lugares más sagrados hasta la fecha.

4.- Mahoma, guerras y el mundo de su tiempo.

El Islam se presentaba en un primer instante como una religión árabe para los árabes, antes de ser proclamada como la única religión querida por Dios para todos los hombres y toda la historia. Más tarde, cuando el Islam se extiende por pueblos no árabes intervinieron otros factores. Los dos imperios vecinos, el persa y el bizantino, serían sus primeras víctimas.

La personalidad de Mahoma y la atmósfera profética de la Arabia del 600 se sumaron para posibilitar su crecimiento religioso. **Las guerras y el crecimiento por ese medio será algo común.**

Tiempo después aparecerían sus dos grandes grupos o tradiciones y con el transcurrir del tiempo aparecerían y desaparecerían muchas sectas hasta nuestros días.

Los los dos grupos más importantes dentro del islam en la actualidad son los suníes y los chiíes. Casi el 85% del mundo musulmán son sunitas o suníes.

5.- La violencia en el Corán y en la vida de Mahoma

Es común escuchar a mucha gente decir que el Islam es una religión de paz y que el Corán se opone a la violencia.

Sin embargo, esa no es precisamente la realidad. Escuchemos lo que nos dice el jesuita e islamólogo egipcio Samir Khalil pues en televisión hablan que los musulmanes son hombres de paz pero la realidad es que muchas veces no es así. En los países donde ellos son mayoría son sumamente intolerantes con los de otras religiones. Incluso, en muchos países de mayoría musulmana, se castiga con la muerte a la persona que se convierte a otra religión y ni siquiera se puede cargar un crucifijo.

El padre Samir enseña en Beirut, Roma y París. Es autor de libros y de ensayos sobre el Islam y sobre su relación con el cristianismo y con Occidente. Durante el pontificado de Benedicto XVI fue uno de los expertos más escuchados por las autoridades vaticanas y por el mismo Papa.

En uno de sus comentarios explicó:

"Que la mayoría de los musulmanes sean contrarios a la violencia puede darse. Pero decir que "el verdadero Islam es contrario a toda violencia" no me parece cierto: ***la violencia está en el Corán*. Decir además que "una adecuada interpretación del Corán se opone a toda violencia" tiene necesidad de muchas explicaciones. Basta recordar los capítulos 2 y 9 del Corán.**

Por ejemplo, el llamado "versículo de la espada" que dice así:

"Y entonces, una vez transcurridos los meses sagrados, *maten a aquellos que atribuyen divinidad a otros junto con Dios dondequiera que los encuentren, háganlos prisioneros, sitiadles y acechadles* desde cualquier lugar que se os ocurra. Pero si se arrepienten, establecen la oración y pagan el impuesto de purificación, dejadles en paz".

Y si no hay una autoridad central que enseñe que no hay que tomar literalmente eso en la actualidad, es fácil descubrir porque los casos de terrorismo de fundamentalistas musulmanes esté aumentando. Además, millones más que no lo hacen, pero que si lo aprueban y festejan.

La verdad es que el Islam tiene necesidad de una "adecuada interpretación". Este camino ha sido recorrido por algunos eruditos, pero no es lo suficientemente fuerte para contrastar la que recorre la mayoría. Esta minoría de eruditos busca reinterpretar los textos coránicos que hablan de la violencia, mostrando que ellos están ligados al contexto de la Arabia de la época y estaban en el contexto de la visión político-religiosa de Mahoma.

Si el Islam quiere permanecer hoy en esta visión ligada al tiempo de Mahoma, entonces siempre habrá violencia. Pero si el Islam - hay un buen número de místicos que lo han hecho - quiere encontrar una espiritualidad profunda, entonces la violencia no es aceptable.

El que critica al Islam a propósito de la violencia no hace una generalización injusta y odiosa: muestra las cuestiones presentes, vivas y sangrantes en el mundo musulmán.

En Oriente se comprende muy bien que el terrorismo islámico está motivado religiosamente, con citas, oraciones y fatwa por parte de imanes que fomentan la violencia. El hecho es que en el Islam no hay una autoridad central que corrija las manipulaciones. Esto hace que cada imán se crea un mufti o autoridad nacional que puede emitir juicios inspirados por el Corán, hasta llegar a ordenar que se mate." Duro y directo lo que afirma este experto.

La mayoría no son terroristas... pero millones si son fundamentalistas y no debemos de esconder ni callar esta verdad. Donde son mayoría su intolerancia y terrorismo psicológico y legal es muy común y lo ven normal. Nadie se queja y el mundo se hace de la "vista gorda" como si no existiera.

Comprobemos enseguida algunas cosas gracias al informe presentado por la organización católica «Ayuda a la iglesia Necesitada».

6- Persecución hacia el cristianismo

Tanto los católicos como los protestantes viven la persecución, discriminación, expulsión, sufrimiento y hasta la muerte de los cristianos que viven en países de mayoría islámica no parece terminar. Según confirma el «Informe 2000 sobre libertad religiosa en el mundo», confeccionado por la prestigiosa organización católica «Ayuda a la Iglesia Necesitada». En la actualidad son 23 países islámicos donde existe la persecución:

-En **Argelia** se prohíbe propagar religiones que no sean el Islam y a las mujeres no se les permite casarse con alguien que no sea musulmán.

-En **Arabia Saudita** en los últimos dos años cerca de 130 inmigrantes han sido llevados a prisión, privados de trabajo y expulsados del país acusados de «actividades cristianas» o sea por tratar de evangelizar.

-En **Egipto,** la admisión de estudiantes cristianos en la escuela obliga el aprendizaje del Corán. Incluso buena parte de la población egipcia que se rebeló contra el régimen de Hosni Mubarak dice que prefiere la democracia a toda otra forma de gobierno. Pero al mismo tiempo, y en aplastante mayoría, quieren que sea lapidado quien comete adulterio, que se corten las manos a los ladrones y que sean llevados a la muerte quienes abandonan la religión musulmana. Además, al pedirles que expresaran su opinión sobre grupos terroristas como Hamas, Hezbollah, y alQaeda, en Egipto se manifiestan a favor de Hamas el 49%, de Hezbollah el 30% y de al-Qaeda el 20%. Una excepción a todo esto es el presidente egipcio Abdel Fattah sin extremismos. Por ello algunos ya lo quieren ver muerto.

-En **Marruecos** el código penal castiga en su artículo 220, con una pena de 3 a 6 meses de encarcelamiento a quien provoque que un musulmán deje el Islam y se convierta a otra religión y está prohibida la venta de biblias en lengua árabe. Además, se puede decretar el cierre de una escuela, orfanatorio, etc. si este sirve para la conversión de un musulmán.

-En **Indonesia** Se suceden ataques de paramilitares contra comunidades católicas, así como el incendio de Iglesias de parte de los musulmanes.

-En **Túnez** las celebraciones religiosas de quienes no son musulmanes sólo pueden realizarse en lugares destinados al culto. Prohíben hacerlo en otros lugares.

-En **Pakistán** la Constitución declara que es un país musulmán. No se reconocen los derechos de los ateos ni de otras religiones". Basta un ejemplo, en el 2009 en Gojra, provincia de Faisalabad han arrojado piedras, quemado las casas y perseguido a los fugitivos, disparando a tontas y a locas. Al final, los muertos fueron nueve. Siete se apellidan Hamid y son del mismo clan familiar del padre Hussein Younis, franciscano. Entre ellos hay dos niños, su único delito fue el ser católicos.

-En **Libia** los católicos sólo tienen derecho a un solo lugar de culto en cada ciudad.

-En **Italia** no podemos dejar de mencionar los trabajos del periodista converso del islam Allam que causaron impacto con sus servicios publicados en el 2003. En el primero Allam reportó el sermón pronunciado el 6 de junio de aquel año, viernes, en al Gran Mezquita de Roma, por el imán egipcio Abdel-Samie Mahmoud Ibrahim Moussa. En el segundo, tradujo del árabe los sermones de los imanes de otras seis mezquitas italianas. *Casi todos exaltando el terrorismo suicida, e incitantes al odio hacia Occidente* y hacia Israel.

-En varios **países musulmanes** cientos de obispos, sacerdotes, religiosos y laicos han sido asesinados a causa de su fe en los últimos años y cientos de miles han sido expulsados o desplazados de sus lugares.

Ah... y no olvides que todo lo anterior no es hecho por grupos terroristas sino por millones que afirman ser musulmanes y hombres de paz.

7- Se castiga con la muerte a quienes se convierten del Islam a otra religión y sucede en 13 países de mayoría musulmana.

-De acuerdo a una encuesta del centro de estudios estadounidense Pew Research Centre un 84% de los musulmanes en Egipto, un 86% en Jordania, un 51% en Nigeria y un 30% en Indonesia apoyaban en el 2010 la pena de muerte para los apóstatas. Eso significa que millones y millones de musulmanes ven muy bien que se asesine a un musulmán porque decidió convertirse en católico, protestante u otra religión.

-En un informe elaborado por la Unión Internacional Humanista y Ética (IHEU, por sus siglas en inglés), una organización con base en Londres que aglutina grupos ateos y secularistas de todo el mundo, se explica como aunque en la mayoría de los casos los gobiernos no aplican la ley de forma literal, sus leyes provocan que algunas personas y grupos extremistas adopten "actitudes justicieras" y cometan asesinatos "extrajudiciales". Claro, de esta forma no se ve como algo de parte del gobierno sino de personas fundamentalistas. De todas maneras, aunque fueran pocas las personas asesinadas es una vergüenza y **millones de**

musulmanes no protestan por eso sino lo aplauden o se hacen cómplices con su silencio.

La lista de países que contemplan la pena de muerte no ha variado con respecto a 2013 y abarca varios continentes y miles de kilómetros: Somalia, Sudán, Mauritania, Afganistán, Irán, Maldivas, Pakistán, Malasia, Qatar, Arabia Saudita, Emiratos Árabes Unidos y Yemen. Así que emigran a países donde existe libertad religiosa pero *muchos no ven mal lo que sucede en sus países en contra de quienes quieren ser católicos o protestantes*.

-Para mostrar la 'misericordia' que tienen, a las mujeres quienes se hayan casado con alguien que no es musulmán, se les da la oportunidad de divorciarse y mostrar su arrepentimiento para no condenarlos por blasfemia. Vaya, y eso que no son terroristas.

-Los que siguen la escuela Shafi rechazan la ejecución de los apóstatas mientras que los que siguen la tradición Hanafi, incluso muchos en Afganistán, apoyan la ejecución, afirma el académico Kelly James Clark, del Kaufman Interfaith Institute de la Grand Valley State University.

8.- Terrorismo de solamente algunos fundamentalistas islámicos, pero complicidad silenciosa de millones de musulmanes.

Nadie puede decir que la mayoría de los musulmanes sean terroristas o que millones de ellos lo son. Sería un tremendo error y muy infantil pensar eso.

Sin embargo, el problema grave que muchos no están viendo, es que ***sí existen millones de musulmanes que aplauden los actos terroristas de fundamentalistas islámicos o al menos tranquilamente guardan silencio ante las atrocidades de algunos de su misma religión*** y se hacen así cómplices ideológicos de los mismos. Hay muchos ejemplos de ello incluyendo lo sucedido recientemente con el asesinato de varias personas de la revista francesa que hizo unas caricaturas de Mahoma. Por supuesto que está pésimo que se hagan burlas de cualquier religión pero eso no es motivo para realizar actos terroristas; aplaudir y defender a quienes los hicieron o quedarse callados 'lavándose las manos' cual Poncio Pilatos es algo común.

Ejemplos de esto son lo siguientes:

- De acuerdo a varios medios: "miles de personas se manifestaron este sábado en Kayes, en el oeste de Mali, para denunciar las nuevas caricaturas de Mahoma publicadas por el semanario satírico francés "Charlie Hebdo". ¡Ojo! ***Estos miles no salieron a protestar por el acto terrorista donde fundamentalistas musulmanes asesinaron a varios***". Se ofendieron mucho, y con justa razón, por ofensas a su religión pero no se ofendieron igual o más cuando musulmanes ofendidos mataron a varios de esa revista días atrás.

- Además, cinco personas murieron este sábado en la capital de Nígeria en protestas por la publicación de caricaturas de Mahoma, informó el presidente del país, Mahmadou Issoufou. Además de cuatro a cinco los muertos en similares protestas ocurridas el viernes en Zinder, la segunda ciudad en importancia."

- Al mismo tiempo se quemaron, al menos, seis iglesias y bares fueron incendiados en Niamey, según el gobernante. Y no olvides que estos que no son terroristas eh.

- En Ingushetia, Rusia 15,000 musulmanes protestaron por el extremismo, ***pero no de los terroristas***, sino de los que se burlaron de Mahoma. ¡Increíble! Repito lo que dije hace unos minutos, está pésimo lo que hizo la revista y hacen otros de burlarse de lo sagrado de cualquier religión, pero deberían de hacer protestado igual o más en contra de los terroristas para hacer ver que ellos repudian ambas cosas tal como lo hizo el Papa Francisco.

- En las redes sociales hay muchos mensajes de musulmanes alabando el acto terrorista y diciendo que se lo tenían bien merecido por burlarse del profeta.

- Como acertadamente lo dijo el Sr. Javier Ruiz: "El día en que los alumnos de la inmigración musulmana respondan con emocionado respeto a semejante minuto de silencio; el día en que esa misma inmigración exprese en las redes sociales su profundo desprecio por los asesinos que dicen actuar en nombre de su religión; el día en que decenas de miles de musulmanes bajen de los suburbios para manifestar un horror que, por ello mismo, aún debería ser más considerable en su caso: sólo ese día podré empezar a tomar en serio a quienes pretenden que hay un buen islam profundamente opuesto al malo. Hasta entonces seguiré pensando que hay, por supuesto, dos islams, todo lo distintos que se quiera, pero uno de los cuales es, por así decirlo, como la vanguardia del otro: ***como la avanzadilla de ese otro islam***, pacífico, mayoritario, pero **complaciente de la violencia fundamentalista**. Que, además de sus mismos ritos y doctrina, practica un bien conocido proverbio: El que calla otorga. Además, cerca de 200 millones de musulmanes apoyan la "Yihad" o guerra santa usando las armas.

9- Sectores de la iglesia católica sufren de "masoquismo eclesial" y Occidente de "complicidad"

Estas son grandes verdades que urge dar a conocer y corregir si queremos ser auténticos cristianos. Lo ha dicho ni más ni menos que Magdi Cristiano Allam quien de ser musulmán se convirtió a la fe católica y fue bautizado en tiempos del Papa Benedicto XVI. Magdi Allam desde hace varios años vive con escolta de seguridad, amenazado de muerte... y eso que está viviendo en Italia.

Desafortunadamente los extremos de una caridad malentendida y una pésima interpretación del concepto de 'libertad religiosa' y "diálogo interreligioso" ha provocado que muchos líderes nuestros hayan caído en la complicidad del silencio callando muchas atrocidades realizadas por musulmanes en muchas partes del mundo y todo supuestamente lo hacen para no "ofender" al Islam y así favorecer el 'diálogo religioso'. Eso ha sido aprovechado al 100% por líderes musulmanes quienes incluso descaradamente dicen que van a conquistar al mundo y a Europa gracias a la democracia que existe en estos países.

Que bueno que san Pablo; san Francisco Javier y san Patricio no están vivos porque si lo estuvieran estarían teniendo problemas gigantescos de parte de algunos líderes católicos que los acusarían de fanáticos por tratar de evangelizar y convertir a los de otras religiones y los acusarían de entorpecer el 'diálogo religioso' diciéndoles que sería recomendable que revisaran la forma, el lenguaje y la presentación para no ofender y dañar la relación con los no católicos.

Aclaro. Por supuesto que es importante el promover el 'diálogo interreligioso'. De hecho, ya forma parte de nuestra praxis pastoral cotidiana. El documento "Nostra Aetate" del vaticanos II lo precisa con claridad. El problema es que muchos entienden eso como una renuncia automática a evangelizar a los musulmanes, judíos... y a dejar de denunciar la verdad renunciando a ser profetas para verse más 'nice' y personas de avanzada siendo y diciendo sólo lo "políticamente correcto". Para no evangelizarlos afirman estar creando 'puentes' pero lo que en realidad crean es "barreras" a que conozcan la plenitud del evangelio.

10.- Es tiempo de evangelizar también a los musulmanes.

Una mal entendida "libertad religiosa y diálogo interreligioso' ha paralizado a muchos líderes nuestros que han dejado de buscar como evangelizar a los musulmanes.

Recuerdo el caso donde fui a dar un curso a una parroquia y unos minutos antes de empezar el párroco me envío un email diciéndome que no hablara nada de los protestantes, ni de los divorciados; ni de los homosexuales; ni del demonio y tampoco nada de los musulmanes, pues ellos creaban puentes..." Lo peor del caso es que no solamente era el párroco sino que además era el fundador y director del instituto de teología de esa diócesis.

Se imagina como saldrán formados, o mejor dicho deformados, de esa institución. Líderes y teólogos que dicen ser católicos pero prefieren la moda y la "buenitis aguda" olvidando que la esencia de la iglesia es evangelizar a todos y para eso existe.

Otro caso de masoquismo eclesial es cuando el cardenal ganés Peter Turkson, presidente del Pontificio Consejo Justicia y Paz en tiempos del Papa Benedicto XVI, mostró un video a los padres sinodales durante la asamblea general del sábado 13 de octubre. En este video se denunciaba con crudeza la avanzada demográfica del Islam a expensas del cristianismo. Increíblemente después de hacerlo se disculpó, como si eso fuera un error. Con que razón los protestantes crecen más rápido que nosotros hasta en los países musulmanes pues una **pésima interpretación del 'diálogo interreligioso'' a nublado la evangelización en muchos líderes católicos que luego han contagiado a otros de su falta de celo apostólico disfrazado de respeto y tolerancia**.

> Muchos lideres y teólogos están bien confundidos pues la Iglesia no existe para *dialogar,* existe para *evangelizar*. (Evangelii Nuntiandi No. 14)

El diálogo interreligioso es una parte importante e integral de la evangelización, pero no es la esencia de ella. No olvidemos nunca el ejemplo de los santos quienes dieron su vida no por estar pensando en dialogar, sino se decidieron evangelizar y eso les costó la vida. Así como existe el documento *nostra aetate* sobre el diálogo y las relaciones interreligiosas, igualmente existe el documento *Ad Gentes* sobre la evangelización y misión principalmente entre los no cristianos. Poner el 'diálogo como valor supremo por encima de la proclamación del evangelio es traicionar el mandato de Jesucristo: "Vayan por todo el mundo y prediquen el evangelio". Mc 16,15

Magdi Allam, musulmán convertido a la fe ha escrito y denunciado con valentía esta realidad. Algunas de sus denuncias son que: "el Islam es fisiológicamente violento e históricamente conflictivo"; Que occidente ha caído en "una rendición moral, obnubilación intelectual y una colusión ideológica colaborando así con los extremistas islámicos". Directo y al grano Magdi también ha denunciado muchas veces que en la iglesia católica hay un: "miedo difundido y muy extendido por el que en países musulmanes - donde la apostasía es a veces castigada con la muerte - **se renuncia a bautizar y en los países cristianos se mantienen escondidos los convertidos del Islam**.

Con el bautismo administrado a él públicamente por el Papa Benedicto XVI en la noche de Pascua, Allam confía en que se salga de estas "catacumbas" que muchos se han auto creado.

Termino este punto compartiéndote algunas de las palabras que este ex musulmán envío a un diario un día después de su bautismo en la iglesia de san Pedro donde dice lo que muchos de los nuestros no se atreven a decir y urge que tú las conozcas:

"El milagro de la Resurrección de Cristo se ha reverberado sobre mi alma *liberándola de las tinieblas de una predicación donde el odio y la intolerancia respecto a lo "diferente", condenado acríticamente como "enemigo"*, priorizando sobre el amor y el respeto del "prójimo" que es siempre y de todos modos "persona"; así como mi mente *se ha liberado del oscurantismo de una ideología que legitima la mentira y la disimulación, la muerte violenta que induce al homicidio y al suicidio, la ciega sumisión y la tiranía*, permitiéndome adherirme a la auténtica religión de la Verdad, de la Vida, y de la Libertad. En mi primera Pascua como cristiano no he descubierto sólo a Jesús, he descubierto por primera vez al verdadero y único Dios, que es el Dios de la Fe y Razón".

Que bendición son los conversos a nuestra fe. Poco tiempo de ser católicos, pero con más claridad espiritual y fidelidad al evangelio que otros 'experimentados' que viven preocupados por verse bien con el mundo y amigos de todos.

Diálogo interreligioso ¡Sí! Respeto y tolerancia también, **pero siempre acompañado de la verdad y nunca renunciando ni a nuestra identidad ni a nuestra obligación de obedecer a nuestro señor Jesucristo "Id por todo le mundo y hagan que todos los pueblos sean mis discípulos**".
Mt 28,18-20

Eso incluye evangelizar a los musulmanes, judíos, budistas, protestantes, pentecostales, evangélicos y por supuesto a nosotros mismos, pues la iglesia evangeliza y al mismo tiempo tiene que ser evangelizada.

Vivamos la verdad en la caridad, anunciando y denunciando como todo profeta lo debe hacer y eso es lo que somos por nuestro bautismo.

7.- La Paz empieza en la familia.

Como te darás cuenta estimado amigo, ante lo que está sucediendo es importante tener calma y paz, confiando en que Dios es nuestra fortaleza y que la esencia de Dios es amor y paz y que nos invita al respeto de los demás en todos sus aspectos.

Empecemos por vivir la verdadera 'paz' que nos trae Jesucristo *viviéndola en la familia* y para eso no necesitamos a la ONU como lo ha dicho el Papa, sino nuestra decisión para que luego se proyecte en todos los ambientes en donde nos encontremos, empezando por nuestra casa.

Bendiciones.

Capítulo 3

SECTA: «PARE DE SUFRIR»

Pregunta:

Hermano Martín:
¿Dónde puedo conseguir material sobre la secta «La Iglesia Universal o Pare de sufrir»? Hay varios sacerdotes que me están preguntando sobre ellos.

Respuesta:

A nivel internacional una de las sectas más agresivas en su labor de ganar adeptos, es la Iglesia Universal del Reino de Dios. Esta secta es más conocida en muchos lugares con el nombre comercial "Pare de sufrir", que es el título publicitario que usan para anunciar productos mágicos que venden en sus reuniones (culto): Rosa de Sharon, sal bendita, tierra de Jerusalén, aceite bendecido, agua del río Jordán, etc. todo eso traído desde Jerusalén pero «hecho en New York».

Por este medio te envío la siguiente información que seguramente servirá para prevenir que más incautos caigan en sus trampas.

Hay católicos que en su ignorancia e ingenuidad con tal de querer curarse de alguna enfermedad acuden allí y lo único que logran es una buena salida de dinero de su bolsillo, pues es característica de esta secta la idea de que si dan más dinero, más bendecidos serán.

Esta secta religiosa tuvo su origen en Río de Janeiro, Brasil, aproximadamente en 1977 y su fundador y actual dirigente es Edir Macedo. Su énfasis es: "Entre más dinero le des a Dios, más bendiciones tendrás". La llamada "teología de la prosperidad" en su más alto nivel.

La teología de la prosperidad afirma que un donador sabio y que dé mucho dinero gozará de una vida libre de enfermedades, de estrés y de vicios, y que su vida se hallará llena de bienes materiales: Un carro nuevo, una gran casa, una gran cuenta bancaria...

"Es la versión espiritual de Wall Street", dijo Héctor Ávalos, antiguo sanador de la fe y quien ahora es profesor asociado de estudios religiosos en la Universidad Estatal de Iowa. "Básicamente -dijo- ellos están jugando con la avaricia de la gente".

Qué tremendas, pero que acertadas palabras: «jugando con la avaricia de la gente». Te comento sobre esa secta lo siguiente:

1.- Secta de Macedo y el Evangelio de Judas Iscariote.

Si bien es cierto que muchas sectas religiosas ven la religión como si fuera un negocio (1 Tim 6,5), con sucursales, mercadotecnia, etc., la Iglesia Universal, secta de Macedo, rompe el récord en este aspecto. **En ellos la religión no es un negocio, sino el "negocio es la religión"**. En vez de anunciar el Evangelio de Jesucristo, más bien promueven el Evangelio de Judas Iscariote.

De principio a fin en su "culto" venden (ofrecen) de todo al mejor postor. Vendedores de falsas esperanzas que hacen que la gente con tal de tener una pequeña luz para su enfermedad les dejen su dinero.

Hay de todo para escoger como si fuera el "mercado de la fe": aceite de olivo bendito del huerto de Getsemaní; agua bendita traída del río Jordán; tocar el manto sagrado traído de Jerusalén; pañuelos benditos de Tierra Santa; Rosa de Sharon traída de medio oriente... todo «made»=hecho en Maquiladoras de México. Todo para 'expulsar los males'.

Ah... y por supuesto: "Oraciones" de fe, donde al que entregue más dinero (donativo) le prometen más bendiciones de Dios. Supersticiones al mayoreo que hacen que la gente en vez de buscar a Dios, se dediquen a buscar una sanación en manos de charlatanes. Un descaro que por falta de conocimiento y valor para descubrir su engaño ha ido creciendo.

Si Judas Iscariote viviera seguramente que hasta envidia le daría y se propondría él mismo para ser su asesor.

Tal vez, hasta lo tengan como su santo patrón. Esta Iglesia posee la tercera red televisiva más popular de Brasil, docenas de estaciones radiofónicas, varios periódicos, un banco y otras muchas propiedades. Esta Iglesia mantiene en secreto sus finanzas, pero informes que han sido publicados indican que al menos obtiene 100 millones de dólares anualmente.

Allí no sólo hay que cuidar la fe, sino principalmente el dinero, pues sus "predicadores" como expertos en prestidigitación en cuestión de minutos hacen que la gente les entregue hasta lo que no traen. Si conoce a alguien asistiendo a ese lugar, explíquele a dónde va a parar su dinero. Recuerde que uno de los mandamientos es "no robar" y primo hermano de este mandamiento es "no dejes que roben a los demás". Asistir a esa secta no es falta de fe, sino de inteligencia.

2.- Ex-pastores de la Iglesia Universal denuncian a la secta de Macedo

Hace poco, ochenta ex-pastores de la Iglesia Universal del Reino de Dios denunciaron judicialmente a esta secta porque se rehúsa a pagarles salarios no recibidos y derechos de desempleado no percibidos, pese a que la mayoría de ellos dejaron todo lo que tenían por la secta.

Por ello, muchos pastores han reclamado "derechos" como seguridad social, compensación por falta de "aviso previo" en los "despidos", fondo de garantía, horas extras, vacaciones vencidas y hasta un adicional de "publicidad", por haber hecho proselitismo. "Es dinero para la iglesia, lograda con el esfuerzo de estos pastores", dice Francisco Días Ferreira, abogado de Francisco Rosas, uno de los ex pastores demandantes.

Ahora, la mayor parte de los jueces piensan que procesos de esta naturaleza demuestran que las relaciones en el ámbito de la Iglesia Universal no se fundan en la fe.

"Son relaciones comerciales. Aunque el reclamante no tenga razón, y en este caso no veo cómo pueda tenerla, se concluye que las dos partes están erradas. Aquello que debería ser vocación acaba transformándose en una forma de ganar dinero".

Explica el juez de Río de Janeiro, Brasil, José Nascimento. Así que ponte listo y compártelo con otros para no dejarse embabucar por sectas que sólo pretenden hacer su negocio o, como yo le llamo, anuncian el «evangelio de Judas Iscariote». Lee el libro "*Por qué regresé a la iglesia católica*" que te ayudará a entender el mundo de las sectas.

3.- Líos Financieros

La conocido secta de la Iglesia Universal como también les gusta llamarse en Televisión en su programa: "Pare de sufrir", continuamente está en líos financieros. Conocida en muchos lugares por su propaganda mágica de sanación con la Rosa de Sharon, el manto sagrado, el aceite "bendito" y otras supersticiones, se sigue descubriendo que más que una Iglesia, es un tremendo negocio.

Algunos de sus líos en Brasil, país de su origen, son:

a) Enfrentó un proceso judicial por adquirir la red de comunicaciones Record sin pagar los impuestos de ley. Esta evasión tributaria podría costarle a la secta el retiro del permiso de transmisión de dicha cadena radial.

b) En este aspecto, según los registros financieros de la secta, el "pseudo-obispo" Edir Macedo en 1994, debía casi 23 millones de dólares, dinero obtenido con préstamos a largo plazo sin intereses. Si usted conoce a algún católico despistado asistiendo a esa secta platíquele un poco a dónde va a parar el dinero que entrega.

c) Las denuncias, sin embargo, sobrepasan los límites nacionales, pues en otros países se han encontrado empresas relacionadas con la secta y, casualmente, son sospechosas de lavado de dinero. Entre éstas se encuentra la Invest Holding Limited -socia del Banco Metropolitano perteneciente al Grupo Universal- ubicada en las islas Caimán.

d) En el 2015 La famosa revista Forbes puso a este fundador y pastor como uno de los hombres más ricos del mundo.

Conclusión

Antes que nada mis disculpas a Judas Iscariote porque tal vez él no fue tan avaricioso como algunas sectas disfrazadas de cristianas lo son actualmente. Al menos, a Judas no se le ocurrió fundar una secta con el dinero que recibió y hacer el "negocio de la fe" más rentable al estilo del empresario=fundador Edir Macedo.

Hoy, es urgente: «ser astutos como serpientes». Amén.

Capítulo 4

EL LADO OCULTO DE LOS TESTIGOS DE JEHOVÁ

Pregunta:

Saludos. Soy católico y estoy en un grupo de la Iglesia, pero creo que no tiene nada de malo recibir en mi casa a los Testigos de Jehová. Yo creo que son buenas personas que leen la Biblia y ayudan a la gente.

Entre ellos hay buenas personas y a mí me gusta leer el Atalaya. Además, todo lo que ellos creen y dicen es algo bueno para las personas. ¿Tengo razón o no?

Respuesta:

Discúlpame, estimado hermano, pero definitivamente **no** tienes la razón en varias de las cosas que me compartes.

En primer lugar te recomiendo leer los artículos que he escrito acerca de la importancia de la Iglesia de Cristo y de la pertenencia y fidelidad a ella(Ver Pags. 17-54) y también mira que muchas de sus creencias no están fundamentadas en la Biblia. Sobre su "supuesta" bondad te platico lo siguiente:

A.- La otra cara de los Testigos de Jehová.

Esta religión difunde sus creencias y enseña algunas buenas normas de moralidad. Sin embargo, haciendo un análisis minucioso de sus líneas de pensamiento saca a la luz las ideas negativas que difunden. Te envío algo que un hermano nos acaba de compartir como fruto de una investigación y colaboración. Se trata de la «otra cara» de los Testigos de Jehová:

1) En su libro "*Verdadera Paz y Seguridad*" páginas 32 y 33, enseñan que hay que sentir repugnancia por la manera como las religiones han pintado malamente a Dios y afirma que los T. J. son la religión que muestra amor genuino, sin hipocresía, a la gente... ¿será verdad?

2) Tienen una actitud negativa hacia la educación universitaria, llegando al extremo de considerarla no ventajosa para los jóvenes, como lo afirma su libro "Los jóvenes preguntan" en las págs. 175 a 179.

3) Los T. J. enseñan la discriminación religiosa: a pensar mal de las personas que no son de su religión, a no escogerlos como compañía, pues pueden tener malas costumbres, aunque parezcan honorables. Esto se dice en su libro " Unidos en la adoración" págs. 44 y 45.

Son vanidosos y reflejan aires de superioridad y menosprecio con respecto a las demás religiones. Lo cual se demuestra en su revista "La Atalaya" del 15/agosto/1994 pág. 11, párrafo 2, en el que los Testigos de Jehová se definen como un grupo de personas bien vestidas que predican y se comparan mencionando los nombres de otras religiones y en detrimento de ellas, como si estas otras religiones no sirvieran a Dios como los Testigos lo hacen.

4) Marginan socialmente a personas de su propia religión si son calificados como "hermanos señalados", lo que significa que los excluyen de sus reuniones sociales con el objetivo de avergonzarlos y presionarlos para que cambien su conducta desordenada desde el punto de vista subjetivo de sus demás hermanos en la fe. Esta enseñanza se expone en " La Atalaya" del 15/julio/1999 págs. 29 al 31.

5) Dejan morir a personas e incluso niños por prohibirles las transfusiones de sangre y hacerles creer que eso está prohibido por la Biblia.

Otras publicaciones de los T. J. pueden tener un enfoque algo diferente sobre estos asuntos, pero de estas publicaciones citadas se han producido millones de ejemplares que han guiado y guían la manera de pensar de los T. J. de todo el mundo.

La información publicada en los libros y revistas mencionados ha recibido la aprobación del Cuerpo Gobernante de los Testigos de Jehová, quienes residen en su Sede mundial en la ciudad de Brooklyn, en Nueva York.

Es sorprendente que detrás de la apariencia de enseñar moralidad a la gente, esta religión utilice la Biblia para enseñar las ideas intolerantes y antisociales que se han expuesto; es terrible que bajo la idea de "Dios lo dice" puedan dirigir a las personas al error. (Información contribuida por un colaborador de Lima, Perú).

B.- Sus creencias están contra la Biblia.

Veamos ahora brevemente cómo sus creencias no tienen fundamento en la Sagrada Escritura:

Ellos dicen	**La Biblia enseña**
Jesús no es Dios.	**Jesús sí es Dios.** Jn 20,28; Jn 5,23; Jn 1,1;Rom 9,5
El nombre de Dios es Jehová.	**Jesús no le llamó Jehová, sino PADRE.** Mt 6,9: Mc 14,35-36
El Espíritu Santo es una fuerza solamente.	**El Espíritu Santo es una persona y es Dios.** Hech 5,3-4;

Rom 8,26

Si quieres saber cómo responderles con la biblia y con su propia literatura y aprender a dialogar con ellos te recomiendo el excelente libro llamado "**Cómo responder a los testigos de Jehová**". Pídelo en el 480-598-4320 o en www.defiendetufe.com

C.- Una secta más, Fundada por un hombre más.

La verdad es que esta secta fue fundada por Charles Taze Russell en Pennsylvania en 1876. Su destino, al igual que otras sectas, es el de crecer y desaparecer. Su Biblia es la más manipulada y su doctrina más que cristiana, es moisesiana. No te dejes engañar.

Por eso, hermano, te recomiendo no aceptes sus revistas y mejor inviertas ese tiempo en conocer tu propia fe católica.

Ah, y si deseas aprender más sobre este tema te recomiendo leer el libro "Cómo Responder a los Testigos de Jehová" el cual es excelente para eso.

Capítulo 5

HERBALIFE, ANWAY, ORGANO GOLD, OMINILIFE... Y NUESTRA FE

Pregunta:

Soy Católico y la verdad es que ya estoy 'hasta la coronilla' que personas dentro de la iglesia me estén hable y hable para invitarme a unirme a este multinivel y hacerme rico en poco tiempo.
¿Es cierto eso? Mucho de lo que me dicen me **suena** a otra religión con testimonios, enseñanzas estilo predicaciones y eventos tipo congresos, incluyendo promesas de salvación económica... ¿Qué hago? ¿Son buenas y es algo religioso o no?

Respuesta:

Estimado hermano en Cristo. Hemos buscado información e investigado bastante sobre lo que nos preguntas. Al mismo tiempo yo he conocido varias personas que han pertenecido y otras siguen perteneciendo a alguna de las empresas que nos comentas o a otras parecidas que comercializan principalmente mediante "multiniveles'.

Como son muchas y muy variadas, es importante que lo que te comparto lo analices seria y cristianamente para ver si sucede en la que te están invitando. Luego, como dice el dicho:

"**Al que le caiga el saco, que se lo ponga**".

Esto te ayudará a ti y a tus conocidos a conocer mejor como se manejan algunas "compañías multinivel" y así podrás tomar una decisión no solamente buena, sino cristiana, pues a Cristo es a quien servimos y en su iglesia: La católica, donde queremos vivir y morir.

1.- Lo importante para nosotros como cristianos.

Hoy en día prácticamente no existe nadie en este país que no haya sido invitado a una 'reunión' donde se habló de algo que podía cambiar su vida y llevarlo a vivir una vida mucho mejor. Normalmente son reuniones pequeñas o a veces individualmente donde una persona nos habla con mucho entusiasmo y convicción acerca de algo que ha descubierto. Que le ha sido de gran bendición y va lograr sus sueños como el de un carro o casa nueva y a viajar por las playas del mundo. Ah... y todo eso en poco tiempo, gracias a una excelente forma de tener su propio negocio. Luego nos hablan del excelente producto y la forma en la que podríamos ser parte de la gente que está teniendo éxito y triunfando, abandonando ideas 'raras' pues Dios no quiere la pobreza ni que seamos pobres.

Comparten testimonios de personas que han logrado eso pero que antes fueron como muchos, pobres y sin aspiraciones. Ahora son hombres de éxito que se van a retirar en pocos años y que viajan por las 'playas del mundo' disfrutando del estilo de vida que se 'merecen' y conviviendo con otros triunfadores de este gran negocio que nos proponen.

Unos hablarán de Anway; otros de Herbalife; unos más de Organo Glod, Omnilife, Mary Kay, 4Life, etc.

Algunas bonitas frases motivacionales comunes que se escuchan en sus reuniones, congresos, visitas, son:

¡Que nadie robe tu sueño! ¡No lo permitas!
¡Ánimo, tú puedes! ¡Eres único! ¡Eres un triunfador!
¡Obtén tu libertad financiera!
¡Nos vemos por las playas del mundo!
¡Tú puede ser Diamante y lograr tus sueños!

Ante todas estas propuestas lo primero que me gustaría aclararte es que **para nosotros no importa si**

funciona o no funciona, sino si tiene algo que agrade o desagrade a Dios. Si tiene cosas o no que sean anticristianas.

San Pablo dice: "***Examínenlo todo y quédense con lo bueno***". 1 Tes 5,21 Por supuesto que el enfoque que aquí haremos va ser espiritual y no se trataba de analizar desde una perspectiva empresarial, tecnológica o social **sino de confrontar todo con los "valores" del Reino de Dios** que buscan la salvación integral de todo el hombre y de todos los hombres.

Como cristianos que somos en este artículo nos concentraremos en lo esencial que se relaciona con el evangelio que Jesucristo nos ha dejado.

Lo más importante no es si funciona como empresa piramidal o no; Si es una secta empresarial o una compañía formal; Un negocio legal o se les está investigando; Son empresas con ganancias millonarias o no; Si hacen que la gente se sienta mejor o con la autoestima más alta; Si están felices con un montón de cds motivacionales y luego no hayan ganado nada, mucho o menos de lo esperado. **¡No! Lo importante para nosotros, como creyentes en Jesucristo, es si nos ayuda a ser más cristiano o me aleja de los valores del Reino de Dios.**

El criterio principal del mundo es diferente al nuestro. **Nunca permitas que cualquier frase, idea o testimonio, por más bonito que sea, pase por encima de la fe que has recibido**. Discernamos todo al estilo cristiano y eso es precisamente lo que te quiero compartir en estas respuestas.

2.- El "Dios dinero" y la santidad del éxito".

Cosas buenas la mayoría de los negocios las tienen. Sin embargo, desde la fe, uno de los grandes problemas a la hora de hablar de las muchas empresas con estrategia de mercadeo de multinivel es que ***hay algunas*** que logran que al mismo tiempo que la persona tenga un deseo auténtico y sano de superación, muchas de ellas caigan, sin darse cuenta, en la idolatría del dinero.

Al oírlos hablar pareciera que toda su mente, corazón y esfuerzo estuviera enfocado y volado en alcanzar su sueño del éxito. Entendiendo "éxito", al oír sus testimonios, como el tener carros y casas nuevas y sin faltar los viajes por las playas del mundo. Hablan tanto del éxito económico que pareciera que al "Dios" al que sirven es el dinero.

Conozco personalmente varios casos de diferentes empresas multinivel donde personas incluso dejaron de servir en la parroquia y de asistir a grupos pues ellos "siguieron su sueño" y confían en las promesas que les hicieron; que no importaba dejar de servir en la parroquia por un tiempo, pues en unos cuantos años iban a tener "libertad financiera" y entonces iban a poder asistir más a la iglesia; servir más en los ministerios e incluso ayudar mucho más económicamente a su parroquia.

Mientras, sería mejor 'trabajar duro' por su sueño y no permitir que "nadie se los robé" pues muchos no entienden, como ellos, que nacieron para triunfar y se "merecen" vivir como ricos pues Dios no quiere la pobreza.

Viven, piensan, organizan, llaman, invitan y algunos hasta oran para conseguir la "santidad del éxito" pues para algunos pareciera que la santidad ahora consiste en lograr el éxito al que habían renunciado. Para quien piensa así lo fundamental en la vida es sin darse cuenta lo material. Su mandamiento inconscientemente es 'Amarás al señor éxito con toda tu mente, con toda tu alma y con todo tu corazón'.

Quienes lo entienden y viven así nunca lo aceptarán, pero la forma de comprobarlo es que **invertirán** más horas escuchando cds motivacionales que rezando; **leerán** más libros sobre estrategias para hacer crecer su red que la biblia para crecer en santidad; **pasarán** más tiempo en reuniones motivando a otros a ser empresarios, que tiempo con su familia; **asistirán** a eventos en otras ciudades pagando mucho dinero, pero no tendrán tiempo, ni suficiente dinero, para congresos católicos de crecimiento espiritual. Ah... y lo primero que te hablarán cuando te llamen o encuentren no es de Dios ni de la biblia o la Misa, sino que tienen una excelente noticia que compartirte y es la de unirte a una red de triunfadores.

Bien para alguien que piensa solamente en el presente, pero mal si somos cristianos y nuestro corazón está en el cielo.

Si la multinivel en la que estás o quieres entrar te empuja a eso y quieres ser un cristiano verdadero, simplemente salte de allí lo más pronto que puedas. Si no lo manejan en ese grado, entonces no hay problema. **Este es un primer elemento cristiano a discernir.** No lo olvides por favor.

3.- La despersonalización en algunas empresas 'multiniveles' (network marketing).

Todavía recuerdo a amigos de la iglesia que después de años de no vernos lo primero que hacían al verme o llamarme era compartirme la buena noticia de lo que habían encontrado para lograr mejorar la calidad de vida e inmediatamente me trataban de enrolar(enganchar) en esta gran oportunidad que supuestamente había cambiado la vida de muchos.

En realidad se han convertido, sin darse cuenta, en 'apóstoles' de esa empresa y te bombardean con testimonios, resultados, beneficios, éxito.... Lo primero que hacen al llamarte y verte no será para hablarte de Dios, sino de la gran oportunidad de mejorar tu estilo de vida logrando tus sueños y triunfando como otros lo han hecho.

Este es otro de los grandes enemigos a cuidar de algunas empresas que manejan mercadeo de multinivel. La "persona" pasa a un segundo o tercer plano. Para quien cae en esta actitud, que he visto en muchos, lo más importante que existe en su vida, desde que se levantan hasta que se acuestan, *es pensar en hacer crecer su red para alcanzar el 9% como meta inicial*.

Para ellos cada persona que existe a su alrededor '**no es una persona**' sino un '**candidato**' a hacer crecer su red y así un paso más para alcanzar sus sueños. No les importa tu vida; cómo estás con tu familia; cómo sigue tu salud; qué ha sido de tu pareja y mucho menos cómo estás espiritualmente. Cualquier cosa que les comentes tuya lo usarán como un trampolín para saltar a lo importante que es el comprar los maravillosos productos que tienen pero sobre todo la excelente noticia de ser un empresario independiente y alcanzar los sueños que no has podido lograr por estar atado o esclavizado en un trabajo. Así lo expresan ellos.

Primero ellos mismo, sin darse cuenta, se van 'despersonalizando a si mismos' y luego lo hacen automáticamente con cada amigo o familiar que encuentren. En el fondo no les importa en lo más mínimo al ser humano que tienen enfrente, sino que buscan trabajar intensamente en alcanzar "*su sueño*". Un egoísmo disfrazado de ayuda, pretendiendo que tú seas también un triunfador como él cree que lo será. No como lo es, pues muchos nunca lo logran y todo el dinero gastado sirvió para que los que están más arriba en su red sean los beneficiados.

Jesucristo dijo: "Yo he venido a que tengan vida y vida en abundancia" Jn 10,10b y eso quiere decir que hay que valorarnos y valorar a cada ser humano como una "persona" y no como un objeto que usaremos para nuestro beneficio.

Recuerdo a una hermana que era esposa de un líder católico que lo primero que hacía al llegar a las casas era hablar cinco minutos de cualquier cosa para después lanzarse con entusiasmo a hablarles a todos de lo maravilloso y las bendiciones que se logran en lo que ella había descubierto... ella misma no se daba cuenta que ya no le importaba la "persona" en su situación y vida individual sino que estaba enfocada en sus metas y sus sueños.

El otro caso que recuerdo es el de un joven de la iglesia que años después de no verlo me costó reconocerlo pues se veía muy acabado. Investigando un poco me enteré que estaba más que atrapado en una empresa multinivel donde ya tenía algunos años y no había logrado su sueño. El problema es que después de dejar el trabajo y otras cosas seguía en su terquedad de que pronto iba a poder tener el éxito y la libertad financiera. Él mismo, sin darse cuenta, ya no se miraba como persona y estaba a punto de perder a su esposa y a su familia pues ya estaban cansados de ver cuantas cosas habían perdido por una quimera o sueño guajiro en el que había caído. Algunos, por vivir soñando en ser un 'diamantes' terminaron viviendo como el 'cobre'.

Haz un alto hermano. Si Amway, Organo Gold, Herbalife, Omnilife, Trampolife o cualquier otra empresa te mueven a pensar así es urgente que te detengas y ya no sigas por ese camino. Como cristianos no podemos 'usar' a las personas para nuestro propio y único beneficio. Si estás en alguna empresa multinivel o estás pensando entrar no caigas en esta actitud y entonces no hay problema. **Esta es la segunda clave a discernir** desde la fe, si alguna empresa nos genera o no el dejar de ver a los demás como persona y pensar solamente en ellos como otro candidato para motivarlo a entrar en nuestra red y nos sirva como trampolín para alcanzar a ser un esmeralda o diamante no podemos seguir, si no provoca eso entonces no hay problema y puedes seguir. Discierne bien esta segunda clave.

4.- ¿Grandes sueños o avaricia material?

Tengo que serte sincero mi estimado hermano y la verdad es que la línea entre ser un cristiano con grandes metas y sueños a ser uno con una avaricia insaciable es muy delgada. Desafortunadamente en algunas de estas empresas sucede algo muy especial. Por un lado ayudan a las personas a salir de su conformismo, pasividad, mediocridad, baja autoestima etc y por otro lado provocan que en algunos su deseo de lograr su sueño de éxito y triunfo los envuelva en una avaricia material con apariencia de felicidad.

Es muy común escuchar a personas que han tomado sus cursos, seminarios y cds decir que ellos serán los próximos 'diamantes' pues su límite es el cielo y al despedirse dicen: "nos vemos en las playas del mundo".

Así que **esta es la tercera clave a discernir** si el tipo de empresa de multinivel en la que estás o a la que te invitan te ayudará o no. Metas y sueños grandes sí, avaricia material ¡No! **Eso es lo más anticristiano que puede existir** y si te dejas llevar por un sueño donde las cosas materiales son lo más importante terminarás con cosas y viajes, si bien te va, pero sin familia y sin Dios.

Recuerda lo que dice el apóstol san Pablo: "El amor al dinero es la raíz de todos los males" (1 Tim. 6, 10). ¡Esta es una gran advertencia! Sin embargo, nota bien que no dice que el dinero en si mismo sea la raíz de todos los males, sino el "amor al dinero". Aspirar a mejor económicamente no es algo malo, sino bueno y sobre todo si es para generar recursos para otras personas. **Los sueños e ideales de superación son buenos e incluso necesarios para crecer como personas, familia, iglesia y sociedad.** ***El problema es cuando inconsciente o conscientemente se idolatra al dinero o se pone el éxito material como el camino a la felicidad*** *y esa solamente viene de Dios.*

5.- Cuida tu fe y también tu dinero.

Definitivamente que una de las cosas que también debemos compartir como una **cuarta clave** para saber si es bueno o no algunas cosas de estas empresas es que ***no perdamos dinero***.

Una de las quejas más comunes que he encontrado personalmente, y también al investigar, es el hecho de que muchos han terminado saliéndose y quejándose de que nunca lograron lo que pensaban. Agradecen lo aprendido en la línea motivacional, pero en realidad nunca lograron obtener lo sueños prometidos.

Eso significa que tienes que ponerte 'las pilas' si no quieres dañar no solamente tu fe, **sino también tu dinero**. Hay varias empresas de este tipo que han sido investigadas o multadas por que caen en lo ilegal de ser un negocio de "pirámide". En esos tipos de negocios los de arriba se van enriqueciendo a costa de los que están abajo, que entran y salen al poco tiempo, pero que gracias a su dinero invertido inicialmente en sus productos, o malgastado diría yo, enriquecen a los de arriba que testimonian su éxito.

Eso es un negocio redondo y por ello hay miles y miles de personas que entraron y luego decepcionados se salieron. **¡Cuida tu dinero!** Si el negocio que te proponen de ser un empresario multinivel donde triunfarás, pero tienes que invertir tu propio dinero ¡Ojo, mucho Ojo! Conocí a una persona que hace poco me platicaba como su esposo había decidido salirse, pero ya había invertido, o mejor dicho perdido, 20,000 dólares.

Otro caso peor es el que escuché de una persona que ***feliz*** decía que había obtenido un reconocimiento por lograr ya su meta del 9%. Él compartió que gasto 1,500 dlls. en productos y luego recibió el excelente premio de $ 750 dlls. Vaya 'gran' negocio donde se invierte dinero y de premio se pierda la mitad del mismo. Ah... y esta persona estaba feliz de la vida. Ponte listo hermano.

Haz cuentas y numeritos. Si lo que gastas en **sus productos que muchos son carísimos; en comprar sus libros, cds y dvds y sobretodo en ir a todas las orientaciones empresariales, ir a todas las capacitaciones, ir a todos los seminarios e ir a todas**

las convenciones... es más de lo que recibes, es hora de decir como en México algunos dicen: "Patitas pa'que te quiero'. Eso es un pésimo negocio y no solamente perderás la fe, ***sino también tu dinero***.

6.- La teología de las Prosperidad con barniz de espiritualidad cristiana.

Este es uno de los más grandes peligros y más comunes en algunas empresas que manejan mercadeo de multinivel. La llamada 'teología de la prosperidad' es una de las grandes desviaciones de la fe cristiana y presente en muchas de las nuevas sectas evangélicas e incluso en algunos predicadores católicos. Sin embargo, es muy común escuchar esos mismos argumentos e ideas en varias de las empresas multinivel. De hecho, eso provoca que muchos pastores protestantes comúnmente también sean miembros y conferencistas en los seminarios y congresos de estas empresas.

En resumen, esta teología consiste en creer y afirmar que el aumento de las riquezas materiales son *un signo de bendición* para aquellos que creen en Cristo: "Dios no quiere que tú vivas pobre" "Prosperar es una señal de la bendición de Dios"- repiten constantemente. En muchas iglesias o sectas evangélicas, y ahora también en algunas de estas empresas, es común escucharlas. Si has ido a un congreso, seminario o reunión de Herbalife, Omnilife, Amway, 4life, Organo Golg... trata de recordar si estás frases la repiten constantemente como sui caballito de batalla'. Si lo hacen, ¡haz un alto! ¡Urgente! Discierne más, pues lo más probable es que mezclen ideas anticristianas e incluso usen la biblia para hacer creer que eso lo quiere y aprueba Dios mismo. Si no usan estas frases o ideas entonces en este aspecto no hay problema.

En una ocasión estaba en una santa Misa y al terminar, a la hora de los avisos, pasó una persona motivando a una reunión que tendrían al finalizar donde se ofrecerían ciertos productos y parte de eso serviría para la iglesia. Animó y motivó a todos diciendo que la gente era pobre porque quería y que la pobreza no agradaba a Dios pues Él no quería que viviéramos pobremente. Luego dijo que si éramos hijos de un rey podríamos vivir como se lo merece un hijo de rey... todo al puro estilo protestante de la teología de la prosperidad y en mucho, contrario a la biblia.

Desafortunadamente hay parroquias donde miembros de algunas empresas que incluyen esta teología se filtran en los grupos para seguir ganando adeptos a su red. El sacerdote a veces ni cuenta se da y empieza a perder servidores y líderes, pues ahora ya fueron capturados y no tienen tiempo para servir a Dios pues están conquistando su sueño de vivir en prosperidad.

Otras frases e ideas que repiten constantemente, ya sea en sectas religiosas o en algunas empresas multiniveles que siguen la teología de la prosperidad son:

- Según "siembres" eso cosecharás.
- Pablo le dice a Timoteo "que seas prosperado en todo" (prosperidad).
- Quien más dinero le dé a Dios, el doble recibirá.
- Invierte y Él te dará el ciento por uno.
- Si somos hijos de Rey tenemos derecho a vivir como reyes.
- Dios no quiere la pobreza. Estás pobre porque quieres.

Esta doctrina de la teología de la prosperidad, quien quiera que la use y promueva, es totalmente anticristiana por las siguientes razones:

a) Jesucristo, siendo Él mismo el Rey de reyes, no nació ni vivió como los reyes de este mundo y lo predican quienes usan la teología de la prosperidad en el culto o en empresas multinivel. Hablan del derecho a vivir como reyes y si son creyentes en Cristo ya olvidaron como fue la vida completa de Cristo Rey. Sus frases bíblicas sacadas fuera de contexto son por lo tanto anticristianas y no tienen nada que ver con el evangelio de Jesucristo.

Nació en un pesebre Lc 2,6-7; Predicó pobre, pues **no tenía donde reclinar su cabeza**. Mt 8,20; Predicó la pobreza pues dijo: "**vende lo que tienes y dalo a los pobre**s..."(Mt 19, 21) y **murió pobre** pues fue sepultado en una tumba prestada Mt, 27, 59-60. Quienes predican que Jesús vivió como un rey son 'estafadores de la fe'.

b) San Pablo dice: "Conformémonos entonces con tener alimento y ropa. **Los que quieren ser ricos caen en tentaciones y trampas**; un montón de ambiciones locas y dañinas los hunden en la ruina hasta perderlos. **Debes saber que la raíz de todos los males es el amor al dinero**. Algunos, arrastrados por él, se extraviaron lejos de la fe y se han torturado a sí mismos con un sinnúmero de tormentos." 1 Tim 6,8-10

c) «***No acumulen tesoros en la Tierra***, donde la polilla y la herrumbre los consumen, y los ladrones perforan las paredes y los roban. Acumulen, en cambio, tesoros en el Cielo, donde no hay polilla ni herrumbre que los consuma, ni ladrones que perforen y roben. Allí donde esté tu tesoro, estará también tu corazón» (Mt 6, 19-21). Así lo predicó Jesucristo.

d) «Nadie puede servir a dos señores, porque aborrecerá a uno y amará al otro, o bien, se interesará por el primero y menospreciará al segundo. No se puede servir a Dios y al dinero. Por eso les digo: No se inquieten por su vida, pensando qué van a comer, ni por su cuerpo, pensando con qué se van a vestir... ***Son los paganos los que van detrás de estas cosas***. El Padre que está en el Cielo sabe bien que ustedes las necesitan. Busquen primero el Reino y su justicia, y todo lo demás se les dará por añadidura»» (Mt 6, 24-25. 3133).

e) El Papa Francisco en la fiesta de Santa Águeda, virgen y mártir dijo que la misión es curar, levantar, liberar. Echar a los demonios... Ser personas que no lleven "ni pan, ni bolsa, ni dinero en la cintura", les dijo. Esto porque el Evangelio, afirmó el Papa, "debe ser anunciado en pobreza", porque "**la salvación no es una teología de**

la prosperidad". Ojalá y los predicadores católicos que la enseñan escuchen al Papa y dejen esa doctrina.

Como te habrás dado cuenta, un básico conocimiento de la biblia y de la iglesia basta para hacer notar que las sectas, algunas empresas multinivel e incluso algunos católicos, están directamente en contra de la biblia cuando promueven la doctrina donde Dios hace ricos a los buenos y la riqueza la convierten en la mejor bendición divina. Olvidaron la salvación y se ponen a adorar a los nuevos becerros de oro.

Esta es **la quinta clave** para discernir si entras a "X" empresa multinivel, o si ya estás dentro, meditar ante Dios si puedes seguir o mejor salirte para no contaminar tu vida espiritual con ideas contrarias al plan de Dios. Si promueven las ideas y doctrina de la teología de la prosperidad, mejor no seguir ni un paso más. *Ya no sería una superación personal, sino una avaricia material.* Hay que discernir eso.

7.- Observaciones finales.

Por favor, no olvides que aquí no te he compartido lo que sucede específicamente con alguna empresa de este tipo como Amway o Quickstar, Herbalife, Omnilife, Organo Gold, o cualquier otra. ¡No! Lo que te he compartido son claves para discernir cuando alguna de ellas u otras similares estén promoviendo como parte de su ser y quehacer actitudes contrarias al evangelio de Jesucristo.

Así aprenderás a discernir las unas de las otras o algunas cosas erróneas dentro de ellas y tomar la mejor decisión de si sigues o no en ellas o decides no entrar. Como dice el dicho: ***Al que le caiga el saco... que se lo ponga***.

El tiempo que vivimos exige formarnos mucho más para no caer en las redes de algún listillo. Ni modo, por algo Jesucristo dijo: **"Sean astutos como serpientes y mansos como palomas"**. Una cualidad muy necesaria en estos tiempos para no dejarse confundir.

No se trata solamente de seguir o no seguir en alguna de estas empresas, como si fuera todo blanco o negro. ¡No! Hay varios posibles caminos seguir. **Lo importante es que apliques las cinco claves de discernimiento para este tipo de empresas**. Luego, si todo esta bien, puedes continuar allí tranquilamente. Si descubres que algunas actitudes no son tan cristianas, pero no te obligan a seguirlas, puedes seguir, quitando esos errores, o mejor salirte. Otra posibilidad es quedarte solo con lo bueno o finalmente si descubres que hay mucho de las 5 claves cristianas a discernir entonces es mejor salirte inmediatamente.

Espero que lo que te he compartido te sirva a ti y a otras personas para vivir la fe de una manera más plena.

Dios te siga bendiciendo en abundancia.

P.D. Sobre el tema ***del discernimiento*** hay un libro muy bueno que te recomiendo. Se llama "Como ganar el Cielo desde el Hogar". Te servirá para vivir la fe en la familia y discernir mejor muchas cosas. En cualquier librería católica lo puedes conseguir.

VIII Parte

LA NUEVA ERA (NEW AGE)

Capítulo 1

NUEVA ERA Y CRISTIANISMO

Pregunta:

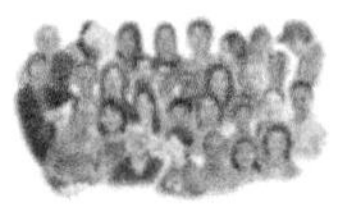

Sr. Zavala. He notado que en la televisión, radio y periódico, se habla mucho de la curación con acupuntura, radiestesia, iridología, reflexología, aromaterapia, astrología, cristaloterapia, Feng shui y otras **cosas** más. Me pueden decir si eso es cierto y de dónde vienen esas ideas. Pues hay mucha gente que en su necesidad acuden a ellas y no siempre con muy buenos resultados.

Respuesta:

Claro que sí, podemos comentarte algunas ideas fundamentales sobre todo eso, y gracias por llamarnos pues la respuesta te servirá a ti y a muchas personas que desean saber sobre esos temas.

1.- La New Age: Un «Tutifruti» religioso moderno con barniz de cristianismo.

Todo lo que mencionaste unido al karma, el gnosticismo, esoterismo, los horóscopos, brujería, sueños, energía, chakras, lectura del Tarot, etc. combinado con religiones orientales, forma parte de una corriente o forma de pensamiento llamada Nueva Era (New Age).

Esta no es una secta ni una religión, sino una serie de doctrinas mezcladas donde hay un poco de todo. Es como un "tutifruti" religioso, filosófico y pseudo científico. Una auténtica mezcla de religiones orientales, espiritismo, astrología, adivinación, reencarnación, medicinas alternativas, etc. Todo esto con una apariencia científica y barnizado de cristianismo.

Es este barniz de cristiano, lo que confunde a muchos, pues en la Nueva Era es común oír hablar de los ángeles; de Dios; de la Virgen y algunas veces hasta de los santos. Por supuesto que usado y manipulado a sus creencias. Walter Mercado hasta llega a decir en su despedida: «Que Dios me los bendiga mucho...» sin darse cuenta que todo esto para ellos tiene un significado más bien pagano.

Desgraciadamente muchos católicos han caído en sus redes sin darse cuenta. Tan fuerte y sutil es su publicidad que incluso ha logrado penetrar con sus ideas en algunos Institutos «católicos» de formación.

No es raro encontrar algunos líderes católicos de escaza identidad en la fe, que salen con algunos de los disparates promovidos por la Nueva Era y que tienen muy poco que ver con el cristianismo. Es por eso que el Papa y diferentes instancias católicas, han publicado orientaciones acerca de este fenómeno pseudo religioso.

2.- La Nueva Era: Una ensalada pseudo religiosa, que hoy está de moda y es un buen negocio.

A mediados del siglo pasado, con el resurgimiento de sectas esotéricas (ocultismo) y su promoción mediante escritos, sirvieron como un trampolín para entrar en escena con creencias tan antiguas como la brujería, espiritismo, gnosticismo...

En 1870 Alice Bayley con su Sociedad Teosófica y su teoría de que estábamos por entrar a una nueva era de acuario, donde habría una especie de religiosidad mundial que traería la verdadera felicidad al hombre, dio un impulso más a estas ideas.

Lo que ellos y otros quisieron decir es que piscis (el cristianismo, el "pez", desde el principio fue un símbolo de nuestra fe) ya debería terminar. Entonces acuario, ellos por supuesto, serían los promotores de una nueva era para la humanidad.

Pensadores que seguían estas creencias fueron impulsando y difundiendo sus ideas. A mediados del siglo XX,

1950, la sociedad de alguna forma ya estaba cansada de un excesivo racionalismo que había imperado en los últimos tiempos y esto fue como un «caldo de cultivo» que favoreció su rápida expansión.

Pronto sus ideas encontraron eco en otros grupos. De esta manera, se fueron entretejiendo con otras ideologías similares, donde su característica principal es un relativismo religioso disfrazado de ciencia y con apariencia de novedad.

Lo demás solamente era cuestión de que los medios de comunicación lo aceptaran para que se convirtiera en la moda. Actualmente, brujos, charlatanes y compañía se presentan diariamente en radio, prensa y televisión como si fuera lo mejor y la verdadera espiritualidad.

Ni modo: **Hoy estamos viviendo en la cultura de profesionales del engaño y de artistas de la "tranza" que con una sonrisa y un anuncio en televisión son capaces de hacer de la charlatanería toda una profesión y un imperio vendiendo falsas esperanzas.** Ponte listo y no te dejes engañar.

3.- La Nueva Era Frente a la Biblia.

Uno de los libros que menos mencionan entre los seguidores de la nueva era es la Biblia. La razón por la que no lo hacen, es que la Palabra de Dios echa por tierra y condena la mayoría de sus creencias. Veámoslo:

Nueva Era	La Biblia
A.- Los seres humanos son dioses.	**A.-** Esta idea es la Satanás le dijo a Adán y a Eva: «Serán como dioses» Gen 3,4-5
B.- La reencarnación es popular a entre los de la New age.	**B.-** Esto es contrario lo que dice la Biblia: «El hombre muere una sola vez y luego el juicio». Heb 9,27
C.- El espiritismo es una creencia muy común entre	**C.-** La Biblia es muy clara al condenar a quienes practican el consultar con los muertos. (espiritismo). Dt 18,9.14; Is8,19-22
D.- La propaganda de la nueva era está llena supersticiones, astrología y adivinos.	**D.-** La Biblia rechaza todo esto de una forma muy enérgica. Is 47,10-15 Lev 19,26 Hech 19,18-20

4.- La enseñanza de la Iglesia sobre la «Nueva era».

«Es necesario determinar con cuidado el contenido exacto de la fe cristiana y descubrir qué es lo que se aparta de ella. No hay igualdad entre la nueva era y el ser cristiano».

Cardenal Goodfried Dannels de Bélgica

«La fantasía de la Nueva Era prometiendo felicidad siempre será eso, solamente una fantasía, que ha logrado sembrar confusión en los corazones de muchos fieles.

Norberto Rivera, Cardenal de México

«Las ideas de New Age a veces se abren camino en la predicación, la catequesis, los retiros, y así llegan a influir incluso en católicos practicantes, que tal vez no son conscientes de la incompatibilidad de esas ideas con la fe de la Iglesia."

Juan Pablo II a los obispos norteamericanos

Gracias por escribirnos y no te dejes engañar por cualquier viento de doctrina. Por algo Jesucristo Nuestro Señor dijo:

"Sean Astutos como serpientes y mansos como palomas"
Mt 10,16

Sigue avanzando y fortaleciendo tu fe. Ordena ya mismo un excelente libro para saber dar respuestas a todo sobre la nueva era. Es el mejor que existe. Puedes ordenarlo en www.defiendetufe.com o llama al 480-598-4320 Se llama "Soldado de Cristo" por Priscilla de la Cruz

Capítulo 2

NOSTRADAMUS, APOCALIPSIS, FÁTIMA, TERRORRISMO Y TRAGEDIAS

Pregunta:

¿Es cierto lo que se está diciendo en diferentes medios de comunicación sobre que lo que sucedió del acto terrorista y las tragedias en otros lugares ya estaban anunciadas por Nostradamus, el libro del **Apocalipsis** y también por el secreto de Fátima?

Respuesta:

Cuando sucede una desgracia o catástrofe aparecen como por arte de magia los "profetas del terror", que pretendiéndose basar en el libro del Apocalipsis, las profecías de Nostradamus y el tercer secreto de Fátima hacen de todo ello su propia interpretación para extender el temor y la inseguridad. Profundicemos a continuación sobre este aspecto:

Introducción.

Las imágenes que se han mostrado en televisión sobre actos terroristas y varias tragedias son increíbles.

El día que sucedió fue de un impacto total, después, la pregunta: ¿Qué está pasando?, enseguida el temor que algo más fuera a suceder y la realidad de la desgracia, el dolor y la tristeza por todos aquellos que fallecieron. Empiezan a pasar los días y la sensación de que algo no está bien puede respirarse; al mismo tiempo, se investiga sobre quiénes son los posibles culpables y se analiza qué medidas se tomarán en contra del terrorismo o como pudo evitarse esa tragedia.

Es en medio de todo esto cuando aparecen, una vez más, como por arte de magia, los "**profetas de la fatalidad**", pseudoexpertos que afirman que lo que pasó ya estaba escrito. Que eso lo había predicho Nostradamus y que fue anunciado en el libro del Apocalipsis. En televisión, radio y prensa les dan tiempo y publicidad a brujos, adivinos y supuestas psíquicos. Después dicen estar seguros de que las profecías se están cumpliendo y que incluso está por venir la tercera guerra mundial y hasta el "fin del mundo".

¿Qué pensar de todo esto? ¿Es cierto que Nostradamus lo profetizó y que él vio que esto iba a suceder? ¿Qué dice el libro del Apocalipsis al respecto?

Expliquemos esto y veamos cómo lo que están diciendo estos pseudo-expertos sobre Nostradamus, el Apocalipsis y su relación con las tragedias y actos terroristas **es falso**, y solamente sirve como una noticia amarillista que puede vender más libros, infundiendo un temor injustificado. Siempre que haya una tragedia, repase este tema.

A.- Las Profecías de Nostradamus.

Michel de Nostre-Dame nació el 14 diciembre de 1503, en Saint-Rémy-de-Provence, pequeña ciudad francesa situada entre Aviñon y Arlés.

Su padre era notario, y sus abuelos judíos. Pero al nacer éste, su familia se había convertido al cristianismo para salvaguardar sus bienes durante el reinado de Luis XII. Estudió en la Facultad de Medicina de Montpellier.

Siguió estudios sobre Astrología, Kabalah y Alquimia. (al puro estilo de la Nueva Era=New Age actual). Más que estudios científicos fueron en su mayoría estudios esotéricos y ocultistas los que realizó. Murió el 2 de julio de 1566.

Escribió en total 12 Centurias, cada una de las cuales tiene 100 cuartetas de versos, con excepción de la VII, que tiene cuarenta y dos; de la XI, que consta de dos; y de la XII, que consta de once.

Es increíble que aún hoy en día, y a pesar del general escepticismo, los presagios y profecías siguen teniendo un enorme peso psicológico. Con ellas, cualquier charlatán moderno hace un "concordismo" y como buen prestidigitador saca de la manga (profecías) lo que él quiere ver. En este caso la tragedia que sucedió.

Hay un detalle importante. Algunos aspectos críticos respecto a Nostradamus y que sus admiradores no mencionan son los siguientes:

1.- El enigmático sabio francés al que conocemos como "Nostradamus" vivió entre los años 1503 y 1566. Su Centurie Astrologiche y otros escritos, algunos de los cuales hoy se consideran apócrifos(falsos), proyectan un conjunto de supuestos acontecimientos futuros a través de unos 550 años después de su muerte.

2.- Es tan oscura su versión, que los diferentes estudiosos no se han puesto de acuerdo prácticamente sobre nada de lo que dice; y así, unos lo tienen por un verdadero vidente que señala hechos inexorables, y otros, por un alucinado que hace juegos de palabras que, según se miren, pueden relacionarse con una persona u otra, de diferentes épocas.

3.- Cada mensaje es tan ambiguo y simbólico que cualquier cosa se puede sacar de la misma estrofa. En una misma cuarteta unos afirman que habla de Napoleón y otros aseguran que se trata de Hitler.

Se parecen al juego de niños que se le quedan viendo a las nubes y uno dice que en ellas ve una forma de caballo y el otro dice que más bien parece un elefante. Si llega un tercero y no le dicen nada, es seguro que no verá ni caballo ni elefante sino cualquier otra cosa o hasta el Chupacabras.

Es más, si lo predisponen y le dicen que si ve una casa o un carro, contestará que alguna de estas dos. Es decir, que en las supuestas profecías, la gente ve lo que quiere ver, por eso las interpretaciones son tan diferentes según el autor que las pseudo-explica.

4.- Las interpretaciones que se dan a sus cuartetos en muchas ocasiones son totalmente disparatadas e infantiles, que una mente un poco crítica inmediatamente lo notará. Esto es lo que están haciendo algunos, con lo sucedido en el acto terrorista de Nueva York. Veamos un ejemplo de esto:

El asesinato de John y Robert Kennedy:
Centuria I, 26
El gran rayo cae en hora diurna
El mal predicho por portador postulario:
El siguiente presagio cae en hora nocturna, Conflictos Reims, Londres; Etruria apestada.

Y dicen que como el presidente John F. Kennedy fue herido de muerte poco después de las doce del mediodía (hora diurna) y el senador Robert Kennedy fue asesinado minutos después de la una de la madrugada (hora nocturna) entonces se cumple muy bien en ellos la profecía.

¿Cómo ves la lógica de estas interpretaciones? Así que si a Pancho Villa lo mataron después de mediodía y a Pancho López en la noche, en este momento estarían diciendo que Nostradamus profetizó la muerte y el corrido de Pancho López y Pancho Villa.

Ah, y para hacer concordar lo de Conflictos en Reims, Londres y Etruria apestada, salen con el cuento de que en el año en que sucedió el asesinato hubo disturbios estudiantiles en Reims, Francia y un río inundó Pisa (Etruria) y hubo la "posibilidad" que hubieran epidemias. O sea, que Nostradamus habló de una ciudad dañada por la peste y para hacer que concuerde dicen que "hubo la posibilidad de peste". Algo similar sucede con las descabelladas interpretaciones de Nostradamus, las torres gemelas de Nueva York, la tercera guerra mundial y el fin del mundo.

La verdad es que entre estas interpretaciones y las que fundamentalistas musulmanes hacen del Corán o algunas sectas con la biblia, no hay mucha diferencia.

Así que del supuesto fin anunciado por Nostradamus y que él vio lo que ha pasado en actos terroristas y tragedias no hay nada. Si acaso algunos nuevaerianos o despistados que aprovechándose de la ingenuidad de algunas personas y de lo que sucedió, y no teniendo nada mejor que hacer se dedican a "vender" libros, revistas y videos sobre esto. Una vez más "vivos" viviendo a costa de los que no son tan "vivos".

B.- El Apocalipsis frente a las tragedias y actos terroristas.

Esta es la otra fuente que usan los pseudo expertos de hoy en día para afirmar con una seguridad digna de una telenovela, que esto también ya estaba escrito en el libro del Apocalipsis, y que es una profecía cumplida, que al mismo tiempo nos habla del fin del mundo por todas las catástrofes que ocurrieron y que vendrán.

Falso. Esta es una manipulación bíblica digna de un perfecto desconocimiento de este libro. Para empezar, este libro del Apocalipsis no está escrito para anunciar catástrofes y desgracias sino todo lo contrario. **Su mensaje es para Fortalecer, Dar ánimo, Esperanza y Confianza** de que se saldrá victorioso de las dificultades por las que están pasando. Para entender bien este libro hay que ubicarnos en el contexto en el que se escribe y el lenguaje que usa.

El Apocalipsis fue escrito aproximadamente entre el año 90 y el 120. Es un tiempo de persecuciones de parte del imperio romano. Persecuciones que durarían hasta el año 313 con el «Edicto de Milán» donde Constantino da libertad de culto. Es este contexto histórico, cuando se escribe este libro para dar aliento a la Iglesia que en ese tiempo es perseguida.

Aliento, no desesperanza ni anuncio de tragedias como hoy lo dicen algunos en televisión.

Para dar este mensaje de esperanza, el libro usa un género literario llamado Apocalíptico. Este género literario o estilo de escribir se usó del siglo II antes de Cristo al siglo II después de Cristo. Es un estilo donde usan muchos símbolos como colores, números, imágenes de animales etc. Símbolos que tenían un significado específico en ese género literario. Por ejemplo el "6" significaba imperfección y el "7" perfección. Significados que uno no puede adaptar al gusto.

Por eso, cuando salgan personas afirmando que tal o cuál símbolo del Apocalipsis era un anuncio de la tragedia que acaba de pasar es simplemente fruto de mucha imaginación y una gran ignorancia en el campo bíblico. Claro que si uno ve en la televisión a un "pseudo experto", hablando sobre esto nunca será un exégeta o especialista en la Biblia sino un "estudioso" titulado en esoterismo, ocultismo o alguien que hizo su particular investigación y escribió un libro.

Diría yo, "***Charlatanes del catastrofismo***" que saben de Biblia, lo que yo sé de mecánica cuántica: nada.

C.- Fátima y el anuncio de la tragedia. Otro cuento.

Lo último, y se habían tardado en mencionarlo, es que estos pseudo-expertos ahora también están diciendo que en el tercer secreto de la Virgen que se apareció en Fátima ya se había anunciado tal o cual tragedia.

De plano, en este aspecto hay una malísima información de quienes comentan que allí se habla de esto, pues ese "tercer secreto" el Vaticano ya lo dio a conocer desde hace muchos años y puede encontrarlo gratis en Internet, Si lo lees te darás cuenta que no habla nada de lo sucedido.

En estos días, salió una persona en televisión que incluso llegó a decir que el mensaje de Fátima había sido cambiado porque hablaba de la violencia que se está viendo. Sin duda que hay personas que con tal de anunciarse y hacerse publicidad, afirman cualquier barbaridad.

Resumiendo

Ni Nostradamus, ni el Apocalipsis, ni Fátima profetizaron tragedias o actos terroristas específicos. Si realmente los que están afirmando creían que eso ya estaba anunciado, **¿Por qué no lo dijeron antes?** Lógico no. Si era una profecía, y ellos ya lo sabían, por qué entonces no lo avisaron antes. La verdad es que en las siguientes frases podemos resumir todo esto:

* **PROFETA** es el que anuncia lo que va a suceder.

* **FALSO PROFETA** es el que anuncia lo que va a pasar y no pasa nada.

* **CHARLATÁN** es el que dice que lo que sucedió, ya estaba anunciado. (Así, hasta yo profetizo. Profetizando en pasado) Ah, por cierto, ¿Por qué tantos otros charlatanes que abundan en televisión y que dicen ser psíquicos y astrólogos tampoco avisaron sobre lo que iba a pasar?

¿Por qué no usan sus supuestos poderes para dar con los terroristas? Seguramente que usted ya se imaginará por qué no lo hacen.

Cuando haya desgracias siempre será tiempo de sembrar esperanza y consuelo, no temor ni desconfianza. Ojalá que los medios de comunicación tomen con más seriedad y responsabilidad su papel en cualquier momento de tragedia.

Además, hablando sobre el fin del mundo, Jesucristo dijo:

«Respecto al día y la hora no lo sabe nadie, ni el hijo, sino solamente el Padre» Mt 24,36

P.D. Un excelente nuevo libro que acabo de escribir y que debes de leer para profundizar este tema se llama "**Lo que usted debe saber sobre el fin del mundo**". Solicítalo hoy mismo antes de que se agoten.

Capítulo 3

ASTROLOGÍA Y HORÓSCOPOS

Pregunta:

Hno. Martín: En revistas, periódicos, radio y televisión hay astrólogos como Walter, las gemelas y otros que hablan de horóscopos y otras cosas por el estilo. ¿Se puede ser creyente en Dios y creer también en eso? Podría explicar sobre todo eso.

Respuesta:

Gracias por enviarnos tu inquietud y de entrada te puedo decir que definitivamente no se puede ser católico y aceptar esas creencias. No solamente porque están en contra de la Biblia y de la fe, sino también en contra de la ciencia. Pues a veces no es falta de fe sino de inteligencia lo que hace extender las supersticiones y mentiras.

1.- Astrología, superstición y charlatanería.

La Astrología es una superstición o creencia que consiste en afirmar que los astros(estrellas) "marcan" la vida y el destino del hombre.

Es una mentalidad ingenua de darle poderes "mágicos" a las estrellas de acuerdo a la fecha de nacimiento, de la boda, del nacimiento del cónyuge, etc.

En base a la posición de los astros que los mismos astrólogos determinaron y no la ciencia, han creado en el momento actual una gran simpatía hacia sus creencias. Entre ellos hay de todo. Desde los que pretenden y afirman ser "astrólogos científicos" hasta las más absurdas supersticiones y charlatanes.

Ni modo, algunos medios de comunicación con tal de sacar un poco más de dinero o de subir su "rating", son capaces hasta de afirmar que dos más dos son veintidós.

2.- Astronomía Vs. Astrología.

En el punto anterior puse entre comillas "astrólogos científicos", porque en realidad no hay ningún astrólogo que sea científico, aunque usen Internet y computadora.

De hecho, en las universidades lo que se enseña no es astrología sino astronomía, y estos últimos no aceptan las barbaridades que los astrólogos divulgan porque **no tienen nada de científico.**

Muy diferente es la Astronomía que siendo una ciencia exacta estudia los astros en cuanto a su masa, naturaleza, movimiento etc. Pero nunca y de ninguna manera, creen que haya una supuesta influencia de estos sobre la vida, carácter y futuro del hombre al estilo de los astrólogos con su horóscopo.

3.- Astrología en contra de la ciencia.

Algunas de las razones de este rechazo de la ciencia es que los astrólogos se basan en un mapa astral de hace muchos siglos donde todavía no se descubrían muchos de los planetas que hoy en día se conocen. **Si el astrólogo piensa que los planetas influyen: ¿Por qué no toma en cuenta a Uranio, Neptuno y Plutón? Acaso porque todavía no se descubrían cuando los antiguos astrólogos hicieron el zodiaco.** ¿No es esto algo totalmente ilógico?

Imagínese qué tan absurda es la astrología que los signos zodiacales: Tauro, escorpión, capricornio y compañía... están basados en la creencia de hace siglos cuando se pensaba que el cielo era como una bóveda donde los planetas estaban colocados en una superficie imaginaria. Veían los planetas y con bastante imaginación unían líneas entre un planeta y otro para descubrir una silueta de alguno de los animales.

Para colmo creían que el animal representado influye con sus cualidades y defectos en la vida de las personas. Con razón, los científicos serios que estudian astronomía, no quieren ver ni en pintura a tanto charlatán e ignorante que se aprovecha de la ingenuidad de la gente para hacer crecer su negocio, "business".

Los astrólogos parecen ignorar, aunque usted no lo crea, que en realidad, el espacio que nos rodea, no es un plano sino una tercera dimensión con espacio y profundidad, y que los signos zodiacales son simplemente una ilusión óptica.

Además, contradicen uno de los principios fundamentales de la ciencia que afirma que si una masa celeste tiene influencia física es en relación con su distancia y su masa. Los Astrólogos, Walter y compañía, aceptan un planeta lejano porque está en un signo imaginario y no aceptan un planeta más cercano porque todavía no lo descubría la ciencia cuando inventaron el zodiaco.

Por si fuera poco, la mayoría de los astrólogos todavía usan los signos zodiacales que se establecieron hace siglos y es a partir de allí que hacen un estudio de la personalidad de un "acuariano". Pero resulta que eso es totalmente falso porque como la tierra no es completamente redonda sino aplanada en sus polos, provoca que haya un desfase de casi un doceavo de círculo, casi el valor de un signo del zodiaco.

Entonces cuando a un "acuariano" le hacen el cuento de su carta astral y de su personalidad basado en "acuario", este ignora que en realidad en el cielo ese día no estaba bajo la constelación de acuario sino la de capricornio.

Esto debido al desfase ya mencionado al que los científicos le llaman "precesión de los equinoccios". Por no saber, a muchos les puede quedar el dicho mexicano: "el que nace para tamal... del cielo le caen los charlatanes".

Aunque algunos tengan una imagen de la virgen en su cuarto y al final digan: «Que Dios me los bendiga mucho, pero sobretodo mucho, pero mucho, pero mucho amooor». **Sigue siendo una charlatanería.**

Como ves amigo, a veces no es falta de fe el creer en esas supersticiones, sino exceso de ignorancia. Vayamos ahora a lo que nos dice la palabra de Dios sobre este tema. Antes de ello, te recuerdo que es importante que leas el libro": "***Ten Cuidado el Demonio existe***" que te servirá para descubrir las trampas modernas de satanás.

4.- La Biblia está contra la astrología.

Ya desde tiempos remotos la astrología era conocida, de allí que desde el Antiguo Testamento, la Sagrada Escritura, trae pasajes plenamente condenatorios en contra de quien consulta a los astros. Esto se debe a que es vista como una especie de idolatría y desconfianza a Dios. Leamos directamente algunos de ellos:

"Cuando levantes tus ojos al cielo, cuando veas el sol, la luna, las estrellas y todo el ejército de los cielos, no vayas a dejarte seducir y te postres ante ellos para darles culto." Dt 4,19

"Te has cansado de tus planes. Que se presenten, pues, y que te salven los que describen los cielos, los que observan las estrellas y hacen saber, en cada mes, lo que te sucederá." Is 47,13

"No ha de haber en ti nadie que haga pasar a su hijo o a su hija por el fuego, que practique adivinación, astrología, hechicería o magia, ningún encantador ni consultor de espectros o adivinos, ni evocador de muertos. Porque todo el que hace estas cosas es una abominación para Yahvéh tu Dios... Has de ser íntegro con Yahvéh tu Dios. Porque esas naciones que vas a desalojar escuchan a astrólogos y adivinos, pero a ti Yahvéh tu Dios, no te permite semejante cosa" Dt 18,10-14

Así que un verdadero católico que en realidad ame a Dios no debe aceptar ni la astrología, ni los horóscopos, ni nada que se le parezca.

No hay que perder la libertad de los Hijos de Dios que Jesucristo nos vino a traer.

5.- El testimonio de los Padres de la Iglesia.

No solamente la Biblia reprocha la creencia en la astrología, sino también el señalamiento de grandes Padres de la Iglesia que desde los primeros siglos la denunciaron.

"Aléjense de nosotros esos insensatos que atribuyen a los astros el poder de disponer sobre nuestras acciones sin la voluntad de Dios. La resurrección de Cristo libera a todo hombre de la angustia cósmica."

San Agustín.

También Orígenes defenderá con fuerza:

"Libertad cristiana, contra aquellos que pretenden que los movimientos de los astros dan origen a hechos y movimientos humanos, cuando en realidad éstos están bajo nuestro dominio".

Por último, mencionamos a Basilio de Cesarea quien afirma:

"Si es imposible localizar el instante preciso de la concepción, y si la mínima diferencia acaba con todo el cálculo, quienes pierden su tiempo practicando esto (astrología) no son menos ridículos que aquellos que los observan boquiabiertos como a gente capaz de conocer nuestro destino".

Así que, si por ser una persona con un mínimo de conocimiento y de lógica no se puede aceptar la astrología, con mayor razón el creyente en Dios no puede aceptar a quien en vez de glorificar a Dios se pone a endiosar a las cosas creadas (estrellas), dándoles un poder mágico inexistente.

Dios te siga bendiciendo.

Capítulo 4

LA REENCARNACIÓN ANTE LA RAZÓN Y LA FE

Pregunta:

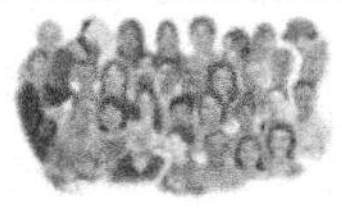

Muy querido Hermano. Yo soy un humilde servidor de mi comunidad en Hialeah y mucho me gustaría que usted me ilustrara con relación a las muchas creencias existentes de la reencarnación en otros seres humanos, y algunos que creen en la reencarnación en animales, etc.

Anónimo

Respuesta:

Gracias por escribirnos pues sin duda que tu pregunta nos servirá para aclarar la mente y el corazón de muchos hermanos católicos que por falta de formación han aceptado esa creencia tan difundida por los medios de comunicación y por artistas pseudocatólicos.

La reencarnación es uno de los pilares esenciales de las religiones de oriente.

Con la expansión que el mismo orientalismo ha ejercido sobre occidente por variados motivos, vinieron a nuestro hemisferio una serie de ideas. Entre estas, se encuentran la reencarnación y el karma, hermanos inseparables, de los cuales poco se dice en contra y mucho a favor.

Comúnmente, tanto al orientalismo como a filosofías y herejías occidentales, la creencia en la reencarnación tiene contradicciones y ridículos que pocos se atreven a desenmascarar y que aquí analizaremos.

1.- La Reencarnación: Un "dios" que dejó el piloto en automático.

La creencia esencial de la reencarnación es que la vida es como una rueda de nacimientos y muertes constantes que forman una cadena de la cual hay que liberarse para poder fundirse con el Todo, y para lograrlo, es necesario eliminar la serie de acciones y reacciones que nos esclavizan. Dentro de esta doctrina, toda acción genera una reacción: sea buena o mala tendrá su compensación semejante (karma).

Todo lo que se haga por mínimo que sea (intelectual o emocional, por ejemplo) afecta a la rueda de reencarnaciones.

Uno de sus grandes promotores actuales es Sai Baba, gurú de la India, quien habla mucho de esto en su libro Mi Baba y yo. No vaya a pensar que me estoy burlando... Así se llama él, y el libro también.

> Con esa idea para él y los que creen en la reencarnación, no existe la misericordia divina, ni la salvación, ni el perdón, ni el cielo, ni el infierno, ni la santificación. Claro que esto bastaría para afirmar que no se puede aceptar esa creencia y seguir siendo católico.

Para los seguidores de esa creencia es como si Dios hubiera hecho al hombre, luego lo "puso en piloto automático" y lo dejó, para que se autosalvara, ascendiendo a una mejor vida o se auto condenara, descendiendo a un nivel inferior, incluso hasta en un animal.

Discúlpeme, hermano, pero qué disparate más grande. En este caso, en respeto a quienes creen eso, prometo que la próxima vez que me coma un "taco de carnitas" lo haré con más respeto, no vaya a ser algún conocido de ellos.

2.- Absurdos de la reencarnación.

Veamos algunas consecuencias verdaderamente absurdas de quienes aceptan esa creencia:

† La persona está condenada a un esquema sin esperanza. Para quien cree eso, solamente le queda sentarse y esperar a descender o ascender sin remedio.

Hace un tiempo nos platicaban de un caso, en el que una persona que creía en la reencarnación dijo: En mis vidas anteriores fui "Francisca", después nací como "Francisco" y ahora pues soy "Francis" o sea que ni de aquí ni de allá. Así quería justificar su homosexualidad.

† Un individuo muy rico, sano, con una buena familia, que tiene una vida humanamente satisfactoria en cuanto a lo que lo rodea, pero que desde chico es malvado e injusto, es totalmente absurdo dentro del planteamiento del karma (Premio/castigo por lo que se hace), ya que por un lado es premiado y por otro es castigado. ¿Va a ascender o descender?

¿De qué le sirvió antes ascender si ahora descenderá? ¿Y de qué le sirvieron las vidas pasadas si ahora empeoró? Como te darás cuenta, esa creencia es un verdadero absurdo. De esta manera, la reencarnación es un gran disparate contrario al uso de la razón.

† Por otra parte, esa doctrina es casi un patrimonio exclusivo de los orientales, y precisamente es donde más casos como el ejemplo, se encuentran (castas,

desigualdades sociales extremas, etc.). Como diciendo: ni modo, si eres pobre estás pagando tu karma y si eres rico estás recibiendo los beneficios, por eso reencarnaste así.

Qué tremenda barbaridad y qué pésimo que haya gente que lo crea a ciegas.

† No es nada extraño el encontrar que personas con esa doctrina sean irresponsables, pues si en la otra vida que tenga será castigada, entonces en ésta puede aprovecharse y hacer lo que sea. En el fondo, piensan como el anuncio de televisión:
"Compre ahora y pague después". Vaya manera de pensar.

3.- La reencarnación es contraria a nuestra fe cristiana.

*La reencarnación niega de Dios el amor, la paternidad, la cercanía, la dulzura, la comprensión, la caridad, y todo don de bondad, justicia, misericordia y sabiduría.

*La reencarnación es un sistema mecánico, que deja fuera el amor de Dios por el hombre (porque no actúa, es un amor que no se expresa de ninguna forma), la misericordia (porque no se compadece del hombre, de sus limitaciones, de sus debilidades), el perdón (un Dios de corazón tan duro que es insensible a los ruegos del hombre) y la posibilidad de que como hermanos podamos interceder por los demás.

*La Reencarnación crea un Dios malvado, loco, frío, mecánico e intolerante. Para los que siguen esta creencia, Dios es como una máquina expendedora que responde según las fichas que ponemos y el botón que apretamos, es un Dios sádico y atroz.

Sin duda que aparte de estar equivocados y necesitan que les demos una respuesta a quienes creen así, también merecen mucho nuestra compasión por no tener en su corazón al Dios de la misericordia que nosotros creemos.

Quienes creen en la reencarnación están negando la Salvación, la resurrección, el cielo, el purgatorio y el infierno. Por eso, no se puede ser católico y aceptar esa creencia.

Además, la Biblia es muy clara en rechazar esa creencia, pues dice:
«Y del mismo modo que está establecido que los hombres mueran una sola vez, y luego el juicio».
Heb 9,24

Así pues, hermano, por lógica y por ser cristianos que aman la Biblia y la misericordia de Dios, no aceptamos esa creencia.

Un excelente libro que te recomiendo para ver las consecuencias de todas estas creencias se llama "Soldado de Cristo: Como la fe católica vence a la nueva era". Es el testimonio de Priscilla de la Cruz que anduvo en la nueva era por más de 30 años: Bruja, Ouija, Esotérica, Tarotista, feng Shui, Atea, anticatólica... Excelente para formarte y también si conoces a alguien y quieres ayudarlo a salir de todo eso regálale este libro el cual puedes encontrar en www.defiendetufe.com o por teléfono en el 480-598-4320

Continúa perseverando en la fe y predica a tiempo y a destiempo para ganar gente para Jesucristo.

CONCLUSIÓN

En los más de dos mil años de existencia, la Iglesia Católica ha vivido momentos muy difíciles que ha sabido superar, pero al mismo tiempo, en varios de ellos, ha habido un precio que pagar.

Herejías, persecuciones, paganismo, ateísmo, secularismo y actualmente el proselitismo sectario y la Nueva Era.

En la sociedad actual, donde el pluralismo religioso es un hecho, no podemos seguir viviendo nuestra fe como antes. Si queremos tener católicos sin complejos, que vivan su fe respetando al otro, pero al mismo tiempo capacitados para «Dar razones de su fe al que se la pida» (1 Pe 3,15), es necesario renovar una Nueva Apologética en todos los niveles.

Incorporar una Nueva Apologética (Defensa de la fe) en los Seminarios, Facultades de Teología, Centros de formación de la vida religiosa, Institutos de teología para laicos, catequesis parroquial y cursos de formación en los diversos movimientos es una urgencia de nuestro tiempo.

Que cada católico pueda sentirse seguro y firme en su identidad como seguidor de Jesucristo y discípulo en la Iglesia que él mismo fundó: La Católica.

Mi deseo es que el libro que tienes en tus manos sea un motivo para sentirte orgullosamente católico y aumente en ti el deseo de vivir y defender tu fe, para ser un auténtico cristiano. Al mismo tiempo, que sea una razón más para promover una Nueva Apologética en todos los niveles eclesiales.

Si este libro te ha servido, avanza un poco más e inscríbete ya mismo en la Escuela de apologética online DASM en **www.defiendetufe.com**

Así como hace unos 60 años surgieron voces y profetas que impulsaron el ecumenismo para valorar y dialogar, hoy en día es urgente y necesario que haya más voces y profetas que impulsen una Nueva Apologética para fortalecer nuestra identidad. Apologética y ecumenismo van de la mano, es dialogar con Identidad.

Martín Zavala

APENDICE 1

San Pedro 67
San Lino 67-79
Anacleto 79-90
Clemente 90-99
Evaristo 99-107
Alejandro 107
Sixto I 115-125
Telésforo 125
San Higinio 136
San Pío I 140
Aniceto 155
Sotero 166
Eleuterio 175
Victor I 189
Ceferino 199
Calixto I 217
Urbano I 222
Ponciano 230
Antero 235
Fabián 236
Cornelio 251
Lucio I 253
Esteban I 254
Sixto II 257
Dionicio 259
San Felix I 269
Eutiquiano 275
San Cayo 283
Marcelino 296
Marcelo I 307
Eusebio 308
Melquiades 310
Silvestre 314
Marcos 336
san Julio I 337
Liberio 352
Dámaso I 366
san Ciricio 384
Anastacio I 398
Inocencio I 401
Zósimo 417
Bonifacio I 418
Celestino I 422
Sixto III 432
León I 440
Hilario 461
Simplicio 468
Felix II 483
Gelasio I 492
Anastacio II 496
Simmaco 498
Ormisdas 514
San Juan I 523
Felix III 526
Bonifacio II 530
Juan II 532
Agapito 535
Silverio 536
Vigilio 537
Pelagio I 556
Juan III 560
Benedicto I 574
Pelagio II 578
Gregorio 590
Sabiniano 604
Bonifacio III 607
Bonifacio IV 608
Adeodato 615
Bonifacio V 619
Honorio I 625
Severiano 640
Juan IV 640
Teodoro I 642
Martín I 649
Eugenio I 655
Bitalino 657
Adeodato 672
Domno 676
Agatón 678
León II 681
BenedictoII 684
Juan V 685
Canon 686
Sergio I 687
Juan VI 701
Juan VII 705
Sisinio 708
Constant. I 708
Gregorio II 715
Gregorio III 731
Zacarías 741
Esteban II 752
Pablo I 757
Esteban III 768
Adriano I 772
León III 795
Esteban IV 816
Pascual I 817
Eugenio II 824
Valentín 827
Greg. IV 827
Sergio II 844
León IV 847
Bened. III 855
Nicolás I 858
Adriano II867
Juan VIII 872

Mario I 882
Adria. III 884
Esteban V 885
Formoso 891
Bonif. VI 896
EstebanVI 896
Romano 897
Teodoro II 897
Juan IX 898
Bened. IV 900
León V 903
Cristóbal 903
Segio III 904
Anast. III 911
Landón 913
Juan X 914
León VI 928
Esteban VII 929
Juan XI 931
León VII 935
Esteb.VIII 939
Marino II 942
Agapito II 946
Juan XII 955
León VIII 963
Bened. V 964
Juan XIII 965
Bened. VI 973
Bened.VII 974
Juan XIV 983
Bonif. VIII 984
Juan XV 985
Greg. V 996
Silvestre II 999
Juan XVII 1003
Juan XVIII
Sergio IV 1009
Benedicto VIII
Juan XIX 1024
Benedicto IX
Silvestre III
Greg. VI 1045
Clem. II 1046
Dámaso II
León IX 1048
Victor II1054
Esteban IX
Benedicto X
Nicolás II
Alejandro II
Gregorio VII
Victor III 1086
Urbano II 1088
Pascual I 1099
Gelacio II 1118
Calixto II 1119
Honorio II
Inocencio II
Celestino II
Lucio 1144
Eugenio III
Anastacio 1153
Adriano IV
Alejandro III
Lucio III 1181
Urbano III
Gregorio IX
Clemente III
Celestino III
Inocencio III
Honorio III
Gregorio X
Celestino IV
Inocencio IV 182.
Alejandro IV
Urbano IV 1261
Clemente IV
Gregorio XI
Inocencio V
Adriano V
Juan XXI 1276
Nicolás III
Martín V 1281
Honorio IV
Nicolás IV
San Celetino V
Bonifacio IV
Benedicto XI
Clemente V
Juan XXII
Benedicto XII
Clemente VI
Inocencio VI 201.
Urbano V
Gregorio XII
Urbano VI
Bonifacio IX
Inocencio VII
Gregorio VIII,
Martín V
Eugenio IV
Nicolás V
Calixto III
Pío II 1458
Pablo II 1464
Sixto IV
Inocencio VIII
Alejandro VI
Pío III 1503
Julio II 1503
León X 1513
Adriano VI 220.
Clemente VII
Pablo III
Julio III 1550
Marcelo II
Pablo IV 1555
Pío IV 1559 Pío
V 1566
Gregorio XV
Sixto V 1585
Urbano VII
Gregorio XV

Inocencio IV
Clemente VIII
León XI 1605
Pablo V 1605
Gregorio XVI
Urbano VIII
Inocencio X
Alejandro VII
Clemente IX
Clemente X
Inocencio XI
Alejandro VII
Inocencio XII
Clemente XI
Inocencio XIII
Benedicto XIII
Clemente XII
Benedicto XIV
Clemente XIII
Clemente XIV
Pío VI 1775
Pío VII 1800
León XI 1823
Pío VIII 1829
Gregorio XVII
Pío IX 1846
León XIII
Pío X 1903
Benedicto XV Pío
XI 1922
Pío XII 1939
Juan XXIII
Pablo VI 1963
Juan Pablo I
Juan Pablo II 1978
Benedicto XVI
2005
Francisco 2013

APENDICE 2

LISTA DE IGLESIAS Y SECTAS

A continuación presentamos una amplia lista de las principales Iglesias y sectas fundamentalistas con su fundador y fecha de inicio:

Nombre	**Fundador**	**Fecha**	**Lugar**
Adventistas 7º dia	Helen G. White	1863	USA
Amish	Jacobo Amman	1690	Suiza
Anglicanos	Enrique VIII	1534	Inglaterra
Apostólicos de la fe	Varios	1914	USA
Asamblea de Dios	Varios	1914	México
Bautistas	John Smith	1606	Inglaterra
Calvinismo	Juan Calvino	1834	Suiza
Ciencia cristiana	Mary Baker	1821	USA
Cienciología (Dianética)	Ronald Hubbard	1950	USA
Control mental	Jose Silva	1962	USA
Creciendo en Gracia	Jose Luis Miranda	1980	USA
Cruzada estudiantil	William Bright	1962	USA
Cuaqueros	Jorge Fox	1647	Inglaterra
Discípulos de Cristo	Thomas Campbell	1906	USA
Ejército de salvación	William Both	1878	Inglaterra
El Calvario	Charles Smith	1950	USA
Episcopalianos	Anglicanos en USA		
Espiritismo	Allan Kardec	1854	Francia
Espiritualismo	Roque Rojas	1866	México
Fe universal Baha'i	Ali Mohamed	1840	Irán
Hare Krisna	Abday Charan	1936	USA
Hombres de negocios	Domes Shakarian	1952	USA
Iglesia de Cristo	Varios	1906	USA
Iglesia la unificación	Sun Myung Moon	1959	Corea
Judíos mesiánicos	varios	1960	USA
La Piedra angular	William Soto	1950	Puerto Rico
Los Mitas	Juanita Garcia	1940	Puerto Rico

Luteranos	Martin Lutero	1521	Alemania
Luz del mundo	Eusebio Gonzalez	1926	México
Maranata	Bop y Rose Weiner	1972	USA
Meditac. Trascendental	Maharishi Yogi	1957	India
Metodistas	Juan y Carlos Wesley	1739	Inglaterra
Menonitas	Mennon Simons	1536	Holanda
Mormones	José Smith	1830	USA
Nazarenos	Varios	1919	USA
Ortodoxos	Cisma	1054	Oriente
Pare de sufrir	Edir Macedo	1975	Brasil
Pentecostales	Varios	1901	USA
Presbiterianos	John Knox	1560	Escocia
Rosacruces	Christian Andreae	1610	Holanda
Soc. Teosófica	Hellen Blavatsky	1875	USA
Testigos de Jehová	Charles Rusell	1876	USA
World Vision	Bop Pierce	1950	USA
Y M C A	George William	1844	USA

Como te darás cuenta, la mayoría de las Iglesias surgieron a principios del siglo XVI y las sectas fundamentalistas a mediados del siglo XIX.

Algunos con buenas intenciones, otros por un simple sueño y algunos más con un total indiferentismo. De todo habrá en sus motivaciones. De todos modos, son divisiones contrarias a la voluntad de Dios. **Jn 17,21**

De nuestra parte, le damos gracias a Dios por ser católicos y estar en la única Iglesia fundada por Cristo: La Católica, año 33.

**No olvides que los que hoy se hacen llamar cristianos no son una sola iglesia, sino miles de sectas e iglesias diferentes.

En realidad, son los mismos protestantes de los últimos siglos pero que luego se hicieron llamar evangélicos y de hace unos años para acá se autonombraron cristianos. Es mejor llamarles cristianos evangélicos o cristianos protestantes.

LIBROS RECOMENDADOS

Para conocer, vivir, celebrar, predicar y defender la fe te recomiendo el siguiente material que es excelente para lograrlo:

Soldado Cristo: Como la fe católica vence a la Nueva Era

En este libro encontrarás el más impactante testimonio y enseñanza de alguien que vivió más de 30 años bajo la nueva era:

Bruja, Ouija, Feng Shui, Tarotista, Chacras, energías... y ahora misionera católica. No te lo puedes perder.

Formación de Servidores

Conoce cuáles pasos son necesarios dar para poder crecer espiritualmente en abundancia.

Al conocerlos y ponerlos en práctica, Dios te llevará y te usará mucho más de lo que puedas imaginar.

Descubre secretos espirituales que te cambiarán la forma de servir para ser un Guerrero de Jesucristo.

Excelente y necesario para la formación de servidores.

"Mi Juicio ante Dios"

Testimonio de la Dra. Gloria Polo

Nuevo libro con el impresionante testimonio de Gloria que siendo alcanzada por un rayo, Dios le permite ver su juicio y ahora ella va por todo el mundo compartiendo este mensaje.

Miles y miles han sido 'tocados' por Dios al leer este impresionante testimonio. Sin duda que es algo que todo católico debe tener en su casa y recomendarlo para producir abundantes conversiones.

LGBT Preguntas y Respuestas

La verdad que el lobby gay no quiere que conozcas. Un libro que da respuestas directas y valientes acerca de la homosexualidad; las lesbianas; los bisexuales, transgénero y transexuales.

No existe un libro igual que de respuestas directas y amplias de una manera bíblica; científica; histórica; teológica... y todo en sintonía con el magisterio de la Iglesia.

"Una Nueva Apologética"

Incluye la tarjeta con citas bíblicas para saber defender la fe

Conoce a profundidad el problema del crecimiento de las sectas y que podemos hacer para enfrentar su proselitismo. Que es la nueva apologética y como poder dialogar con amigos y familiares protestantes.

También incluye una tarjeta con más de 100 citas bíblicas para dar respuesta a las preguntas más comunes a los ataques de los hermanos separados.

Testimonios: *"Pastores y líderes cristianos se convierten a la fe católica"*

En este libro encontrarás unos sorprendentes testimonios que te fortalecerán abundantemente en la fe.

Como lo dice el Sr. Martín Zavala: "Los Malos católicos se hacen protestantes y los buenos protestantes se están haciendo católicos".

¡Soy católico y que!

Un libro de bolsillo con un mensaje que ha transformado la vida de miles de personas.

Martin Zavala nos comparte los *10 pasos* para ser un auténtico cristiano.

Indispensable para todo católico

Cómo leer la Biblia con Provecho

Una de las cosas más urgentes hoy en día es el poder encontrar una manera más fácil para poder leer la Biblia. Para muchos católicos que inician en la fe no es fácil el poder hacerlo.

Al tratar de empezar a leerla surgen preguntas como: ¿Por dónde empiezo? ¿Cómo encuentro los capítulos y versículos? ¿Qué hago para aprovechar más la lectura de la Sagrada Escritura? ¿Cuál es la mejor manera de hacerlo?

Ese es precisamente el objetivo de este libro de bolsillo que Martín Zavala ha hecho para ti. Al leerlo, conocerás las claves para sacar mucho más provecho a la hora de acercarte a leer la Biblia.

"Lo que usted debe saber sobre el fin del mundo"

Conoce la verdad sobre las profecías de Nostradamus y san Malaquías.

Descubre lo que realmente dice la virgen María acerca de los tres días de oscuridad y el tercer secreto de Fátima.

Aprende la respuesta a sobre:

- El Rapto
- El Armagedón
- El 'paraíso terrenal'
- Las profecías bíblicas'
- El Apocalipsis y el fin del mundo.

"Cansado de llorar, cansado de pecar, Cansado de vivir"

Impactante testimonio de Baltazar, quien fue liberado por Jesucristo de las drogas, alcohol, espiritismo y de la nueva era.

Conoce la historia de un hombre que hoy proclama: ¡Jesús está vivo! ¡Yo soy testigo del Poder de Dios!

"INTERCESION: Formando intercesores y el ministerio de Intercesión"

El mejor curso-Taller que existe acerca de la Intercesión.

Los que nos dice la biblia; la Tradición apostólica y el magisterio de la Iglesia acerca de este importantísimo ministerio.

Cómo prepararse para ser un intercesor siguiendo como modelo a Jesucristo nuestro Señor.

Conoce las respuestas a esto y mucho más

Un Dios Misterioso ***Nueva edición***

Esta nueva edición del libro del P. Fortea es sin duda uno de los mejores libros que existen para responder a todas las preguntas acerca de los **dones, carismas, exorcismo y liberación.**

El P. Fortea, quien es un especialista en demonología y un exorcista, responde de una manera directa a las preguntas difíciles sobre estos temas.

Esta nueva edición trae más explicaciones que te ayudarán a conocer normas, guías y consejos para grupos de la Renovación carismática.

"Ten Cuidado: El Demonio existe"

No conocer las estrategias de satanás es un error, pues menos podrás defenderte. Por eso es urgente, a la voz de ya, que leas este nuevo libro y te prepares en serio para ayudar a tanta gente que está en la iglesia pero confundida o sin saber que hacer acerca de todo lo relacionado con la acción de satanás:

La Ouija; limpias; maldiciones; magia blanca; barridas; amuletos; supersticiones; la mal llamada 'santa muerte'; brujos y curanderos; psíquicos; Tarot; adivinaciones... y mucho más. Conoce el mal, para poder vencerlo.

"Click: Descubre el Poder de la santa Misa"

Si Cristo está plenamente presente en cada santa Misa, ¿Por qué hay millones de personas que asisten a ella y no cambian de vida?

¿Qué pasos son necesarios para tener una vida espiritual que de frutos en abundancia?

¿Cuáles son los 'secretos' que tenemos que descubrir en la santa Misa?

¿Cómo dar un salto de Fe que me lleve de lo humano a lo divino; de lo terrenal a lo celestial; de **lo temporal a lo eterno y de la tierra al cielo?**

"Liberados del Alcoholismo con el Poder de Dios"

Hoy en día, son millones los amigos y familiares que han caído en las garras del alcohol y este libro ayudara a miles a salir de ese vicio.

Este libro contiene Testimonios de personas que han sido liberadas del alcoholismo con el poder de Dios y también trae reflexiones y mensajes poderosos que cambiaran la vida de miles de personas.

"Dios: Existe o no existe. El Gran Debate"

Este es un libro excelente y que tanta falta hacía en nuestra Iglesia. La presentación que Dante hace mostrando de una manera racional la existencia de Dios es simplemente fabulosa. El debate es estupendo.

Indispensable para padres que, con hijos estudiando en universidades o instituciones superiores, quieran contrarrestar la desinformación que por lo general allí se recibe respecto de la fe.

"Cómo Ganar el Cielo desde el Hogar"

Maravilloso libro que te ayudará abundantemente a poder mejorar tu familia, tu matrimonio y tus hijos.

Los 10 mandamientos explicados con la biblia y actualizados al 100%.

Dios y el internet, El Facebook, Los celulares; El textear; El PlayStation; El Wii; YouTube; Las canciones; La televisión; El cine..

¡Wow! Esta excelente y mas directo que ningún otro libro.

Excelentes libros de Priscilla de la Cruz.

Ex bruja, tarotista, esotérica, ouija, adivina y ahora misionera católica.

- "Soldado de Cristo". Como me convertí a Jesucristo. Testimonio
- Peregrinación eucarística
- Siguiendo sus Pasos
- Aprendiendo de María
- Combustible de fe
- Get Ready for Mass(para niños en ingles)
- Learning from Mary
- Mass Journey

En ingles:

- «Catholic defend your faith», ***Martin Zavala***

- «Standing before God: The Judgment», Testimony of *Gloria Polo*
- «I Am Catholic So What» ***Martin Zavala***

"Escuela de Apologética online DASM"

Fórmate en serio en cómo defender tu fe.

Certificado avalado por 6 obispos de 5 países.(Estados Unidos; México; Puerto Rico; Perú y Ecuador`) Mons. Eduardo Nevares, obispo auxiliar en Phoenix, Arizona y director espiritual de DASM. Lecciones con Tareas y exámenes en Apologética integral.

!Inscríbete e inicia ya mismo! Única en todo el mundo. **La formación es 100% por Internet y estudias cualquier día y a cualquier hora.** A tu propio ritmo. **10 Niveles.**

Únete al ejército espiritual de personas capacitadas para frenar el crecimiento de las sectas, new age, ideología de género... Invierte tiempo, dinero y esfuerzo para lograrlo. Inscríbete en www.defiendetufe.com

"Nuevos Crecimientos 1 al 6: Mis Primeros Pasos"

Es ideal si ya tomaste un retiro kerigmático y has tenido un "encuentro personal con Cristo" y quieres seguirlo de la mejor manera este libro necesitas tenerlo pues es único, necesario y urgente.

Si queremos llegar a ser como Jesucristo, entonces sigamos su ejemplo. Jn 15,13 Eso significa que crecía de una manera integral.

Estos crecimientos están basados en las directrices del magisterio de la Iglesia sobre cómo debe de ser una catequesis o discipulado cristiano. Ideal para la Renovación carismática; Movimiento Juan XIII; Emaús y muchos otros movimientos que dan el retiro de conversión o iniciación kerigmático. Estos crecimientos o catequesis son excelentes.

Cómo rezar el Rosario 7 formas

Te deseo de corazón que por medio de las diferentes formas de hacer el rosario que encontrarás en este libro, vayas creciendo espiritualmente para así poder tener una autentica vida cristiana.

Las 7 formas más conocidas ahora ya las tienes en un solo libro: Rosario de liberación; rosario regular; rosario bíblico; A la divina misericordia; A la preciosa sangre; rosario al Espíritu Santo y rosario por los difuntos.

Oraciones de liberación y protección

En nuestra vida espiritual nunca debemos de olvidar que nuestra lucha no es "contra carne y sangre sino contra poderes espirituales" tal como lo dice san Pablo.

Por eso hemos hecho este libro con oraciones que podemos hacer pidiendo protección y liberación por nosotros mismos y por nuestros amigos y familiares.

*****Ya están disponibles varios de nuestros libros en eBooks como libros digitales**

Puedes encontrarlos entrando ahora mismo en www.defiendetufe.com y en la parte superior donde dice libros digitales haz click y te guiará a como obtenerlos y en minutos los podrás estar leyendo en cualquier parte del mundo.

CATÓLICO:
Conoce, Vive, Celebra. Predica y defiende tu fe

¡Tú puedes ayudar a otros a estar firmes en la fe!

¿Quieres saber cómo?

Es muy sencillo:

- Promueve por todos los medios que puedas el sitio www.defiendetufe.com

- Proponle a tu movimiento o ministerio que usen este libro "Respuestas católicas inmediatas" como un libro de crecimiento, catequesis o formación en la fe.

- Regala este libro a tus amigos y familiares.

- Otra opción que puedes sugerir a la parroquia es que lo pidan a los papas de los niños que van a hacer la primera comunión. Muchas veces ellos son los más expuestos a las sectas y si logramos que cada papá o mamá tenga este libro será una vacuna para ellos y a la vez para su familia.

- Si hay librería en tu parroquia, grupo de oración o conoces alguna recomiéndales que pidan este libro de 'Respuestas católicas inmediatas' para que así ellos lo puedan ofrecer a todas las personas.

- Invita a el Sr. Martín Zavala a ir a tu parroquia, movimiento o diócesis a impartir el curso "Católico defiende tu fe" El Taller "Formación de servidores" u otros cursos y conferencias que impartimos.

Gracias y que Dios te bendiga en abundancia.

Puedes conseguir este material y otros nuevos productos de Misión 2000

En tu librería católica más cercana o en:

Tel (480) 598-4320
P.O. BOX 51986
PHOENIX, AZ 85076

www.defiendetufe.com

Made in the USA
Monee, IL
20 June 2024

59966416R00193